大模型
核心原理与企业落地实践

林学森　吴锋　王劲涛　代声馨　编著

清华大学出版社
北京

内 容 简 介

全书分两大篇。第1篇原理篇（第1、2章），尝试引导读者共同探索和揭秘研发领域大模型背后的核心原理，以使读者"知其然，知其所以然"，并为后续章节的学习打下坚实的基础。从概率、最优化等基础理论入手，进而深入浅出地阐述Transformer、神经元等大模型的核心组成元素，以及评估方法、数据工程建设等通用能力的建设。针对技术细节，采用通俗易懂的行文风格，并辅以大量的图表和数据，"零基础"的读者也可以高效地学习。第2篇应用实践篇（第3～8章），是产业界最新实践成果的总结。选取代码生成、代码转换、知识问答、推理加速、运维运营等研发大模型领域的高频业务作为剖析对象，详细展示作者在针对这些问题时的端到端思考，包括设计理念、关键技术瓶颈、解决方案及落地结果等。

无论你是初学者还是行业专家，都能在本书中找到宝贵的知识和实用的技巧，本书将帮助你在大模型技术的浪潮中乘风破浪。

版权所有，侵权必究。举报：010-62782989，beiqinquan@tup.tsinghua.edu.cn。

图书在版编目(CIP)数据

大模型核心原理与企业落地实践 / 林学森等编著 .-- 北京：清华大学出版社，2025.4.
ISBN 978-7-302-68794-8
Ⅰ．F272-39
中国国家版本馆CIP数据核字第2025NE6808号

责任编辑：文　怡
封面设计：王昭红
版式设计：方加青
责任校对：刘惠林
责任印制：刘海龙

出版发行：清华大学出版社
　　　　网　　址：https://www.tup.com.cn，https://www.wqxuetang.com
　　　　地　　址：北京清华大学学研大厦A座　　　邮　编：100084
　　　　社 总 机：010-83470000　　　　　　　　　邮　购：010-62786544
　　　　投稿与读者服务：010-62776969，c-service@tup.tsinghua.edu.cn
　　　　质量反馈：010-62772015，zhiliang@tup.tsinghua.edu.cn
印 装 者：三河市君旺印务有限公司
经　　销：全国新华书店
开　　本：185mm×260mm　　　印　张：16.75　　　字　数：409千字
版　　次：2025年5月第1版　　　印　次：2025年5月第1次印刷
印　　数：1～2500
定　　价：99.00元

产品编号：110025-01

从零基础开始，带你直击 AI 大模型的本质
一本深入浅出，大家都看得懂的 AI 大模型教材

现在是 2025 年初，人工智能发展到了什么程度？

在这个信息爆炸、技术迭代速度日益加快的时代，人工智能（AI）已经成为推动社会进步和产业革新的关键力量。从实验室的前沿探索到工业界的广泛应用，AI 正以前所未有的速度改变着我们的工作和生活方式。作为人工智能领域的研究者和实践者，我有幸见证了这一变革，并参与其中。正是在这样的背景下，我撰写了这本《大模型核心原理与企业落地实践》。

原理的探索

本书的第一部分聚焦于原理，旨在揭示当前人工智能背后的数学、逻辑、算法等基础知识和原理。在这部分内容中，我尝试回答了"智能是什么？"和"如何构建智能？"这两个根本性问题。通过对神经网络、机器学习、自然语言处理等核心概念的深入剖析，我希望能够向读者展示 AI 技术的深层逻辑和工作机制。

原理部分的撰写，不仅仅是为了传递知识，更是为了启发思考。在 AI 技术日益成熟的今天，我们仍然面临着诸多挑战和未知。我希望通过对原理的探讨，激发读者对 AI 本质的探索欲望，共同推动这一领域的理论创新和技术进步。

实践的总结

理论与实践之间存在着天然的鸿沟，而本书的第二部分则致力于弥合这一差距。在实践部分，我总结了工业界将 AI 应用到研发领域的一些经验与方案。这些内容涵盖了从数据采集、模型训练到产品部署的全流程，涉及了 AI 在**聊天对话、问答、联网搜索、数据可视化**等多个行业的具体应用案例。

在撰写实践部分时，我特别强调了"可操作性"和"系统性"。通过详细的步骤说明、案例分析和技术点评，我试图为读者提供一个清晰的 AI 应用路线图。这些内容不仅对于 AI 技术的初学者具有指导意义，也能够为经验丰富的专业人士提供新的视角和思考。

自序的深意

在自序的最后，我想谈谈撰写这本书的初衷。作为一本专业书籍，《大模型核心原理与企业落地实践》的创作过程，对我来说，是一次重新学习和深入思考的机会。在这个过程中，我不断地回顾、总结、预测和创造，这不仅让我对 AI 有了更深的理解，也让我对技术与人类社会的关系有了更多的思考。

ChatGPT 写的本书序言

上面是作者让 ChatGPT 编写的本书序言，用时不到 1 分钟。

乍一看，似乎像那么回事，或者说相比于 3 年前的 AI 水平，这种实时的写作水平几乎是不可想象的。

这说明，过去的几年是 AI 技术呈井喷式发展的黄金期。值得一提的是，这种"黄金期"在 AI 近 70 年（从 1956 年达特茅斯会议开始计算）的发展历史中，还发生过好几次。每一次人们都"膨胀"地认为，人类已经无限接近"通用人工智能"，然后就是跌落谷底，周而复始。因而很多人这次多了些许谨慎：以大模型语言（Large Language Model，LLM）为典型代表的本轮"黄金期"，会重蹈历史的覆辙吗？

没有人可以精准预测未来，所以上述问题的答案暂时不得而知。

但可以肯定的是，相比于历史上的任何一个发展周期，LLM 确实给大家带来了更多的希望。

首先是"方法"上的希望。人工智能的流派很多，如果要把它们粗略地划分为两类，那么可能是"逻辑类"和"数据类"。前者主要以数学为支撑，主打精确的逻辑推理，因而可解释性强，可靠度高；后者的"主角"则是数据，并基于数据来构建一系列支撑框架。

这二者孰强孰弱，孰优孰劣？

作者认为，短期内可能会偏向"数据类"，长期则可能是"逻辑类"渐走渐强。

这是因为针对诸如"人工智能"这种复杂系统，至少到现阶段为止，人类还无法掌控其本质原理，也就难以给出精确的数学描述。历史上以"逻辑推理"为核心的 AI 流派，都无一不是"昙花一现"，因为这个世界"千变万化"。如果只是想以"上层的运行规则"来描述它，不难理解需要"遍历的场景"将是无穷无尽的，所以失败是必然的。

"数据类"的方法则依托人类在真实世界中所产生的各种"记录"，然后让 AI "自我学习"。换句话说，没有人知道"智能的数学公式"是什么，取而代之的是大模型背后的"函数拟合"。这种方法与人类的学习过程似乎也是"不谋而合"的，只不过它们在具体的"数据构建"和"训练方法"上存在差异。

当然，简单有效的"数据类"方法也有先天不足。首先是"浪费"。大模型动辄百亿甚至千亿级参数，TB 级的训练数据，以及需要数万甚至数十万 GPU 共同参与的训练计算过程，原因在于我们无法准确掌握"智能背后本质的数学描述"，只能通过一轮又一轮的参数迭代更新，"逼近"可能的"最优解"。这是一种无奈之举，也必然导致各种"浪费"。

其次是"涌现"的希望。当前的 AI 是通过"数据堆出来"的，所以一个悲观的判断就是，它只能解答从"数据"中学习过的"案例"，至于人类引以为傲的逻辑推理类问题，AI 给出准确回答则是"天方夜谭"。然而，近两年研究人员惊喜地发现，当参数规模达到一定量级以后，原本"蠢萌"的大模型突破就"化茧成蝶"蜕变了。不仅在原先的各项任务上出现了指数级的能力增长，而且出现了神奇的"推理"能力。虽然这种"推理"略显稚嫩，但是给予了我们新的期许。

另外，"实践是检验真理的唯一标准"。AI 除了带给我们上述新的希望外，也给各行各业的发展注入了新的活力。一种乐观的说法是，以深度学习和大模型为代表的 AI 技术，有可能是下一轮"康波经济周期"的核心动力。作者所在的公司是一家五百强企业，涉及业务范围较广。我们公司也在积极地拥抱大模型，并尝试将其融入公司的各个角落中。"是骡子是马，总归得拉出来遛遛"，特别是面向研发领域，我们在近几年开展了一系列大规模的 AI 实践工作。

在"遛马/骡"的过程中，我们逐步掌握了大模型越来越多的"秉性脾气"。这些经验和教训，应该也可以为广大读者学习和应用大模型技术提供些许参考。

因而就有了这本书的诞生。

致谢

感谢清华大学出版社的编辑文怡等，你们的专业态度和处理问题的人性化，是所有作者的"福音"。

感谢清华大学王劲涛、孙智等老师给予我细致入微的指导和帮助。

感谢我的家人林进跃、张建山、林美玉、杨惠萍、林月明，没有你们的鼓励与理解，就没有本书的顺利出版。

感谢我的妻子张白杨的默默付出，是你在工作之外还无怨无悔地在照顾着两个孩子，才让我有充足的时间和精力来写作。

感谢所有读者的支持，是你们赋予了我写作的动力。另外，因为个人能力和水平有限，书中难免会有不足之处，希望读者不吝指教，一起探讨学习。联系方式是：tupwenyi@163.com。

林学森

2025 年 2 月

在一次与学森吃饭时，他提出撰写大模型题材书籍的想法。此前，我在腾讯内部技术论坛上分享了一系列关于 LLM 实践的文章，积累了不少素材；更重要的是，我注意到许多 LLM 的开发者和技术传播者在概念、思想上存在偏差，经验分享和技术博文往往以传统软件开发的模式和视角来推广布道，大部分只关注方案能否运行，而忽略了运行效果、如何迭代优化、如何进行持续运营运维等问题。这种思维容易误导初学者，并形成浮躁的技术氛围，导致 LLM 的应用开发很多都浮于表面。因此，我希望借助写书的机会，客观地展示 LLM 从 0 到 100 应用开发全过程中的种种挑战，特别是如何应对实际场景中非技术因素的挑战，以及如何持续迭代和运维。基于这两个动机，我满怀热情地答应了这个提议。

自从 GPT-3 引发本轮人工智能热潮，通用 AI 凭借其潜在的变革力量登上了舞台。基座模型为形态多样的应用场景提供了无限想象空间，基于 OpenAI 等大模型基座赋能各种行业的应用产品层出不穷、百花齐放。许多企业纷纷构建私有基座模型，借此树立技术壁垒；初创企业如雨后春笋，广受投资者青睐。然而，尽管声势浩大，但近年来 LLM 的应用落地和深度赋能在国内仍显不足，缺少引爆市场、令人惊艳的商业产品，许多团队和企业尚未推出具有广泛用户群体甚至吸引用户付费的明星产品，孵化的产品未能实现商业闭环，后续难以支撑技术的持续迭代发展。我认为主要有两个原因：首先，从事基础研究（模型训练、推理优化、框架开发）与从事行业深度赋能团队在资源投入（团队规模、专业能力）上不均衡，应用开发者普遍缺乏专业知识和系统性理论知识，很多都是复现他人的经验，缺乏深入的独立思考，在落地和优化过程中遇到困难，难以提出解决方案，导致 LLM 的应用落地和价值变现不如预期。其次，据我观察，从业者仍采用传统软件开发思维和工作流，缺乏好的技术架构和运维管理系统，现有基础技术设施不适配 LLM 应用开发，升级模型、对比分析、评测等常规的运营运维迭代耗时久、不可复用，导致性能优化成为长尾、耗时且不可控的因素，最终项目虽能运行，但达不到生产环境上线的要求而不了了之。如果应用落地价值变现不顺利，通用 AI 的发展就缺乏持续性动力。基于这个现状，在规划本书内容时，学森和我商量决定在前半部分重点介绍一些大模型的基础理论，这有助于 LLM 应用开发的从业者更系统地掌握一些必要的知识。后半部分则通过案例方式，结合学森跟我在实际应用开发中的一些思考和经验，详细介绍应用开发中的框架、挑战及解决方案，许多细节的处理将展示作者的思考和理解。这也是本书内容规划的初衷，旨在"以理论为纲，以经验为引导"，助力读者更好地从事大模型应用的开发和落地。

在撰写本书过程中，我阅读了众多论文、公司内部技术分享博客以及社区技术博客，并结合我在工作中的理解和经验积累，共同塑造了本书的最终内容。然而，由于以下两个原因造成本书成稿与预期仍有细微差距：首先，由于公司内部信息安全的要求，无法完整展示实践过程中的代码、产品形态图和部分方案细节，为此，尽力在开源社区寻找并使用类似的素材进行平替；其次，个人专业能力和精力限制，本书的写作主要在业余时间进行，由于篇幅限制，部分内容比较粗糙，同时，部分技术原理性细节上的理解可能和技术原创者、其他人有所偏差，在表述和应用上可能有所局限性。对于这些问题，我诚恳地希望读者理解并提出宝贵的反馈，我将持续审视读者的意见并进行相应的修订。作者的联系方式：tupwenyi@163.com。

本书我所负责的内容写作历时四个月，包含了近年来在参与负责多个基于大模型应用落地项目中积累的经验、思考和心得体会。自 2023 年 5 月以来，我深度负责构建中台系统智能问答等 RAG 项目的技术架构、选型和实现，并在腾讯内部上分享了这些技术见解。内部技术博文吸引了数万次的阅读，而我在腾讯课堂上的直播授课也获得了几乎满分的评价。

本书不仅详细记录了我在大模型 RAG 项目开发过程中的实际操作和策略，还包括了我在实践中遇到的挑战和解决方案。我相信，无论是新手还是经验丰富的开发者，都能从中获得宝贵的知识和启发，有效地推进大模型相关的工作。本书旨在帮助读者系统性构建理论知识体系，并更加沉浸式地深入了解实践细节、挑战和解决方案，提升技术水平，实现职业成长。

致谢

感谢爱人唐昕怡、表弟张煜晨、侄儿吴宇杨、侄女吴语涵以及其他家人，一直以来在生活和工作中提供了稳定的情绪价值。

感谢团队成员刘少聪、袁祺、叶静，感谢腾讯的领导陈明杰、余豪阳的鼎力支持，在日常工作的良好协作，让作者工作之余能够写作。

感谢我的导师华中科技大学赵金教授和南洋理工大学刘杨教授，培养了我严谨的科研态度，求学经历让我受益终身。

吴锋

2025 年 2 月

第1篇 原理篇

第1章 人工智能概述 ... 002
1.1 人工智能的定义 ... 002
1.2 人工智能发展简史 ... 003
1.2.1 史前文明,曙光初现(1956年之前) ... 004
1.2.2 初出茅庐,一战成名(1956—1974年) ... 008
1.2.3 寒风凛冽,首次入冬(1974—1980年) ... 011
1.2.4 卷土重来,威震八方(1980—1987年) ... 012
1.2.5 失望弥漫,再度入冬(1987—1993年) ... 014
1.2.6 重出江湖,渐入佳境(1993年至今) ... 016
1.3 自然语言处理和大语言模型 ... 018
1.3.1 自然语言处理 ... 018
1.3.2 大语言模型 ... 037

第2章 大模型的数学基础 ... 039
2.1 微分学 ... 039
2.1.1 链式求导法则 ... 039
2.1.2 对数函数求导 ... 039
2.1.3 梯度和梯度下降算法 ... 040
2.2 线性代数 ... 041
2.2.1 向量 ... 041
2.2.2 矩阵拼接 ... 046
2.2.3 特征值和特征向量 ... 053
2.2.4 几何变换 ... 054
2.3 概率论 ... 056
2.3.1 概率分布 ... 056
2.3.2 先验概率和后验概率 ... 058

		2.3.3 最大似然估计	059
		2.3.4 贝叶斯法则	060
2.4	统计学		061
	2.4.1	数据的标准化和归一化	061
	2.4.2	标准差	062
	2.4.3	偏差和方差	062
	2.4.4	协方差和协方差矩阵	063
2.5	深度神经网络基础		064
	2.5.1	神经元	064
	2.5.2	激活函数	067
	2.5.3	前向传播和后向传播算法	072
	2.5.4	损失函数	077
2.6	Transformer 机制详解		084
	2.6.1	Transformer 简介	084
	2.6.2	分词及向量化	085
	2.6.3	位置编码	086
	2.6.4	自注意力和多头注意力	087
	2.6.5	残差连接和层归一化	089
	2.6.6	Transformer 小结	090
2.7	其他		093
	2.7.1	训练、验证和测试数据集	093
	2.7.2	过拟合和欠拟合	096
	2.7.3	奥卡姆剃刀原则	097
	2.7.4	信息熵	098

第2篇 应用实践篇

第3章 大语言模型与检索增强生成技术 102

3.1	检索增强生成背景	102
3.2	检索增强生成技术框架	102
	3.2.1 信息检索	104
	3.2.2 提示工程	111

第4章 基于大语言模型的智能问答助手 114

4.1	文档离线预处理与存储	114

	4.1.1 格式化 ··· 115
	4.1.2 切割 ··· 115
	4.1.3 向量化与存储 ··· 119
4.2	联网在线预处理与存储 ·· 122
4.3	在线 QA 服务 ··· 123
	4.3.1 用户问题向量化 ··· 124
	4.3.2 Prompt 组装 ··· 124
	4.3.3 问答召回 ·· 124
4.4	长记忆与多轮对话 ··· 125
4.5	归因与可解释性 ··· 128
4.6	评测 ··· 129
4.7	用户反馈 ··· 131
4.8	待解决的系列问题 ··· 131

第 5 章 基于大语言模型的智能数据助手 ································· 134

5.1	数据标准化 ··· 135
5.2	工具 ··· 140
5.3	案例 ··· 143

第 6 章 基于大语言模型的鸿蒙代码转换探索 ······················· 145

6.1	背景概述 ··· 145
6.2	问题剖析 ··· 145
6.3	探索破题 ··· 150
	6.3.1 总体思路概述 ·· 151
	6.3.2 基于"知识体系"的数据工程建设 ······························· 152
	6.3.3 针对被转换对象"庖丁解牛" ······································ 155
	6.3.4 提取典型问题模式,利用关键技术"各个击破" ············· 157
	6.3.5 不断优化"反馈回路",缓解工程复杂性 ······················ 159

第 7 章 大语言模型的推理加速 ··· 161

7.1	引言 ··· 161
7.2	推理加速技术原理 ··· 165
	7.2.1 推理计算与显存分析 ·· 165
	7.2.2 模型压缩 ··· 169

	7.2.3	计算加速	181
	7.2.4	技术总览	198
7.3	推理加速框架		199
	7.3.1	vLLM	199
	7.3.2	TGI	206
7.4	推理加速工程实践		209
	7.4.1	Llama3 在 vLLM 框架上的推理	209
	7.4.2	Llama3 在 TGI 框架上的推理	211
	7.4.3	推理测试	212

第 8 章 大语言模型的运维与持续优化 223

8.1	运维背景		223
8.2	链路追踪		224
8.3	数据管理与测试用例管理		236
	8.3.1	Web 数据集管理	236
	8.3.2	SDK 数据集管理	236
	8.3.3	数据集版本管理	237
	8.3.4	few-shot 动态管理	238
8.4	一站式评测		239
	8.4.1	评测	239
	8.4.2	单元测试	241
	8.4.3	回归测试	241
	8.4.4	流量录制回放测试	241
	8.4.5	Agent/Tool 评测	242
	8.4.6	RAG 评测	244
8.5	Prompt 管理		246
8.6	监控告警		248
	8.6.1	过滤器	248
	8.6.2	监控	248
8.7	部署		249
	8.7.1	框架	249
	8.7.2	k8s 部署	250

参考文献 253

第 1 篇　原理篇

第 1 章　人工智能概述

1.1　人工智能的定义

人工智能对应的英文为"Artificial Intelligence"（AI），也被称为"Machine Intelligence"。作为计算机学科的一门分支，以及 20 世纪 70 年代以来的世界三大顶尖技术之一，AI 虽然已经走过了将近 70 年的历史，但业界似乎还没有对它形成统一的定义。不过，这种"分歧"不但没有阻碍 AI 的蓬勃发展，反而"有助于"它的"野蛮生长"。

对此，斯坦福大学曾在一份报告中指出："Curiously, the lack of a precise, universally accepted definition of AI probably has helped the field to grow, blossom, and advance at an ever-accelerating pace. Practitioners, researchers, and developers of AI are instead guided by a rough sense of direction and an imperative to 'get on with it.'"参考链接：https://ai100.stanford.edu/2016-report/section-i-what-artificial-intelligence/defining-ai.

就如莎士比亚所说的，"一千个观众眼中有一千个哈姆雷特"，我们可以借鉴计算机界先驱对 AI 的定义（从 AI 学科的角度）。业界普遍认为，人工智能学科起源于 1956 年在达特茅斯学院举办的一场 workshop。当时出席的专家包括 Allen Newell（卡内基梅隆大学）、Herbert Simon（卡内基梅隆大学）、John McCarthy（麻省理工学院）、Marvin Minsky（麻省理工学院）和 Arthur Samuel（IBM 公司）等人。John McCarthy（在计算机及人工智能领域具有突出的贡献，于 1971 年获得了计算机领域最高奖项——图灵奖）对人工智能的定义是

"The science and engineering of making intelligent machines"。

斯坦福大学研究所人工智能中心主任 Nils J. Nilsson 对人工智能的定义是"Artificial intelligence is that activity devoted to making machines intelligent, and intelligence is that quality that enables an entity to function appropriately and with foresight in its environment"。

麻省理工学院的人工智能科学家 Patrick Henry Winston（http://people.csail.mit.edu/phw/index.html）对人工智能的理解是"研究如何使计算机去做过去只有人才能做到的智能工作"。

从上面三种人工智能定义中不难发现，对于 AI 的理解可以分为两部分来阐述：

（1）人工（Artificial）：这一点和人类与生俱来的智能是相对的，即 AI 是由人工通过

计算机程序等手段创造出来的一种技术。

（2）智能（Intelligence）：智能是什么这个问题到目前为止在整个 AI 领域都还存在比较大的分歧。因为人类对于"智能的本质是什么，智能是如何构成的"等基础问题一直都是"一知半解"，所以自然无法准确定义智能是什么。

通常认为，"Intelligence"至少会涉及意识、自我、心灵等问题，因而是超越技术本身的一个概念。如果从人工智能学科目前的几大发展方向来看，那么 AI 在实现"智能"的路上大致存在以下一些需要研究的领域：

①决策推理（Reasoning）；
②知识表示（Knowledge Representation）；
③学习（Learning）能力；
④规划（Planning）能力；
⑤自然语言处理（Natural Language Processing）；
⑥感知（Perception）；
⑦运动控制（Motion and Manipulation）；
⑧通用智能（General intelligence）。

具体到人工智能的研究方法上，自然更是"百花齐放"了，而且在不同历史时期，一些流派会呈现出"各领风骚数百年"的现象。目前业界普遍认为 AI 可以划分为符号主义、连接主义和行为主义等几大流派，将在后面做详细讲解。

1.2 人工智能发展简史

人工智能并不是一个新概念，它的发展可以算得上是"由来已久"了。如果以 AI 的数次"高潮"与"低谷"作为界线，可以将它划分为 6～8 个阶段。需要特别指出的是，这些阶段的准确起始时间点业界还没有形成统一的认识，所以下面阐述的只是业界认可度较高的一种划分方式：

（1）"AI 史前文明"：1956 年之前。
（2）第一次黄金时期：1956—1974 年。
（3）第一次 AI 寒冬：1974—1980 年。
（4）第二次黄金时期：1980—1987 年。
（5）第二次 AI 寒冬：1987—1993 年。
（6）第三次崛起：1993—2011 年。
（7）持续繁荣：2011 年至今（特别是 2022 年前后大模型的强势崛起）。

图 1.2.1 所示的是 AI 的历史发展趋势简图。

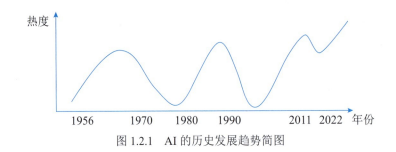

图 1.2.1　AI 的历史发展趋势简图

限于篇幅，接下来围绕上述阶段做精要讲解。

1.2.1　史前文明，曙光初现（1956年之前）

如果抛开"计算机范畴"这个限制，那么人工智能的历史绝对可以说是"源远流长"的。譬如古希腊神话中就有关于人造人的记载：Hephaestus 是一位集砌石、雕刻、铁匠等艺术于一身的奥林匹斯十二主神之一，他制作的工艺品无人能敌。其中就包括了一组金制的女机器人，她们既可以在铁匠铺完成高难度工作，同时还可以和人类开口交流，这些机器人无疑已经具备了高度的"人工智能"了。

如图 1.2.2 所示，希腊神话中描绘了一位名为 Pygmalion 的雕刻家，他爱上了自己的一尊雕塑作品 Galatea，并每天对着她说话。他的这种"痴情"最终感动了爱神 Aphrodite，于是这位女神赋予了雕塑生命，然后像很多童话故事中的结尾一样，Pygmalion 和他的雕塑变成的美女结婚了（注：由此还引申出了"Pygmalion effect"，指的是人在被赋予很高的期望后，往往会表现得更好的一种现象）。

图 1.2.2　人们根据 Pygmalion 和 Galatea 的故事创作的绘画作品

另外，人们针对"人造智慧"这一题材创作的小说也很多。例如，科幻小说之母 Mary Shelley（1797—1851）在"Frankenstein"中描述了"一位青年科学家 Frankenstein 创造了一个奇丑无比的怪物，但是它并不服从主人，反而接连杀害他的亲人，最终导致 Frankenstein 忧愤而死的"故事。可以肯定的是，作者在两百年前所描绘的这个具有生命意识的怪物，直到目前为止还是没有办法真正实现。

除了文学作品外,人类也在实践中探索着制造"类人"物体的可行性,如古代社会里的很多"能工巧匠"所制作的各式各样的"人偶"。《列子·汤问》中就记载了一位名为偃师的工匠,他以制造能歌善舞的人偶而著称于世(据称这也是可以追溯到的、中国最早出现的"机器人"),以下是其中的节选:

周穆王西巡狩,越昆仑,不至弇山。反还,未及中国,道有献工人名偃师。穆王荐之,问曰:"若有何能?"偃师曰:"臣唯命所试。然臣已有所造,愿王先观之。"穆王曰:"日以俱来,吾与若俱观之。"翌日偃师谒见王。王荐之,曰:"若与偕来者何人邪?"对曰:"臣之所造能倡者。"穆王惊视之,趋步、俯仰,信人也。巧夫!领其颅,则歌合律;捧其手,则舞应节。千变万化,惟意所适。王以为实人也,与盛姬内御并观之。技将终,倡者瞬其目而招王之左右侍妾。王大怒,立欲诛偃师。偃师大慑,立剖散倡者以示王,皆傅会革、木、胶、漆、白、黑、丹、青之所为。王谛料之,内则肝胆、心肺、脾肾、肠胃,外则筋骨、支节、皮毛、齿发,皆假物也,而无不毕具者。合会复如初见。王试废其心,则口不能言;废其肝,则目不能视;废其肾,则足不能步。穆王始悦而叹曰:"人之巧乃可与造化者同功乎?"偃师和人偶如图1.2.3所示。

图1.2.3　偃师和人偶

在电子计算机问世之前,很多名家学者也尝试过以机械化的手段来"复现"人类的思考过程,从而达到"人造的智能"。中国、印度等多个国家的哲学家在公元前就提出了各自的形式推理(formal reasoning)理论,如亚里士多德的三段论逻辑、欧几里得的几何原本等。可以看到,这些学者似乎都在试图从数学、逻辑推理等基础学科的角度来分析人类智慧的本质。这种依托科学推理的研究方法,无疑对后来计算机 AI 的发展产生了较为深远的影响。

伴随着计算设备(特别是电子计算机)的不断改良,人们借助这些新型的"武器"也做了不少探索。例如,Charles Babbage 在 19 世纪初设计了一款可能会有无限潜能的可编程计算设备(很遗憾,他最终没有让这一设计真正落地实现),如图1.2.4所示。

图 1.2.4　基于 Charles Babbage 的设计实现的机器

20 世纪 50 年代后，距离人工智能学科成立的脚步越来越近，这段时间内数学、心理学、神经学、工程学等多个学科发生了不少足以载入史册的关键事件。AI 在当时已经是"山雨欲来风满楼"了。

1. 早期的人工神经网络

事实上，神经网络的出现比人工智能学科还要早，只不过前期受限于很多因素，它没有能够取得很大的应用成果。人们普遍认为 Walter Pitts 和 Warren McCulloch 是最早描述人工神经网络理论的学者，他们分析了理想状态下的人工神经元以及它们可以完成的一些简单的逻辑功能。1951 年前后他们的学生 Minsky（麻省理工学院人工智能实验室的创始人之一，因其在人工智能方面的突出贡献，于 1969 年获得了图灵奖）在此基础上构造出人类历史上第一台神经网络机器 SNARC，如图 1.2.5 所示。

图 1.2.5　神经网络机器 SNARC

2. 神经病理学

人类社会很多划时代的科技创新都是在向大自然学习和观察的过程中提炼出来的，如飞机、潜艇等。因而人们在研究 AI 时自然不会放过"智能"的天然来源——人类自身的大脑和神经系统。在人工智能学科创立的前几年，神经病理学有了一个重大的发现，即人类大脑是由神经元（图 1.2.6）组成的，它存在"激活状态"（只存在"有"和"无"两种可能性）。结合图灵的计算理论，人们逐渐对如何"仿造"人类大脑有了一些模糊的认知。

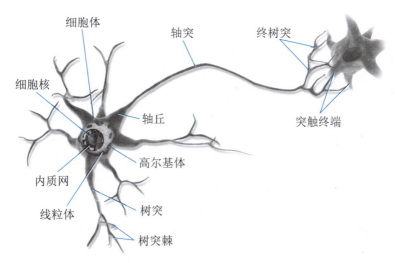

图 1.2.6 神经元经典结构（参考维基百科）

3. 图灵测试

诞生于 1950 年的图灵测试无疑是这一阶段最重要的 AI "催化剂"之一（图灵被称为"人工智能之父"。另外，他和冯·诺依曼还并称为"计算机之父"。这里不去细究他们谁"贡献大一些"的问题）。

图灵测试是在什么历史背景下产生的，或者说，它在解决一个什么样的问题呢？

图灵测试是图灵在曼彻斯特大学工作时，于 1950 年的一篇名为"Computing Machinery and Intelligence"中给出的一项提议。他最初的目的似乎是想解决"机器能不能思考"这个问题，由于直接回答这一问题太难，于是他就想到了另外一个对等的问题，即大家现在熟知的图灵测试，如图 1.2.7 所示。

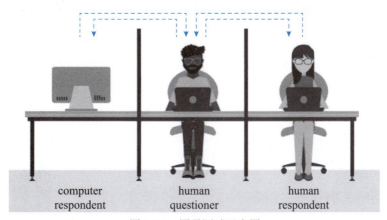

图 1.2.7 图灵测试示意图

它涉及 interrogator、computer 和 human。首先这三个角色是不能直接接触的，只通过一些受限的手段进行交流（如计算机键盘和屏幕）；其次 interrogator 可以和其他两个角色开展受限的交流，如果他无法准确区分 computer 和 human 的真实身份，这台机器就通过了图灵测试。

值得一提的是，在最初的图灵测试中，interrogator 和其他角色是不能有物理上的互动和接触的，这在一定程度上降低了测试的难度。后来人们逐渐不满足于普通的图灵测试，于是他们加入了部分物理上的交互要求，使得受试者不得不另外具备计算机视觉、自动化控制，甚至"人类仿真皮肤/外表"等高阶能力，这种类型的测试称为"完全图灵测试"。

4. 游戏 AI 上的突破

在人工智能的发展历史中，似乎总是和游戏（象棋、围棋、跳棋、Atari 等）有着某种"千丝万缕"的联系，如图 1.2.8 所示，这主要有两方面的原因：一方面，人类认为游戏是一种需要"高级智力"才能参与的活动，因而对于人工智能而言无疑是很有挑战的；另一方面，很多游戏都可以提供不错的仿真环境，帮助人们快速地迭代优化和验证人工智能理论。

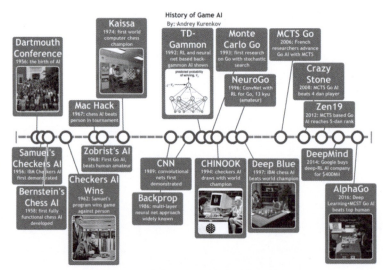

图 1.2.8　游戏和 AI 是两个"好兄弟"

20 世纪 50 年代初，曼彻斯特大学的 Christopher Strachey 和 Dietrich Prinz 分别在 Ferranti Mark1 机器上写出了第一个西洋跳棋和国际象棋程序。随着人工智能技术的不断演进，人类在各种游戏（主要是棋类游戏）上可以说是"捷报频传"。特别是 DeepMind 公司开发的 AlphaGo 与人类世界冠军的几次对决，彻底点燃了人工智能爆发的"导火索"，意义非凡。

1.2.2　初出茅庐，一战成名（1956—1974年）

业界普遍认为，人工智能学科起源于 1956 年在达特茅斯学院召开的一个大会，出席会议的不少人后来都成为人工智能方面的大牛，如 Claude Shannon、Marvin Minsky、Julian Bigelow、D.M. Mackay、Ray Solomonoff、John Holland、John McCarthy 等。会议召开的背景是当时的学者对于如何研究"会思考的机器"有各自的理解，对这种"机器"的命名也是五花八门，如 cybernetics、automata theory 等。有鉴于此，John McCarthy 在 1955 年开始筹划组织一次研讨会，以便大家可以互通有无，"artificial intelligence"就是他为这个新领域所取的名字，而且这个名字在次年的达特茅斯 AI 研讨会正式开始之前就已经在业内获得了认可。这一点从他和 Marvin Minsky 等所发出的会议提案中可以得到论证：

可以看到，1955 年 9 月 2 日多人联名发出的提案中已经使用了"artificial intelligence"。其后这个名字又在达特茅斯 AI 研讨会上取得了与会人员的一致认同，于是一直沿用至今。1956 年在达特茅斯 AI 研讨会的研讨内容可以说影响了 AI 后来几十年的发展，核心议题包括 computers，natural language processing，neural networks，theory of computation，abstraction and creativity 等。达特茅斯 AI 研讨会（1956 年）提案节选如图 1.2.9 所示。

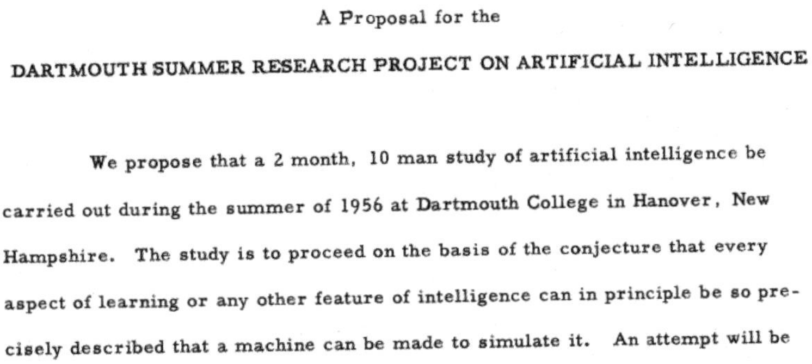

A Proposal for the

DARTMOUTH SUMMER RESEARCH PROJECT ON ARTIFICIAL INTELLIGENCE

We propose that a 2 month, 10 man study of artificial intelligence be carried out during the summer of 1956 at Dartmouth College in Hanover, New Hampshire. The study is to proceed on the basis of the conjecture that every aspect of learning or any other feature of intelligence can in principle be so precisely described that a machine can be made to simulate it. An attempt will be

图 1.2.9　达特茅斯 AI 研讨会（1956 年）提案节选

来源：http://raysolomonoff.com/dartmouth/boxa/dart564props.pdf.

从 1956 年开始直到人工智能的第一次"寒冬"，有关 AI 的各种学术研究成果如雨后春笋般涌现了出来。其中 John McCarthy 仍然是发挥关键作用的学者之一，他从达特茅斯学院转到麻省理工学院后（1958 年）陆续做出了多项令人瞩目的贡献，例如：

（1）定义了高级语言 LISP。LISP 是人类历史上第二个高级语言（FORTRAN 比它早一年），从人工智能研究的角度来看，它是最早的一种语言（当然，LISP 实际上是一种通用语言，只是在当时的环境下主要用于人工智能领域）。

同时，LISP 还是第一个函数式程序语言，所以它和 C 等命令型语言以及 Java 等面向对象语言在设计理念上会有些差异。

下面是使用 LISP 语言编写的一个 factorial 函数：

```
(defun factorial (n)
   (if (= n 0) 1
       (* n (factorial (- n 1)))))
```

（2）发明了 garbage collection 和 time sharing 等技术。

不得不承认，大牛的人生道路上（注：计算机大牛的经历总是惊人的相似，例如，图灵奖获得者 Donald Ervin Knuth 在写作"The Art of Computer Programming"时因为认为计算机排版软件效果太差，破坏了其著作的美感，居然辍笔数年创造出了划时代的字体设计系统 METAFONT 以及排版系统 TEX 等）的随便一个缩影都有可能让普通人"望尘莫及"，例如，McCarthy 为了解决 LISP 语言的问题而发明了"垃圾回收"机制，为了解决计算机的效率问题（以便更好地研究 AI），于 1961 年提出了"分时复用"的概念。这些基础技术为后来编程语言和计算机理论的发展起到了很大的促进作用。

（3）创作第一个 AI 程序。1958 年，McCarthy 在他的一篇论文"Programs with Common Sense"中提出了一个名为"advice taker"的计算机程序。他是人类历史上第一个提出通过逻辑推理来做知识表示的学者，对其后的问题系统和逻辑编程产生了很大的影响。1966 年，McCarthy 以及他在斯坦福大学的团队还设计出了一个可以用于玩多种 chess 游戏的计算机程序。

除了 McCarthy 之外，多位学者也在人工智能方面取得了突破性的研究成果。例如，麻省理工学院 AI 实验室的 Marvin Minsky 和 Seymour Papert 等提出了通过"Micro worlds"来开展 AI 研究工作。他们认为一个复杂的学科往往可以使用简化模型来帮助理解基本原则，其中应用最广泛的就是"blocks world"，如图 1.2.10 所示。

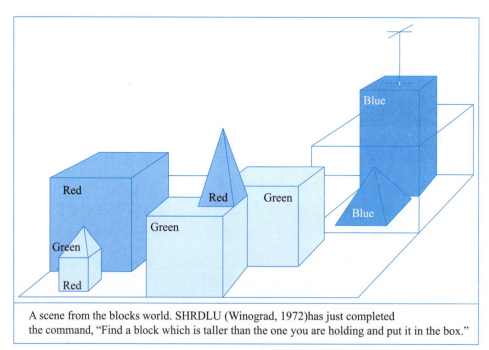

图 1.2.10　blocks world

当时人们普遍对 AI 充满了信心，甚至有学者乐观地认为人类在短时间内就可以彻底解决人工智能所遇到的问题。图 1.2.11 中部所示的就是部分专家在当时的环境下针对 AI

所给出的预判。

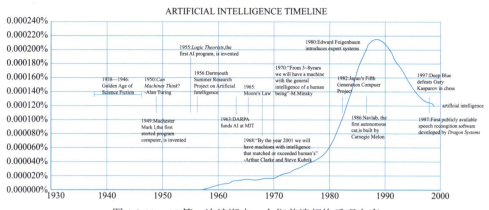

图 1.2.11　AI 第一次浪潮中，人们普遍都抱乐观态度

由于人们的乐观态度，再加上 AI 学术界的蓬勃发展，当时人工智能项目的预算可以说是非常充足的。例如，麻省理工学院仅在 1963 年一年就收到了美国国防高级研究计划局（DARPA）超过 200 万美元的 AI 项目资助，这在当时无疑是一笔巨款。

1.2.3　寒风凛冽，首次入冬（1974—1980年）

"希望越大，失望也越大"，AI 在第一次浪潮中的表现始终是"雷声大雨点小"。过度的收益承诺却始终无法兑现，让人们的耐心一点点地被消耗殆尽，在经历了近 20 年的繁荣后，AI 于 20 世纪 70 年代初逐步进入了第一次低谷。

AI 首次入冬的时代背景：

（1）AI 没有产生有用的价值。AI 所能做的事情都是极其受限的，如无法准确分辨出椅子这样的常见物体，仅能识别为数不多的几个词汇等。换句话说，人工智能在当时只是用来尝鲜的玩具，此外似乎毫无价值。

（2）经济不景气。可以看到，第一次 AI 寒冬前后的经济环境相对比较恶劣，在这种情况下人们首先考虑的是如何活下去的问题。

在这样的历史条件下，各个国家纷纷表达了对 AI 领域的悲观态度。最终，1973 年的一份非常著名的"Lighthill report"（"Artificial Intelligence: A General Survey"）成为"压死骆驼的最后一根稻草"（英国）。这份报告是由应用数学家 James Lighthill 主导的，起初发表在 *Artificial Intelligence: a paper symposium* 上。"Lighthill report"（图 1.2.12）严厉地批评了 AI 并没有如承诺的那样体现出任何有用的价值，并对它的多个领域表达了非常失望的态度。英国政府随后就停止了对爱丁堡大学、萨塞克斯大学和埃克塞特大学的 AI 项目资助。同年，美国国家科学委员会在给 AI 赞助了近 2000 万美元后因为看不到希望也中止了资助。

> **Artificial Intelligence: A General Survey**
>
> Professor Sir James Lighthill FRS
>
> **Part I Artificial Intelligence**
>
> A general survey by Sir James Lighthill
> FRS Lucasian Professor of Applied Mathematics, Cambridge University. July 1972.
>
> **1 Introduction**
>
> The Science Research Council has been receiving an increasing number of applications for research support in the rather broad field with mathematical, engineering and biological aspects which often goes under the general description Artificial Intelligence (AI). The research support applied for is sufficient in volume, and in variety of discipline involved, to demand that a general view of the field be taken by the Council itself. In forming such a view the Council has available to it a great deal of specialist information through its structure of

图 1.2.12　Lighthill report 节选

到了 1974 年，AI 项目已经完全成了资本的"弃儿"。而随着 AI 项目资金链的中断，本身没有"造血能力"的 AI 研究自然而然就在寒冬中被"冻死"了。

1.2.4　卷土重来，威震八方（1980—1987年）

这种情况一直持续到 6 年后，也就是 1980 年才有所好转。那么当时发生了一些什么关键事件使得人工智能又重新进入了人们的视野？

1. 专家系统得到大家的赏识

专家系统（Expert System）主要是采用知识表示和知识推理的方式来让计算机程序具备人类的知识和经验，从而达到解决复杂问题的目的。

专家系统一般由 Knowledge Base 和 Inference Engine 两部分关键元素组成，如图 1.2.13，Knowledge Base 用于承载人类的知识、经验等，Inference Engine 通过应用各种逻辑规则来做推理。

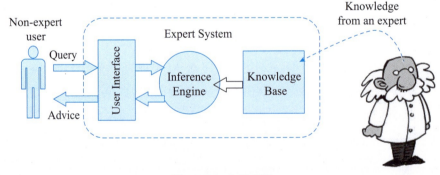

图 1.2.13　专家系统

当然，专家系统并不是这个阶段才出现的，它最早是由 Edward Feigenbaum（"专家系统之父"，1994 年图灵奖获得者）提出来的（图 1.2.14），并很快成为人工智能领域的一个分支（后续还有更详细的讲解）。只不过直到 20 世纪 80 年代初，专家系统才开始取得了一些关键进展,而且这些进步还逐步体现在了实实在在的商业落地上,据当时的统计报告显示,有将近三分之二的财富 500 强公司都用到了专家系统技术或者其延伸产品。换句话说,人工智能正在逐步完善自己的"造血能力"。从历史规律来看,这一点无疑是一项新兴技术能否可持续发展的关键所在。

图 1.2.14　早期的专家系统

值得一提的是,当时第一个被大规模使用的专家系统是 SID(Synthesis of Integral Design),它是在 1982 年前后被开发出来的,而且使用的编程语言是 LISP。

当年还由此催生了一批"知识工程师",他们的主要工作就是和各种各样的专家交流,研究后者是如何思考和解决问题的,然后再"填空"到专家系统中。对于简单的问题,这或许是一条可行之路。但现实情况是,很多专家解决问题的过程本身就依赖"直觉"。换句话说连他们自己都无法准确描述出问题的思考和解决过程,更何况还要把这些过程逻辑化。不过当时专家系统正处于蓬勃发展时期,这些显而易见的问题似乎很轻易地就被人们忽视了,这或许也为后面的 AI 再次寒冬埋下了伏笔。

2. 连接主义重获新生

连接主义在第一轮 AI 浪潮中,由于无法给出令人信服的理论基础而被人们遗弃。不过,从 20 世纪 80 年代初开始,以神经网络为代表的连接主义又重获新生,这主要归功于以下两个因素:

因素 1:Hopfield net。1982 年,John Hopfield 证明了神经网络是有能力来做更深层次的学习和处理工作的,人们称之为 Hopfield net(图 1.2.15)。简单来讲,它是一种结合了存储系统和二元系统的神经网络。

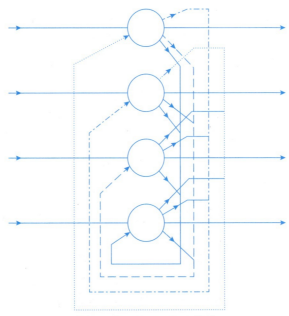

图 1.2.15　Hopfield net 结构

因素 2：Back Propagation 在神经网络中的应用。与此同时，Geoffrey Hinton 等提出了直到现在都在使用的神经网络训练方法 backpropagation，从而有效解决了神经网络无法优化训练的问题。

在多重因素的刺激下，人工智能在沉寂了若干年之后，于 20 世纪 80 年代初又步入了人们的视野。全球多个国家又陆续在 AI 领域投入重金，如日本的国际通商产业部（Ministry of International Trade and Industry）在 1981 年斥资 8.5 亿美元，来支持其第五代计算机项目的研发。这个项目的目标是制造出可以翻译语言、与人对话、具备推理能力的机器。美国包括 DARPA 等在内的多个组织也纷纷慷慨解囊，使得 AI 项目的投资金额成倍增长。

人工智能的第二春，就这样悄然来临了。

1.2.5　失望弥漫，再度入冬（1987—1993年）

在人工智能的"第二春"如火如荼之时，实际上就已经有人预测出它将会再度进入寒冷的冬季了，果不其然，仅 7 年后的 1987 年，AI 迎来了第二个"大坎"。与首次"入冬"类似，人们主要还是因为看不到希望而对 AI 再次"判处死刑"。包括以下几个背景事件。

1. Lisp machines 产业崩塌

Lisp machines 是一种通用型的计算机，它以 LISP 为主要的编程语言和软件（需要硬件上的支持）。而到了 20 世纪 80 年代，Apple（图 1.2.16）和 IBM 等公司生产的桌面型计算机在性能和价格上都占据了绝对优势，因而前者逐步退出了人们的选购清单中。

图 1.2.16　20 世纪 80 年代的 Apple Macintosh 计算机

2. 专家系统"难以为继"

前面所讲的专家系统，在此时也暴露出了很多问题，如很难维护，经常出现各种问题，而且价格高等。

当时有一个很有名的项目 Cyc（源自 encyclopedia），由斯坦福大学教授 Douglas Lenat 在 1984 年设立，并由 Cycorp 公司开发维护的一个 AI 项目。Cyc 致力于将各个领域的本体和常识集成在一起，并以此为基础来实现知识推理，达到人工智能的目的。

Cyc 还发明了一种专有的基于一阶关系的知识表示语言 CycL，用于表示人类的各种常识，如"每棵树都是植物""植物都会死亡"等描述语句（语法上与 LISP 类似）。Lenat 曾预测可能需要至少构建 25 万条规则，才能支撑 Cyc 系统的成功。不难理解这种人工构建的规则既费时费力，有时还"事倍功半"。据悉，Cyc 就曾在一个故事中闹出过笑话：这个故事是说 Fred 正拿着电动剃须刀，因为在 Cyc 的知识库里"人体的构成是不包含电气零件的"，因而它推断出正在刮胡子的 Fred 已经不是人了。

在人类认为很好理解的不少场景下，专家系统却总是表现得让人"啼笑皆非"，久而久之自然就沦落成大家"茶余饭后"的谈资了。

3. 日本第五代计算机工程宣告失败

日本在 20 世纪 80 年代经济形式还是不错的，因而愿意投入巨资来研究有潜力的方向。然而若干年后，在当年定下的计划目标始终"遥遥无期"的情况下，日本政府开始大幅缩减 AI 预算也就是情理之中的事了。

4. 统计学方法开始大行其道

这个时期除了统计学外，还有一股力量是不容忽视的，那就是神经网络。不过，神经网络能够发挥威力的一些前置条件（数据、算力）还没有得到满足，所以当时不管从哪个角度来看，它在 20 世纪 80 年代都没有比统计学方法来得更为优秀，后者不仅简单实用，而且消耗的资源还少。因而神经网络在当时自然没有掀起多大的风浪。

据说那时流行一个"月亮梯子"的笑话，专门用来描述人工智能的处境，即人工智能总是把目标设定为"登月"，但最后造出来的多半只是一把"梯子"，让人贻笑大方。

一言以蔽之，AI又一次进入了寒冬。

1.2.6 重出江湖，渐入佳境（1993年至今）

人类对于人工智能一直以来都有一种"执念"，因而即便是在它的两次寒冬期间，依然有人"孜孜不倦，十年如一日"地潜心做着研究，比如后面会讲到的深度学习"三驾马车"便是如此（据说这也是他们获得图灵奖的原因之一）。

也正是因为这种"执念"，大概从20世纪90年代初开始人工智能又开始出现在人们的视野中。例如：

1997年，深蓝战胜国际象棋世界冠军Garry Kasparov。这是人工智能历史上的一个里程碑，深蓝因此成为世界上首个打败人类顶尖国际象棋棋手的计算机系统。

1998年，LeNet成功商用。LeNet（图1.2.17）当时被美国银行和邮政系统接纳，用来识别支票、邮政编码中的手写或机打数字，也算是为神经网络的"可商用化"提供了有力证明（虽然当时的神经网络还比较简单）。

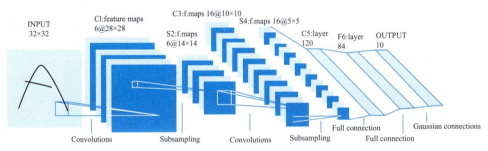

图1.2.17 LeNet网络结构

新的研究方法的出现。人类逐渐意识到，专家系统虽然从理论上看是"靠谱"的，但如何构筑庞大的"专家知识库"却成了众多学者"心中的痛"。如前面所提及的，美国科学家Douglas Lenat曾尝试建立一个名为Cyc的超级知识库，把几百万条常识用逻辑语言描述出来，借以帮助专家系统构建能力。然而这显然有点"天方夜谭"，举个简单的例子，猫应该有几条腿呢？正常的猫是4条腿，但我们并不能否认残疾的猫有可能出现3条腿或者2条腿的异常情况，或者基因突变的猫有5条腿的情况。

人们开始寻找其他的实现方式。例如，麻省理工学院的Rodney Brooks在1990年前后发表了论文"Elephants Don't Play Chess"，阐述了基于"行为"和环境的人工智能模型。他在论文中对当时的AI研究方法提出了质疑，关键部分引用如下：

"What has gone wrong? (And how is this book the answer?!!)

In this paper we argue that the *symbol system hypothesis* upon which *classical AI is* base is fundamentally flawed, and as such imposes severe limitations on the fitness of its progeny. Further, we argue that the dogma of the symbol system hypothesis implicitly includes a number of largely unfounded great leaps of faith when called upon to provide a plausible path to the digital equivalent of human level intelligence. It is the chasms to be crossed by these leaps which now impede classical AI research. But there is an alternative view, or dogma, variously called *nouvelle AI, fundamentalist AI,* or in a weaker form *situated activity. It is based on the physical grounding hypothesis.* It provides a different methodology for building intelligent systems than that pursued for the last thirty years."

2000 年以后，人工智能以及多个学科的发展速度明显加快。业界普遍认为这主要得益于以下核心因素：互联网大发展的时代，云计算，芯片计算能力呈现指数级增长，大数据等。

特别是斯坦福大学等学术机构"十年如一日"建立起来的规模庞大的数据平台，为众多学者验证和改进模型提供了非常重要的基线。ImageNet 超大规模图像数据集如图 1.2.18 所示。

图 1.2.18　ImageNet 超大规模图像数据集

进入 21 世纪的第二个十年后，人们对于人工智能，特别是深度学习的热情更是达到了"前无古人"的地步。可以说在这个"人人谈 AI"的时期，不懂 AI 似乎就意味着"落伍"，在不少人的心里，AI 甚至已经成为前沿时尚的代表。斯坦福大学某 AI 人员给某奢侈品牌做的广告如图 1.2.19 所示。

图 1.2.19　AI 与时尚（图片源自网络，CHERCHEUR EN INTELLIGENCE ARTIFICIELLE 是法语，译为"人工智能研究人员"）

这股深度学习的浪潮伴随着其在计算机视觉等领域的工业化应用而逐步达到顶峰，而后又在 2020 年开始步入下坡路（工业应用结果没有想象中的理想）。比以往几次"寒冬"幸运的是，这时有一个"救世主"横空出世了，它就是 ChatGPT。

ChatGPT 上线仅两个多月，月活用户上亿，开启付费功能后的短短五天，付费用户就破百万，如图 1.2.20 所示，作为对比，近几年全球火爆的应用 TikTok，月活用户上亿用了九个月的时间。

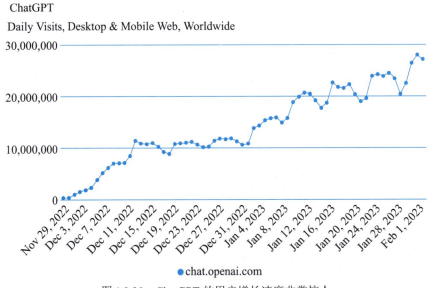

图 1.2.20　ChatGPT 的用户增长速度非常惊人

ChatGPT 的出现，不仅带火了智能问答领域，同时也使大语言模型（LLM）迅速席卷了全球。业界开源的预训练大模型如雨后春笋般涌现出来，逐步呈现出"万模大战"的壮观景象。同时，各行各业也不甘示弱，几乎每天都会诞生各种行业大模型，如工业大模型、天气大模型、研发大模型、医学大模型等。

毫无疑问，我们正身处于人工智能的本轮热潮中，我们都在见证一个新的历史。

1.3　自然语言处理和大语言模型

1.3.1　自然语言处理

1.3.1.1　自然语言处理发展简史

自然语言处理（Natural Language Processing，NLP）是人工智能领域的一个重要方向，同时也是一门融合了语言学、数学、计算机科学等多领域知识的复杂学科（特别是针对中文的处理）。一直以来，语言都是人类区别于其他生物的关键能力之一，人与人之间可以非常轻松顺畅地进行交流和对话,而人类这种"与生俱来"的能力是计算机不具备的。简单来说,NLP 就是希望实现基于自然语言的人机交互方式。

当计算机"理解"了自然语言后,就可以据此产生很多实际的应用了。NLP 领域的权威专家 Richard Socher 曾按照难易等级把 NLP 处理做了划分,如图 1.3.1 所示。

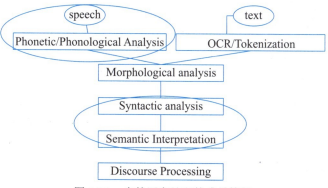

图 1.3.1　自然语言处理的难易等级

具体来讲,NLP 典型的应用场景(由易到难)包括:拼写错误的检查、同义词查找等简单的词处理;关键信息提取,如人名、公司名、地址等;对文本进行分级分类;关系抽取;句法分析;自动文摘;机器翻译;信息检索;口语对话系统;复杂的问答系统;等等。

也可以从三个角度对 NLP 的应用场景进行分类:一是分析型,输入自然语言,并利用 NLP 来执行某种分析工作,如翻译系统、用户留言问题分析等;二是生成型,利用 NLP 技术输出自然语言相关材料,解决某领域的问题,如智能写诗系统、自动化写作系统等;三是交互型,机器和人利用 NLP 技术可以进行实时的交流沟通,如智能助理、智能客服等。

NLP 在工业界的应用也越来越广泛,百度、腾讯等多家厂商都对外开放了面向 NLP 的云能力,如图 1.3.2 所示。

图 1.3.2　各大云平台纷纷开放 NLP 能力

另外,NLP 在搜索引擎、广告系统、机器翻译等多个与日常生活息息相关的领域中也有广泛应用。可以说 NLP 已经走进"千家万户",并仍将持续发挥它独特的商业价值。但同时我们也应该清楚地认识到，NLP领域仍然存在很多技术瓶颈需要突破。

NLP（特别是中文的自然语言处理）在技术实现上为什么很难呢？我们摘选了网络上广为流传的一道汉语8级考试题（仅供参考，真实性有待考证），大家可以感受一下。

阿呆给领导送红包时，两个人一段颇有意思的对话。

领导："你这是什么意思？"

阿呆："没什么意思，意思意思。"

领导："你这就不够意思了。"

阿呆："小意思，小意思。"

领导："你这人真有意思。"

阿呆："其实也没有别的意思。"

领导："那我就不好意思了。"

阿呆："是我不好意思。"

题目：请解释文中每个"意思"的意思。

在上面这段对话中"意思"这个词反复出现了多次。其巧妙之处在于它在每句话中所表达的意思并不相同，由于汉语的"博大精深"，就连不熟悉中文的外国人都很难理解，更不用说只懂机器语言的计算机。

NLP的发展历史是比较久远的。最开始，人们只是想通过NLP来做机器翻译，而且很难想象到这一功能在17世纪就已经有人开始尝试。当然，早期的机器翻译还相对简单，远达不到商用的要求。真正有一定应用价值的NLP工具则是一种具备"双语字典"功能的翻译器，它出现于20世纪30年代。

20世纪50年代，著名的科学家图灵发表了一篇名为"Computing Machinery and Intelligence"的论文，并提出了时至今日仍然被广泛认可的人工智能测试标准——"图灵测试"。随后的二十几年人们发明了多种基于NLP的系统，如俄语—英语句子翻译系统、简易的"医生模拟诊断"系统等。早期人们对NLP的理解如图1.3.3所示。

图1.3.3 早期人们对NLP的理解

1980年之前NLP系统都是基于复杂的人工定制规则来实现的，因而不可避免地会有很多限制。这种情况直到20世纪80年代后期才真正有所转机，其中的关键点就在于机器学习算法逐步开始在 NLP 领域中发挥作用。当然，引发这种变化的因素是多方面的，如硬件计算能力的提升，语言学理论的进一步完善等。

早期在 NLP 领域中使用的机器学习算法主要是决策树这类相对简单的实现方案，而后才慢慢出现了很多非监督学习和半监督学习算法，它们使得 NLP 系统逐步具备了更多的灵活性，而不用像监督学习一样只能给出标定的答案。自然语言所表现出来的多样性，使得我们不能指望所有问题都可以通过人工提供的既成答案来得到解决，因而非监督或者半监督类型的算法实现在 NLP 领域中是有先天性优势的。

近年来，深度学习的强势崛起，使得已经处于"瓶颈期"的图像识别、物体分割等多个方向又重新焕发出生机，并取得了令人瞩目的成绩。"好奇的人们"自然不会把这么好的武器只应用于图像领域，他们迫切地希望知道，Deep Learning+NLP 又会碰撞出什么样的火花呢？因而深度学习在自然语言处理中的学术论文也越来越多，各类研究成果如雨后春笋般涌现出来。基于深度学习的模型在语言模型化、自然语言分析等多个 NLP 任务上都"打败"了其他机器算法能力，当之无愧地成为 NLP 领域的最佳方案。基于深度神经网络的 NLP 与经典 NLP 的区别如图 1.3.4 所示。

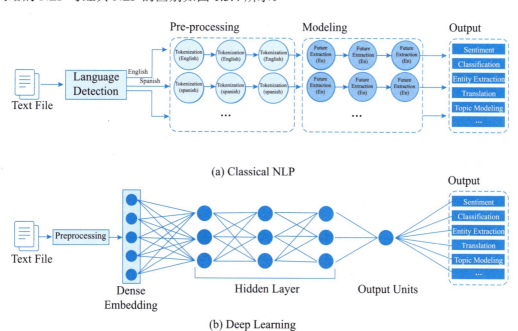

图 1.3.4　基于深度神经网络的 NLP 与经典 NLP 的区别

近几年随着大语言模型的发展，NLP 更是进入了飞速发展阶段。而且，NLP 已经不再特指人类语言，它扩展到了更广泛的领域，如本书重点介绍的研发领域，就有 NLP 与"编程语言"相互交织的身影。

我们相信，NLP 和 LLM 的结合将会持续给人类世界带来越来越深远的影响。

1.3.1.2 自然语言处理基础

1. 自然语言基础

在进入 NLP 的具体分析之前,有必要先了解人类大脑中与自然语言相关的控制系统。

科学研究发现,人类大脑的语言中枢系统可以控制人体进行语言理解、语言表达等多种意识形态的高级活动。如图 1.3.5 所示,其又可以细分为如下中枢区域:

(1) 书写语言中枢:主要功能是控制人类写字、绘画等精细运动,因而受到意外损伤可能导致"失写症"。

(2) 视觉语言中枢:用于控制人类识别视觉信号的语言,因而意外受损可能导致"失读症"。根据百度百科上的描述,其症状表现:有些失读症的儿童会倒过来朗读或写字;有些失读症的儿童在大声朗读时常常漏字或反复读错字而浑然不觉;有些失读症的儿童在朗读时严重口吃,无法读完短短一篇课文;有些失读症的儿童不敢大声朗读,唯恐出洋相;还有一些失读症的儿童无法准确、迅速、清楚地发音或模仿教师发音。

(3) 说话语言中枢:说话语言中枢,或者运动性语言中枢又称为 Broca's Area,它的主要功能是控制与语言有关的肌肉性刺激。意外受损可能导致"运动性失语症"。

(4) 听觉语言中枢:听觉语言中枢是韦尼克区域的一部分。意外受损可能导致患者能听到别人讲话却不能完全理解意思,即"感觉性失语症"。

(5) 韦尼克语言中枢:韦尼克区是德国医生 Wernicke 于 1874 年发现,并以自己名字命名的大脑中一个重要的语言区域,它的主要功能是控制人体的语言理解技能。

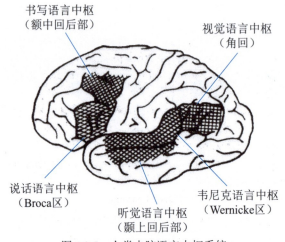

图 1.3.5 人类大脑语言中枢系统

人们在对话过程中,大脑各语言中枢的处理流程如图 1.3.6 所示。

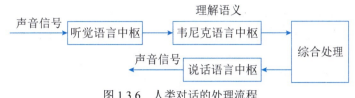

图 1.3.6 人类对话的处理流程

借鉴人类大脑的语言处理过程，一个 NLP 系统通常需要具备三个要素：语言解析能力、语义理解能力和语言生成能力。

虽然 NLP 在经过多年的发展后已经取得了长足进步，并且在越来越多的领域获得了广泛应用，但它的支撑技术仍然没有超过上述三个范畴。换句话说，这些应用都是基于上述关键要素演化而来的。

接下来讲解人类自然语言中的几个基础概念，为读者后续的学习打基础。

（1）语素。

语素是自然语言中最小的有意义的语言单位，包括如下三种构词方式：

①单音节语素：由一个有意义的字构成的语素，如山、海、天、地、人、红、黑。

②双音节语素：由两个字组成才有意义的语素。它又可以分为三种类型：叠韵，如当啷、惝恍、魍魉、缥缈、耷拉、苍茫、朦胧、苍莽、邋遢等；双声，荆棘、蜘蛛、踯躅、踌躇、仿佛、瓜葛、忐忑、淘汰等；外来词，即音译过来的词，如夹克、的士、巴士、尼龙、吉普、坦克、芭蕾、踢踏、吐司等；专用名词，如纽约、巴黎、北京、苏轼、李白、孔子等。

③多音节语素：由两个以上的字组成的有意义的语素。与双音节语素有些类似，可以分为专用名词、外来词和拟声词等，如法兰克福、奥林匹克、白兰地、凡士林、噼里啪啦、淅淅沥沥、马克思主义、中华人民共和国等。

（2）语法和句法。

语法和句法是容易混淆的两个概念，也是很多人经常会问及的两个专有名词。

简而言之，语法可以分为句法和词法两部分。句法研究的是句子的内部结构，以词作为基本单位；词法研究的是词的内部结构，以语素作为基本单位（朱德熙《语法讲义》，北京：商务印书馆）。

不同语言的句法（图 1.3.7）会有所差异，如英文的陈述句、疑问句、祈使句等。

祈使句：Let's run to the police station on fourth street.

疑问句：Have you been living here?

陈述句：We are very busy preparing for the exams.

否定句：I don't know this. No news is good news.

强调句：You may put the meeting off only when it is absolutely necessary.

名词性从句：Whether he can come to the party on time depends on the traffic.

同位语从句：I had no idea that you were here.

定语从句：In the presence of so many people he was little tense, which was understandable.

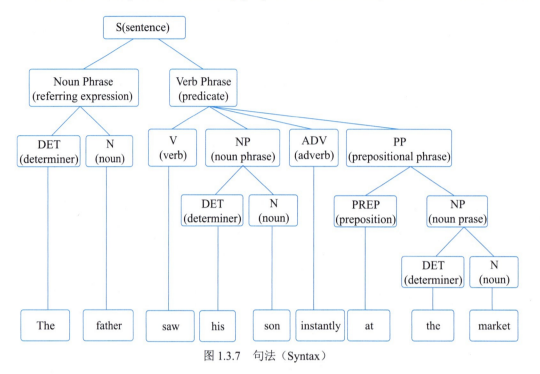

图 1.3.7 句法（Syntax）

（3）语义。

语义可以分为两部分：研究单个词的语义（即词义）以及单个词的含义怎么联合起来组成句子（或者更大的单位）的含义。基于上下文的语义解析如图 1.3.8 所示。

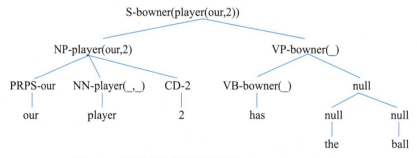

图 1.3.8 基于上下文的语义解析（Semantic parsing）

2. 词的表达方式

在做自然语言处理时，首先要回答一个基础问题，即用什么方式去表述自然语言，作为计算机的输入呢？这其实也是视觉识别、语音识别、文字识别等其他机器学习领域要回答的一个问题。我们先看看下面几个领域是如何解决的，如图 1.3.9 所示。

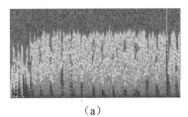 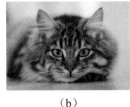 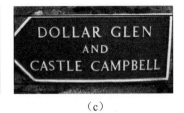

(a)   (b)   (c)

图 1.3.9　视觉识别等其他机器学习任务的输入

视觉识别等机器学习任务中的输入数据大致有三部分：视觉识别，以图像像素作为输入，可能涉及预处理；文字识别，与视觉识别类似，通常也是输入带文字信息的图片；语音识别，典型做法是输入音频频谱序列（Audio Spectrogram）。

那么是否可以假设，将自然语言的词用向量直接表示出来作为 NLP 的输入呢？这种想法很"直接"，在某种程度上来讲并不能说完全没有道理，但也肯定"不全对"。其原因之一是自然语言本身的复杂性。前面给出了一个汉语考试题的范例，可以看到在脱离上下文背景和"文化风俗"情况下的 NLP 肯定是做不好的，这和缺乏中文语言环境"熏陶"的外国人通常很难理解汉语的"博大精深"的道理是类似的。

为了解决上述问题，有学者提出了很多有建设性的方案，下面是其中的两类典型：

（1）one-hot representation：它是传统的词表达方式，其优点是简单直接。

例如，把苹果表示为 [0 0 1 0 0 0 0 0 0 0 0 0 0 0 0…]，把梨表示为 [0 0 0 0 0 0 0 0 1 0 0 0 0 0 0 0…]。

在实际应用中，需要结合样本本身来决定如何做 one-hot encoding。

例如，小学生可能有如下属性：

属性 1：性别 [male, female]

属性 2：年级 [1，2，3，4，5，6]

属性 3：班级 [1, 2, 3]

对于一个"2 年级 1 班的男同学"，一种表示方法是 [0, 1, 0]，此时每个数字对应的是属性表中的序号。

另一种表达方式就是 one-hot 编码。其中性别属性是二维的，年级是六维的，班级是三维的。那么这个男同学对应的 one-hot 输出为 [1,0,0,1,0,0,0,0,1,0,0]。

采用 one-hot 来做词表达的主要缺点：数据稀疏，高维度问题；没有表达出词之间的关联性；不好做模糊匹配等处理。

（2）distributed representation：与 one-hot 表达方式不同，distributed representation 是一种低维度的实数向量，类似 [0.893, 0.232, -0.248, -0.984…]。在后续内容中还会做更详细的解析。

Distributed representation 思想最早可以追溯到 Geoffrey Hinton 的一篇论文"Learning distributed representations of concepts"（用向量来表示词的做法则可以追溯到 20 世纪 60 年

代),虽然这篇文章没有直接提出 distributed representation 这一概念。

2000 年前后,Bengio 等发表了一系列关于语言模型的论文,如 "A Neural Probabilistic Language Model" 等,用于减小传统词表达方式的维度灾难问题。由此可见 distributed representation 和语言模型是息息相关的。

Distributed representation 应用于做"词的表达方式",从而产生了"word representation"或者"word embedding",译为"词向量"或者"词嵌入"(听上去有些别扭,但这已经成为大家相对认可的称谓)。

值得一提的是,除了 distributed representation 外,还有一个非常相近的词 distributional representation,容易混淆。distributional representation 是指根据分布式思想来表达出词的语义,也可以说是将语义融合到词的表示中。其背后的理论基础并不复杂,简单描述如下:

"上下文相似的词,其语义也相似。"

它蕴含的是概率统计上的"分布"意义。

作为对比,本节所述的 distributed representation 表达的是另外一重含义,它并非指统计学上的"分布",而是"分散"的概念。这是相对于 one-hot 而言的,即将原本需要高维空间来完成的任务"分散"到一个低维空间上,从而解决传统方式中的缺陷。

这样的描述可能会有点抽象,举一个简单的例子:

假设词库中有三个词 {苹果,梨,香蕉},那么用 one-hot 表示就是一个三维空间,而且很稀疏:

苹果 [1, 0, 0]

梨　 [0, 1, 0]

香蕉 [0, 0, 1]

one-hot 的直观表达如图 1.3.10 所示。

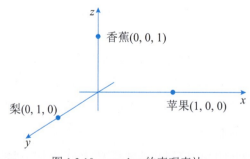

图 1.3.10　one-hot 的直观表达

也可以把这些点"分散"在一个二维空间里,如图 1.3.11 所示。

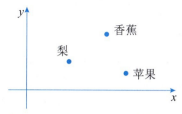

图 1.3.11 distributed 一词的含义

这样就可以在一个低维空间中通过实数来做词表达。这只是一个简单的例子，实际应用时的情况要复杂得多。例如：词库数量很可能达到百万级别；distributed representation 也并非一定是二维的，允许它利用多个维度来表达更多的信息量。

理论上 distributed representation 要解决的是如何通过更为"低廉的成本"（稠密实数向量）来表达各个词，只要可以把它们区分开来用于后续计算就可以。但具体应该怎么表达，以及每个词对应的各维度的值如何获得，就有很多其他"讲究"了。

另外，词的表达和自然语言模型有很大关联，因此需要结合起来分析。

3. NLP 经典模型

通俗来讲，自然语言模型就是用于判定一句话"从人类的角度来理解，是不是正常的语句"。

例如：

我每天 8 点准时去上班

这是一句比较正常的话。

如果是类似下面这样的句子：

我吃饭不知道如何上班

大家就会在心里打一个大大的问号了，"这是什么意思？"

自然语言模型可以在多个领域发挥出重要作用，例如：机器翻译如何产生更好的结果，语句的拼写错误纠正，语音识别结果优化，自动文摘系统，实时问答系统。

单纯从组成元素来看，一个语句通常是由一些典型元素构成的，如词、语法、语义等。

传统的自然语言处理系统主要依靠人工基于上述组成元素来编写出各种规则，从实践结果来看这种方式既耗时耗力而且效果不理想。这种情况在图像识别领域也同样存在，例如，在图像识别领域的早期，如果要识别一只猫，首先就要提取和制定出猫的各种特征规则。由于猫的形态多种多样，而且可能会出现遮挡、扭曲等情况，所以人工提取特征的做法就很难达到很好的效果。

有鉴于此，NLP 领域出现了多种语言模型，除了文法语言模型外，常见的是统计语言模型，它依据概率统计理论来得到一个句子的最佳结果。统计语言模型又可以分为基于 n-gram 的语言模型、基于隐马尔可夫（HMM）的语言模型、基于最大熵的语言模型、基于决策树的语言模型和基于神经网络的语言模型等。

另外，业界也出现了不少开源的语言模型工具，如 SRILM（http://www.speech.sri.com/projects/srilm/）、IRSTLM（http://hlt.fbk.eu/en/irstlm）、MITLM（http://code.google.com/p/mitlm/）、BerkeleyLM（http://code.google.com/p/berkeleylm/）。

1）基于 n-gram 的语言模型

考虑这样一个场景：我们在做语音识别时输入了一个"wogeinijugelizi"的语音序列，想要解答的问题是，它到底指的是"我给你举个例子"还是"我给你举个栗子"，或者是其他句子呢？如果应用统计模型，它就会明确告诉我们，前者出现的概率会高很多，因而它才是最佳答案。

在统计语言模型中，假设一段文本序列为 $S = w_1, w_2, w_3, w_4, \cdots, w_T$，那么计算这一序列概率的理论公式如下：

$$P(s) = p(w_1, w_2, \cdots, w_T) = \prod_{t=1}^{T} p(w_t | w_1, w_2, \cdots, w_{t-1}) \tag{1.3.1}$$

由于参数众多且复杂度高，直接采用上述公式并不现实，因而在实践中通常使用 n-gram、最大熵模型等近似表达方式。类似于：

$$p(w_t | w_1, w_2, \cdots, w_{t-1}) \approx p(w_t | w_{t-n+1}, \cdots, w_{t-1}) \tag{1.3.2}$$

n-gram 又称为 n 元模型或者 $n-1$ 阶马尔可夫模型。这里只简单回顾马尔可夫性质：它是指当前状态的概率只与前 n 个（n 可以取 1）状态有关，而与更前面的状态无关。

在 n-gram 模型中，n 的典型取值有 3 个：当 $n=1$ 时，对应的是 unigram 模型；当 $n=2$ 时，对应的是 bigram 模型；当 $n=3$ 时，对应的是 trigram 模型。从实践的角度来看，应用最广泛的是二元的 bigram 和三元的 trigram。

n-gram 的基本思想是计算语句中各个词在遵循马尔可夫模型情况下的条件概率的乘积。这听上去有点抽象，可以举个例子。当说出词"北京"以后，接下来最有可能出现的词就是"天安门"或者"故宫"等，它们都属于高概率事件；与之相反，一般人都不会认为"北京"后面会跟着"窗帘""杯子"这种"八竿子打不着"的词。换句话说，一个由 $w_1, w_2, w_3, \cdots, w_n$ 组成的句子，它的概率为

$$P(T) = P(w_1, w_2, w_3, \cdots, w_n) = P(w_1)P(w_2 | w_1)P(w_3 | w_1, w_2) \cdots P(w_n | w_1, w_2, \cdots, w_{n-1})$$

上述公式中用到了条件概率的如下计算法则：

$P(B | A) = P(AB) / P(A)$

$P(AB) = P(A)P(B | A), P(A) > 0$

$P(A_1, A_2, A_3, \cdots, A_n) = P(A_1)P(A_2 | A_1)P(A_3 | A_1, A_2)P(A_n | A_1, A_2, A_3, \cdots, A_{n-1}), P(A_1, A_2, A_3, \cdots, A_{n-1}) > 0$

由于上述公式的计算过程过于烦琐，因而可以根据马尔可夫的"当前状态只与前面 n 个状态相关联"这一指导思想来做精简。

当 $n=1$ 时，unigram 模型的表达式为

$$P(w_1, w_2, \cdots, w_m) = \prod_{i=1}^{m} P(w_i) \quad (1.3.3)$$

当 $n = 2$ 时，bigram 模型的表达式为

$$P(w_1, w_2, \cdots, w_m) = \prod_{i=1}^{m} P(w_i \mid w_{i-1}) \quad (1.3.4)$$

当 $n = 3$ 时，trigram 模型的表达式为

$$P(w_1, w_2, \cdots, w_m) = \prod_{i=1}^{m} P(w_i \mid w_{i-2} w_{i-1}) \quad (1.3.5)$$

理论上，n 的取值越大，最终效果越好。大量的实验结果表明：n 取 2 或 3 时，不仅模型的整体计算量可控，而且精度比较高，这两个取值在实际项目中是比较受欢迎的。

怎么才能得到上述公式中各个词的条件概率值呢？答案就是训练语料。斯坦福大学 cs224d 课程中对此有一个范例，摘录如下：

语料库：

- I like deep learning.
- I like NLP.
- I enjoy flying.

针对这一语料库生成的适用于 bigram 的词频表见表 1.3.1。

表 1.3.1 词频表范例

counts	I	like	enjoy	deep	learning	NLP	flying	.
I	0	2	1	0	0	0	0	0
like	2	0	0	1	0	1	0	0
enjoy	1	0	0	0	0	0	1	0
deep	0	1	0	0	1	0	0	0
learning	0	0	0	1	0	0	0	1
NLP	0	1	0	0	0	0	0	1
flying	0	0	1	0	0	0	0	1
.	0	0	0	0	1	1	1	0

上述语料库中出现了两次"I like"这样前后衔接的样式，因而对应表格项的取值为 2；同时"I enjoy"出现了一次，因而取值为 1。

对于包含 m 个词的语料库，其词频表规模为 m^n，其中 n 代表 n-gram。例如，bigram 对应的是 m 的平方（如表 1.3.1 所示），trigram 则达到 m 的立方。这种数量级的增长关系，决定了 n 取值不可能太大（通常语料库包含的单词数量是 10000 以上的规模），否则就没有太大的实用价值。

目前业界和学术界已经有一些可用的 n-gram 数据集，例如：

- Google Web1T5-gram

    （http://googleresearch.blogspot.com/2006/08/all-our-n-gram-are-belong-to-you.html）

Total number of tokens: 1,306,807,412,486

Total number of sentences: 150,727,365,731

Total number of unigrams: 95,998,281

Total number of bigrams: 646,439,858

Total number of trigrams: 1,312,972,925

Total number of fourgrams: 1,396,154,236

Total number of fivegrams: 1,149,361,413

Total number of n-grams: 4,600,926,713

- Google Book N-grams（http://books.google.com/ngrams/）
- Chinese Web 5-gram（http://www.ldc.upenn.edu/Catalog/catalogEntry.jsp?catalogId=LDC2010T06）

n-gram 还有很多细节需要处理，如数据平滑（data smoothing）。前面计算概率时取的是各词条件概率的乘积，根据乘法法则，一旦其中有一个因子为 0，整个公式的结果就为 0，这显然不是想要的结果（即便整个句子确实不太通顺，也不希望它被"一刀切"为 0）。

因而数据的平滑处理是非常有意义的。目前业界已经出现了很多经典的平滑算法，包括但不限于 Laplacian（add-one）smoothing、Add-k smoothing、Jelinek-Mercer interpolation、Katz backoff、Absolute discounting、Kneser-Ney 等。

感兴趣的读者可以搜索相关资料了解其中的实现原理。

2）基于神经网络的语言模型——经典 NNLM

前面学习了 n-gram 模型，它存在一些固有的缺陷，例如：

（1）无法推测内在的联系性。例如，对于语料"草地上有一只猫"，n-gram 只是单纯的计算词之间的条件概率。所以当面对的是"草地上有一只狗"这类语料库中缺失的语句时，它并不能依据关联性很好地推测出语句的正确性。

（2）容易引起维度灾难。

（3）需要大规模的训练样本。

是否有办法在不使用词频表的情况下能达到同样的效果呢？这其实是神经网络所擅长的事情，用固定数量的参数（前期需要训练）去拟合理论上任何一个非线性函数。值得一提的是，在本书的后续章节会看到强化学习在解决 Q-table 维度爆炸时也面临同样的问题，所以才引出了结合深度神经网络的 DRL。可见知识的力量是共通的，只要深刻掌握了其中一种，就可以举一反三地把它应用到更多相似的领域。

前面在讲解词的分布式表达时提到了 Bengio 的"A Neural Probabilistic Language Model"，在这篇论文中提出了神经网络语言模型（Neural Network Language Model，NNLM）框架。NNLM 的网络结构如图 1.3.12 所示。

NNLM 的基本思想是利用前向反馈神经网络来拟合可以输出文本序列条件概率的函数。它包含了如下三个核心网络层级：

（1）input layer：从图 1.3.12 可以看到，输出有 $w_{t-1} \sim w_{t-n+1}$ 共 $t-1-(t-n+1)+1=n-1$ 个词，也就是 w_t 之前出现的词。C 代表大小为 $m \times |V|$ 的矩阵，其中 $|V|$ 是语料库的词总数，m 是词向量的维度，$C(w)$ 就是 w 对应的词向量。

输入层完成的功能是把 $n-1$ 个词对应的词向量，即 $C(w_{t-n+1}),\cdots,C(w_{t-1})$ 拼接成为 $m \times (n-1)$ 大小的列向量（类似二维数组转换为一维数组，这在数学运算上比较常见）。这样做是为后续网络层级的运算提供方便。

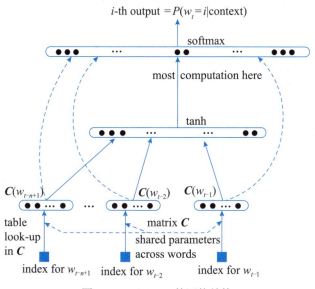

图 1.3.12　NNLM 的网络结构

假设输入层结果为 x，则有

$$x = [C(w_{t-n+1}),\cdots,C(w_{t-1})]$$

（2）hidden layer：隐藏层在前面输入层给出的 $m \times (n-1)$ 列向量的基础上，通过 tanh 函数来做激励输出，得到如下结果：

$$\tanh(d + Hx)$$

式中：d 代表 biases（如果有疑问，可以参考本书的神经网络激活函数相关章节了解详情）；H 为权重矩阵；x 为 input 层输出的列向量。

（3）output layer：输出层一共有 $|V|$ 个节点，从图 1.3.12 中可以看到每个节点对应的是

$$i-\text{th output} = P(w_t = i \mid \text{context})$$

即在输入为 $w_{t-1} \sim w_{t-n+1}$ 共 $n-1$ 个词的上下文场景（context）下，下一个词为 w_t 的可能概率。具体的计算公式为

$$y = b + W_x + U\tanh(d + Hx)$$

式中：W_x 表示输入层到输出层的直连边。这样做虽然可以显著降低迭代数量，但是会在一定程度上影响输出结果。b 为偏置；W 为直连边的权重矩阵，大小为 $|V| \times m \times (n-1)$。

由于概率分布的总数值为 1，所以还需要通过 softmax 来做一次归一化，具体的计算方式为

$$P(w_t | w_{t-n+1}, \cdots, w_{t-1}) = \frac{e^{y_{w_t}}}{\sum_i e^{y_{v_i}}} \qquad (1.3.6)$$

如何设定这个神经网络的目标函数呢？NNLM 采用的是最大化如下函数：

$$L = \frac{1}{T} \sum_t \log f(w_t, w_{t-1}, \cdots, w_{t-n+2}, w_{t-n+1}; \theta) + R(\theta) \qquad (1.3.7)$$

同时，结合梯度算法来完成训练过程：

$$\theta \leftarrow \theta + \alpha \frac{\partial \log P(w_i | w_{i-n+1}, \cdots, w_{i-1})}{\partial \theta} \qquad (1.3.8)$$

不难看出，NNLM 网络结构的主要计算量是 hidden layer 到 output layer 的 tanh 运算，以及 output layer 的 softmax 运算。

NNLM 和 n-gram 等语言模型的另一个很大的区别，它在神经网络的训练过程中可以"顺便生成"词向量（保存在矩阵 C 里），同时它还自带平滑能力，也就免去了后续的一大堆麻烦。如果要打个比方，基于神经网络的很多机器学习算法有点像"东北乱炖"或者火锅。它们不像有些煎、炸、煮、炒、蒸等烹饪方式需要严格的菜谱和烦琐的操作过程，而是另辟蹊径"一锅闷"，让各种食材相互"渗透"。最让人欣喜的是，大自然的鬼斧神工往往会让人有出乎意料的感觉——一锅乱炖出来的味道还相当不错！

关于 NNLM 的更多技术细节可参见 "A Neural Probabilistic Language Model"。

3）基于神经网络的语言模型——NNLM 的改型 CBOW 模型

NNLM 模型作为影响深远的 NLP 模型，一方面开创了新方向，另一方面遗留下了不少问题，包括但不限于：

（1）训练速度太慢。曾有人做过实验，利用 NNLM 模型来训练 100 万级别的数据集，集合 40 个 CPU 的能力也需要以周为单位才能完成。

（2）只能处理固定长度的文本序列。从 NNLM 模型的网络结构图中，可以看到它可以处理的文本长度固定为 N。

（3）对于词向量的考虑略显不足，因为它只是 NNLM 模型的"附属品"。

它有多个改进版本，其中 CBOW 和 skip-gram 由 Tomas Mikolov 创建，是 Word2Vec（下一部分做详细介绍）的背后模型。

Mikolov 曾供职于 Google Brain 团队（因而 Word2Vec 通常补冠以 Google 出品），2014 年他已经在 Facebook 的人工智能实验室工作。Mikolov 有三篇代表作：

"Efficient Estimation of Word Representation in Vector Space"，发表于 2013 年。这也是催生 Word2Vec 的一篇论文，在文中提出了 CBOW 和 Skip-gram 两个模型，稍后还会

做具体分析;"Distributed Representations of Sentences and Documents,"发表于 2014 年;"Enriching Word Vectors with Subword Information",发表于 2016 年。

"Efficient Estimation of Word Representation in Vector Space"中提出的 CBOW 模型和 NNLM 比较相似,不过它把中间的隐藏层去掉了,其框架结构如图 1.3.13 所示。

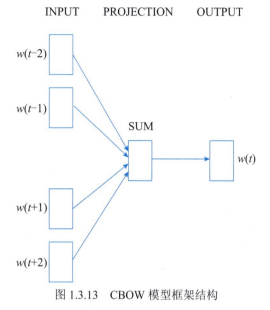

图 1.3.13　CBOW 模型框架结构

那么 Word2Vec 背后的 CBOW 模型,是如何摆脱 NNLM 缺陷,特别是"计算量庞大,训练慢"的问题的呢?

其中的关键点在于它们应用了 Huffman 树理论,从而大幅降低了 softmax 层的映射(从前一部分的分析可知,这是 NNLM 中最耗时的操作)。

CBOW 模型的网络结构如下:

(1) input layer:是某个词的前后上下文,在图 1.3.13 中即是从 $t-2 \sim t+2$(不包含这个词本身)。

(2) projection layer:CBOW 没有隐藏层,但有一个投影层。它的计算过程很简单,将输入层的几个向量直接做累加操作,即

$$X_w = \sum_{i=1}^{2c} v(\text{context}(w)_i) \qquad (1.3.9)$$

(3) output layer:代表的是与上下文背景最相关的词的概率,即 $p(w|\text{context}(w))$,这与 NNLM 中的情况是相似的,只是它在这一过程中通过 Huffman 树降低计算量。

当然,上下文的具体取值范围是可以设定的。图 1.3.14 是上下文范围为 8 的 CBOW 模型范例。

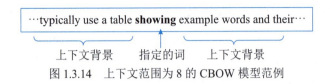

图 1.3.14 上下文范围为 8 的 CBOW 模型范例

综合而言，CBOW 模型和 NNLM 有如下核心区别：

（1）移除了隐藏层，但有投影层。

（2）针对输入层的各个词向量，只执行累加操作，而非 NNLM 中的拼接。

（3）输出层基于 Huffman 树来降低计算量，而不是像 NNLM 中直接通过 softmax 来得到结果。所以 CBOW 模型中的这一技术又称为 hierarchical softmax，以此与线性的 softmax 相区分。

CBOW 模型如何结合 Huffman 树来计算 $p(w|\text{context}(w))$ 呢？换句话说，就是应该如何定义下式：

$$p(w|\text{context}(w)) = f(X_w)$$

式中：X_w 是 projection layer 的输出，或者说是上下文各向量的累加和。

下面结合一个范例来回答这个问题，以更快地理解整个过程。假设 CBOW 模型需要处理的上下文是"……专家预计今年上半年的房价有望出现大幅下降……"而且按照词频特征，已经构建出了一棵 Huffman 树，如图 1.3.15 所示。

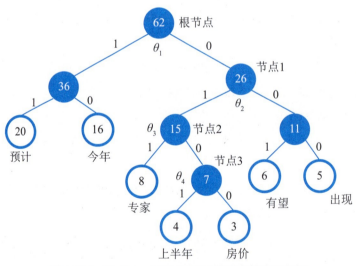

图 1.3.15 Huffman 树在 CBOW 模型中的应用范例

在这棵 Huffman 树中，根节点到"房价"这个词对应的节点的路径为 0100。在 context(w) 的上下文背景下，"房价"这个词出现的概率取决于这条路径上所有分支的出现概率。

从计算公式的角度来看，各分支只有 0 或 1 两种选择，这样就可以直接应用二分类逻辑回归知识。sigmoid 对应的公式为

$$\delta(z) = \frac{1}{1+e^{-z}} \quad (1.3.10)$$

节点被归为正类（1）的概率为

$$\sigma(X_w^T \theta) = \frac{1}{1+e^{-X_w^T \theta}} \quad (1.3.11)$$

节点被归为负类（0）的概率为

$$1-\sigma(X_w^T \theta) \quad (1.3.12)$$

分支概率的具体计算过程如下：

第1条分支（分支1 = root → 节点1）：

$$p(\text{分支}1 | X_w, \theta_1) = 1-\sigma(X_w^T \theta_1^w) \quad (1.3.13)$$

第2条分支（分支2 = 节点1 → 节点2）：

$$p(\text{分支}2 | X_w, \theta_2) = 1-\sigma(X_w^T \theta_2^w) \quad (1.3.14)$$

第3条分支（分支3 = 节点2 → 节点3）：

$$p(\text{分支}3 | X_w, \theta_3) = 1-\sigma(X_w^T \theta_3^w) \quad (1.3.15)$$

第4条分支（分支4 = 节点3 →"房价节点"）：

$$p(\text{分支}4 | X_w, \theta_4) = 1-\sigma(X_w^T \theta_4^w) \quad (1.3.16)$$

最终结果是 $p(w|\text{context}(w))$，它对应的是上述分支概率的乘积：

$$p(w|\text{context}(w)) = \prod_{m=1}^{4} p(\text{分支}m | X_w, \theta_m) \quad (1.3.17)$$

综合来看，CBOW 模型利用基于 Huffman 树的 hierarchical softmax 来代替 NNLM 中的线性 softmax，可以将时间复杂度从原先的 $O(n)$ 降低至 $O(\log(n))$，从而有效解决了之前训练速度慢的问题。

CBOW 模型的代码实现可以参考 Word2Vec 在 github 中的工程：https://github.com/dav/word2vec。它的程序主体是由 C 语言撰写的，代码数量不多。例如，input layer 到 projection layer 的实现代码是：

```
// in -> hidden
cw = 0;
for (a = b; a < window * 2 + 1 - b; a++) if (a != window) {
  c = sentence_position - window + a;
  if (c < 0) continue;
  if (c >= sentence_length) continue;
  last_word = sen[c];
  if (last_word == -1) continue;
  for (c = 0; c < layer1_size; c++) neu1[c] += syn0[c + last_word * layer1_size];
  cw++;
}
```

建议大家可以结合源码来理解。

4）基于神经网络的语言模型——NNLM 的改型 skip-gram 模型

除了基于 hierarchical softmax 的 CBOW 模型外，"Efficient Estimation of Word Representation in Vector Space"中还提出了 skip-gram 模型。从整体实现框架上来看，skip-gram 模型和 CBOW 模型正好是相反的：CBOW 模型的输入是上下文背景中涉及的几个词 context(w)，

输出则是词 w；而 skip-gram 模型的输入是 w，而输出是与之最相关的 n 个上下文背景词（n 值和 CBOW 模型一样）的概率，具体是指 softmax 概率排名靠前的 n 个词。

skip-gram 的框架结构如图 1.3.16 所示。

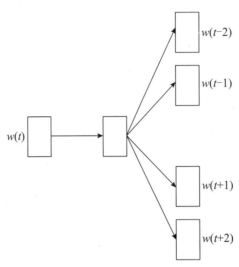

图 1.3.16　skip-gram 框架结构

skip-gram 包含如下三个层：

（1）input layer：是词 $w(t)$ 的词向量。

（2）projection layer：是"空"的，或者说是恒等映射，保留的目的主要是与 CBOW 模型做横向对比。

（3）output layer：与 CBOW 模型类似，skip-gram 的输出层同样使用了 Huffman 树来降低计算量，从这个角度看它们没有本质区别。

因为 skip-gram 是利用中心词 w 来预测它的上下文 context(w)，所以它的条件概率函数发生了变化，不过基本原理都是相通的，如下所示：

$$p(\text{context}(w)|w) = \prod_{u \in \text{context}(w)} p(u|w) \tag{1.3.18}$$

根据 hierarchical softmax 的概率计算方式，不难理解：

$$p(u|w) = \prod_{j=2}^{l^u} p(d_j^u | v(w), \theta_{j-1}^u) \tag{1.3.19}$$

进一步分析，可得

$$p(d_j^w | X_w, \theta_{j-1}^w) = \left[\sigma(X_w^T \theta_{j-1}^w)\right]^{1-d_j^w} \cdot \left[1 - \sigma(X_w^T \theta_{j-1}^w)\right]^{d_j^w} \tag{1.3.20}$$

式中：d_j 根据当前分支路径，取值为 0 或 1。

可以看到整个计算过程和 CBOW 模型中的情况类似，不再赘述。skip-gram 的实现代码同样可以从 Word2Vec 开源工程中获取到，它和 CBOW 模型是"二选一"的关系，代码段如下：

```
/*word2vec.c*/
void *TrainModelThread(void *id) {
…
    if (cbow) {   //train the cbow architecture
      …
    } else {  //train skip-gram
    …
```

从源代码角度来分析，Word2Vec 默认情况下使用的是 CBOW 模型。skip-gram 的核心实现如下所示：

```
for (a = b; a < window * 2 + 1 - b; a++) if (a != window) {
  c = sentence_position - window + a;
  if (c < 0) continue;
  if (c >= sentence_length) continue;
  last_word = sen[c];
  if (last_word == -1) continue;
  l1 = last_word * layer1_size;
  for (c = 0; c < layer1_size; c++) neu1e[c] = 0;
  // HIERARCHICAL SOFTMAX
  if (hs) for (d = 0; d < vocab[word].codelen; d++) {
    f = 0;
    l2 = vocab[word].point[d] * layer1_size;
    // Propagate hidden -> output
    for (c = 0; c < layer1_size; c++) f += syn0[c + l1] * syn1[c + l2];
    if (f <= -MAX_EXP) continue;
    else if (f >= MAX_EXP) continue;
    else f = expTable[(int)((f + MAX_EXP) * (EXP_TABLE_SIZE / MAX_EXP / 2))];
    // 'g' is the gradient multiplied by the learning rate
    g = (1 - vocab[word].code[d] - f) * alpha;
    // Propagate errors output -> hidden
    for (c = 0; c < layer1_size; c++) neu1e[c] += g * syn1[c + l2];
    // Learn weights hidden -> output
    for (c = 0; c < layer1_size; c++) syn1[c + l2] += g * syn0[c + l1];
  }
```

值得一提的是，Word2Vec 中还开发了 negative sampling（负采样）技术来代替 hierarchical softmax，有兴趣的读者可以自行分析其中的实现原理。

NLP 的另一个重要发展方向是 LLM，下面将做专门介绍。

1.3.2 大语言模型

20 世纪 90 年代，统计学习方法的成熟使得以语料库为核心的自然语言处理得到规模应用。不断增长的语料库中蕴含了大量信息和知识，为基于统计方法的 NLP 捕捉客观的语言规律提供了较好的基础，进而使得词法分析、句法分析、信息抽取、机器翻译和自动问答等领域的研究取得了长足进展。

基于统计学习的 NLP 也有局限性，它依赖人工提取经验性规则，并转换为机器能够处理的向量形式，即特征工程。不难理解，这个世界是无法通过规则的穷举来概括的。换句话说，基于统计学习的 NLP 在发展到一定阶段就不可避免地进入瓶颈期。

2010 年前后，这种情况随着深度神经网络的兴起而发生了变化。深度学习摆脱了以前人工提取特征的烦琐环节，而是端到端地学习各种自然语言处理任务。深度学习模型在结构上通常包含非常多层的处理层。原始数据在经过每一层级时，都会做更深层次的抽象处理，从而自动地发现对于目标任务有效的表示方法。深度学习的出现，在语音识别、计算机视觉、语言处理等多个领域都带来了较为深远的变革。

虽然深度学习大幅提升了自然语言处理系统的准确率，但是它过度依赖大规模的标注数据。因为自然语言处理所需的语料数量通常特别巨大，所以数据标注不可避免地会导致高的成本。

近年来，以 GPT、BERT 为代表的 Pre-trained Large Language Model 弥补了上述缺陷，如图 1.3.17 所示。预训练是指首先预先训练一个初始模型（基模型），然后在下游任务（目标任务）上继续对该模型进行微调，从而支撑目标任务的准确率达成。

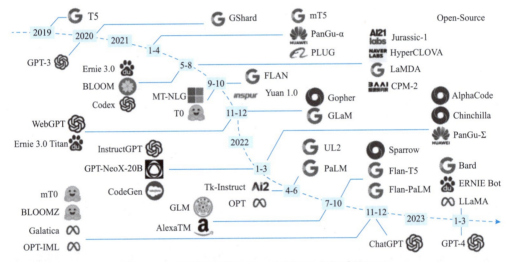

图 1.3.17　大模型蓬勃发展，出现了众多优秀的 LLM

LLM 可以大幅降低语料标注的成本，是因为它充分利用了文本的"自标注性"，文本自身的顺序性就是一种天然的标注数据。通过若干连续出现的词语来预测下一个词语，就形成了一项事实上的"标注数据"。这种有别于无监督学习和有监督学习的"自动化的有监督学习"，称为自监督学习。

LLM 短时间在全球范围内取得了巨大的成功，几乎席卷了各行各业的各个角落，并且会持续产生更深远的影响。本书后续的大部分内容就是基于 LLM 来展开的。

第 2 章 大模型的数学基础

2.1 微分学

2.1.1 链式求导法则

链式求导法则简称链式法则，是微分学中非常重要的用于求复合函数导数的一条法则，应用范围相当广泛。

这条法则的定义如下：

如果 $u = g(x)$ 在 x 处可导，并且 $y = f(u)$ 在点 u 可导，则复合函数 $y = f(g(x))$ 在点 x 处也可导，且其导数为 $f'(u)$ 和 $g'(x)$ 的乘积。

它的表达式为

$$(f(g(x)))' = f'(g(x))g'(x) \tag{2.1.1}$$

也可以写为

$$\frac{dy}{dx} = \frac{dy}{dz} \cdot \frac{dz}{dx} \tag{2.1.2}$$

例如：如果 $y = e^{3x}$，需要求 $\frac{dy}{dx}$。

将 y 分解为

$$y = e^u, \quad u = 3x$$

这样就可以应用复合函数求导法则，具体如下：

$$\frac{dy}{dx} = \frac{dy}{du} \cdot \frac{du}{dx} = e^u \times 3 = 3e^{3x} \tag{2.1.3}$$

在后续的学习中，不少场合都需要利用导数，建议读者复习高等数学，做好知识储备。

2.1.2 对数函数求导

在后续章节中将用到对数函数的求导知识，本节对此先做简单的介绍。假设有函数 $\log(f(x))$，如何计算它所对应的导数呢？其实只要应用链式法则即可得出。

设 $y = \log(f(x))$，$u = f(x)$，那么根据复合函数的求导法则可得

$$y' = \frac{dy}{du} \cdot \frac{du}{dx} = \log'(u) \cdot f'(x) = \frac{f'(x)}{u} = \frac{f'(x)}{f(x)} \tag{2.1.4}$$

2.1.3 梯度和梯度下降算法

梯度代表某个函数在某一点能产生最大变化率（正向增加，逆向减少）的方向导数。以爬山为例进行说明。假设某人当前在某座山的某个位置，理论上他的下一步迈脚方向可以有 N 种，他应该如何走才能尽快到达山顶呢？梯度在这种情况下就可以发挥作用了，只要沿着它所指引的方向就一定是当前状态下的最佳选择（下山也是类似的，只是方向相反）。需要特别指出的是，如果函数本身是凸函数，那么梯度得到的可能是局部最优解。

理解了梯度的概念后，就可以很好地解释梯度下降算法。简单而言，它就是求解梯度值的一类算法。它的核心实现步骤概述如下：

（1）计算损失函数 loss function；

（2）计算各网络参数与 loss function 之间的梯度，实际上就是衡量各参数对精度损失的影响程度；

（3）朝着梯度值下降的方向更新各网络参数；

（4）循环往复直至达到结束条件。

虽然核心原理是类似的，但随机梯度也有多种改进版本，如 Batch GD、Mini-batch GD、SGD（Stochastic Gradient Descent，随机梯度下降）、Online GD 等，这些版本之间的差异多数在于对样本集的选取和处理方式的不同。

假设的样本集合为

$$Data = \{(x_1, y_1), (x_2, y_2), \cdots, (x_N, y_N)\}$$

理想的方案是在每次的迭代中都利用所有 Data 集来计算 loss function。然而受限于计算资源等，没有办法做到这一点。如果实际考虑的样本数量是 M，那么：当 $M=1$ 时，就是 SGD；当 $M=N$ 时，就是 Batch GD；当 $1<M<N$ 时，就是 Mini-batch GD。

表 2.1.1 表示从不同维度对上述三种 GD 算法进行了横向比较。

表 2.1.1　三种 GD 算法的横向比较

维　　度	Batch GD	Mini-batch GD	SGD
迭代时样本数量	所有样本	部分样本	随机单一样本
复杂度	高	一般	低
效率	低	一般	高
收敛性	稳定	较为稳定	不稳定

在实际的训练过程中，可以根据不同 GD 算法的特点来选择最适合自己的实现。

2.2 线性代数

2.2.1 向量

1. 向量的定义

向量是很多 AI 学习算法的基础之一,本节将对其基础概念做较为详细的阐述。

向量是指具有大小和方向的量。图 2.2.1 是一个向量范例。

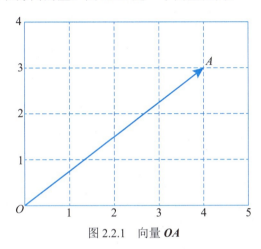

图 2.2.1 向量 **OA**

可以把图 2.2.1 所示的向量表示为

$$\boldsymbol{OA} = (4, 3) \tag{2.2.1}$$

向量其实就是从原点出发的一条线段。

2. 向量的大小和方向

以如图 2.2.2 所示向量 **OA** 为例,它的大小通常表示为 $\|\boldsymbol{OA}\|$,计算过程如下:

$$\|\boldsymbol{OA}\| = \sqrt{OB^2 + BA^2} = \sqrt{4^2 + 3^2} = 5 \tag{2.2.2}$$

更一般的表达方式如下:

$$\|\boldsymbol{X}\| := \sqrt{x_1^2 + x_2^2 + \cdots + x_n^2} \tag{2.2.3}$$

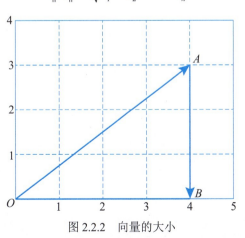

图 2.2.2 向量的大小

向量的方向如图 2.2.3 所示。例如，对于向量

$$v = (v_1, v_2) \quad (2.2.4)$$

向量的方向表示如下：

$$d = \left(\frac{v_1}{\|V\|}, \frac{v_2}{\|V\|} \right) \quad (2.2.5)$$

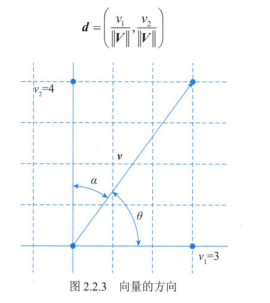

图 2.2.3　向量的方向

因为

$$\cos\theta = \frac{v_1}{\|V\|}, \quad \cos\alpha = \frac{v_2}{\|V\|}$$

向量的方向等价于

$$d = (\cos\theta, \cos\alpha) \quad (2.2.6)$$

下面通过 scikit-learn 库编写用于计算向量大小和方向的代码范例。

（1）计算向量的大小：

```
import numpy as np

v = [3, 4]
np.linalg.norm(v) # 5.0
```

（2）计算向量的方向：

```
import numpy as np

def direction(v):
  return v/np.linalg.norm(v)

v = np.array([3,4])
w = direction(v)
```

```
print(w)
```
输出结果如下：

`[0.6 0.8]`

向量的范数总是等于 1，例如，$0.6^2 + 0.8^2 = 1$。

对此也可以利用公式加以证明。

因为方向向量

$$\boldsymbol{d} = (\cos\theta, \cos\alpha)$$

所以

$$\|\boldsymbol{d}\| = \cos^2\theta + \cos^2\alpha = \left(\frac{V_1}{\|V\|}\right)^2 + \left(\frac{V_2}{\|V\|}\right)^2 = \frac{v_1^2 + v_2^2}{\|V\|^2} = \frac{\|V\|}{\|V\|} = 1 \quad (2.2.7)$$

设有如下两个向量：

$$\boldsymbol{v}_1 = (x_1, y_1),\ \boldsymbol{v}_2 = (x_2, y_2)$$

它们的向量之和为 $\boldsymbol{v}_1 + \boldsymbol{v}_2 = (x_1 + x_2, y_1 + y_2)$。

从几何的角度来看，如图 2.2.4 所示，向量之和计算步骤如下：

（1）将向量平移至公共原点（如果需要）；

（2）以向量作为平行四边形的两条边，得到一个平行四边形；

（3）从公共原点出发的对角线就是向量之和。

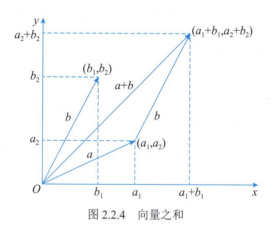

图 2.2.4　向量之和

计算向量之和的 Python 范例代码如下：

```
#vector_addition.py
def vector_addition(x,y):
    for i in range(len(x)):
        x[i] += y[i]
    return x
```

```
x = [5,5]
y = [8,0]
print(vector_addition(x,y))
```

输出结果如下:

```
D:\MyBook\Book_AI\Materials\Source\chapter_basic>python vector_addition.py
[13, 5]
```

3. 向量的点积

向量的点积也称为数量积,有几何定义和代数定义两种形式。

1)点积的几何定义

假设有向量 x 和 y,点积的几何定义如下:

$$x \cdot y = \|x\| \cdot \|y\| \cdot \cos\theta$$

式中:θ 为两个向量之间的夹角。

向量的点积如图 2.2.5 所示。

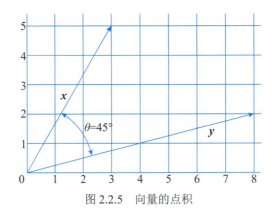

图 2.2.5 向量的点积

当 θ 取不同值时,向量的点积公式会有所差异,例如:

$$x \cdot y = \|x\| \cdot \|y\|, \quad \theta = 0°$$

$$x \cdot y = 0, \quad \theta = 90°$$

$$x \cdot y = -\|x\| \cdot \|y\|, \quad \theta = 180°$$

2)点积的代数定义

假设 x 和 y 向量:

$$x = (x_1, x_2), \quad y = (y_1, y_2)$$

点积的代数定义如下:

$$x \cdot y = x_1 y_1 + x_2 y_2$$

点积的几何定义和代数定义是等价的,下面做简单的推导。

图 2.2.6 中引入了两个新的角度变量 α 和 β 来辅助推导:

$$\begin{aligned}
\boldsymbol{x} \cdot \boldsymbol{y} &= \|\boldsymbol{x}\| \cdot \|\boldsymbol{y}\| \cdot \cos\theta = \|\boldsymbol{x}\| \cdot \|\boldsymbol{y}\| \cdot \cos(\beta - \alpha) \\
&= \|\boldsymbol{x}\| \cdot \|\boldsymbol{y}\| \cdot (\cos\beta\cos\alpha + \sin\beta\sin\alpha) \\
&= \|\boldsymbol{x}\| \cdot \|\boldsymbol{y}\| \cdot \left(\frac{x_1}{\|\boldsymbol{x}\|} \cdot \frac{y_1}{\|\boldsymbol{y}\|} + \frac{x_2}{\|\boldsymbol{x}\|} \cdot \frac{y_2}{\|\boldsymbol{y}\|} \right) \\
&= x_1 y_1 + x_2 y_2
\end{aligned} \qquad (2.2.8)$$

对于 n 维向量的点积，更一般的计算公式如下：

$$\boldsymbol{x} \cdot \boldsymbol{y} = \sum_{i=1}^{n} (x_i y_i) \qquad (2.2.9)$$

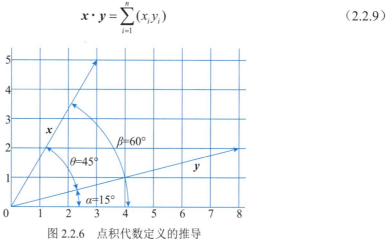

图 2.2.6　点积代数定义的推导

本节最后通过 scikit-learn 包来编写一个计算向量的点积的程序，同样也分为几何定义和代数定义两种类型。

（1）向量的点积的几何定义计算范例。

代码片段如下：

```
#vector_dot_geometirc.py
import math
import numpy as np

def geometric_dot_product(x,y, theta):
 x_norm = np.linalg.norm(x)
 y_norm = np.linalg.norm(y)
 return x_norm * y_norm * math.cos(math.radians(theta))


theta = 45
x = [5,5]
y = [8,0]
print(geometric_dot_product(x,y,theta))
```

输出结果如下：

```
D:\MyBook\Book_AI\Materials\Source\chapter_basic>python vector_dot_geometric.py
40.000000000000001
```

（2）向量的点积的代数定义计算范例。

代码片段如下：

```
##vector_dot_algebraic.py
import numpy as np

def dot_product_algebraic(x,y):
    result = 0
    for i in range(len(x)):
        result = result + x[i]*y[i]
    return result

x = [5,5]
y = [8,0]
print(dot_product_algebraic(x,y))
```

输出结果如下：

```
D:\MyBook\Book_AI\Materials\Source\chapter_basic>python vector_dot_algebraic.py
40
```

从这个例子中可以看出，几何定义和代数定义下的两种向量的点积是等价的。

2.2.2 矩阵拼接

在机器学习的数据集处理过程中会经常遇到需要矩阵拼接的情况。对于很多新手来讲，类似 vstack、hstack 这些 NumPy 基础操作难免有些"晦涩难懂"，因此本节做一些介绍。

1. stack

首先是 NumPy 提供的 stack 函数，函数原型如下：

`numpy.stack(arrays, axis=0)`

官方对它的解释：

`Join a sequence of arrays along a new axis.`

从这句话可以看到，它用于将 1 个数组序列（每个数组的 shape 必须一致）按照一个新的维度（由第二个参数 axis 指定）来进行堆叠合并，意味着会比原数组增加一个维度，如一维变成二维，二维变成三维，等等。这样的描述有些抽象，下面结合实例进行分析。

```
import numpy as np
```

```python
a = np.array([1, 2, 3])
b = np.array([2, 3, 4])
print(np.stack((a, b)))
```

在这个例子中，stack 的第一个参数是（a, b），代表由 a 和 b 组成的数组序列；第二个参数没有显式提供，所以实际采用的是默认值 0，表示第一个维度（另外，axis=-1，表示最后一个维度）。

np.stack((a, b)) 表示"将 a 和 b 数组序列，沿着第一个维度进行堆叠合并"。换句话说，新增的维度是第一维，然后将 a 和 b 合并起来，不难得出最后的结果：

```
D:\MyBook\Book_AI\Materials\Source\chapter_basic>python numpy_stack.py
[[1 2 3]
 [2 3 4]]
```

同理，如果是同一个数组序列，那么采用 axis = -1：

```python
import numpy as np


a = np.array([1, 2, 3])
b = np.array([2, 3, 4])


print(np.stack((a, b), axis= -1))
```

表示"将 a 和 b 数组序列，沿着第二个维度进行堆叠合并"。所以 a 和 b 分别输出 1 和 2、2 和 3 以及 3 和 4，组成了新的二维数组：

```
D:\MyBook\Book_AI\Materials\Source\chapter_basic>python numpy_stack.py
[[1 2]
 [2 3]
 [3 4]]
```

2. split

有"合"必有"分"，它们都是数据处理中比较基础的操作类型。常用的切分函数是 split，原型如下：

```
numpy.split(ary, indices_or_sections, axis=0)
```

简单来讲，这个函数把一个数组分成多个子数组。

（1）ary：用于切分的数组。

（2）indices_or_sections：从名称可以看出来，这个参数有整数 N（表示平均切分为 N 个子数组）和一维数组（代表了切分点）两种类型。

（3）axis：沿着 axis 指定的轴进行切分，默认值为 0。

以下面代码段为例：

```python
import numpy as np
```

```
x = np.arange(9.0)
sp = np.split(x, 3)

print(sp)
```

其中，arange 用于生成等差数组，默认起始点为 0，步进为 1（都可以省略），因而 arange（9.0）其实表示的是：

```
[0. 1. 2. 3. 4. 5. 6. 7. 8.]
```

在这个例子中，split 的第二个参数是整数，也就是说它的目的是平均切分 x 这个数组。得到的结果如下：

```
D:\MyBook\Book_AI\Materials\Source\chapter_basic>python numpy_split.py
[array([0., 1., 2.]), array([3., 4., 5.]), array([6., 7., 8.])]
```

遇到无法均分的数组，如将 x 改为

```
x = np.arange(8.0)
sp = np.split(x, 3)
```

此时执行程序会导致如下错误：

```
pe_base.py", line 559, in split
    'array split does not result in an equal division')
ValueError: array split does not result in an equal division
```

第二个范例：

```
import numpy as np


x = np.arange(8.0)
sp = np.split(x, [3, 5, 6, 10])


print(sp)
```

这个例子中，split 的第二个参数是一维数组，用于指定 3、5 等"分隔点"。得到的结果如下：

```
D:\MyBook\Book_AI\Materials\Source\chapter_basic>python numpy_split.py
[array([0., 1., 2.]), array([3., 4.]), array([5.]), array([6., 7.]), array([], dtype=float64)]
```

3. concatenate

单词"concatenate"的字面意思是"把（一系列事件、事情）联系起来"，用在数组操作上是指（官方文档描述）：

```
Join a sequence of arrays together.
```

它的函数原型如下：

```
numpy.concatenate((a1, a2, ...), axis=0)
```

其中，a1, a2, …代表一系列的 array_like（除了 axis 维度外，它们的 shape 必须要保持一致，否则会出错）；axis 和前面的讲解类似，指的是 "The axis along which the arrays will be joined."，默认值为 0。

可以参考下面的一维数组 concatenate 范例：

```
import numpy as np

x = np.array([1, 2, 3])
y = np.array([3, 2, 1])


print(np.concatenate([x, y]))
```

输出结果如下：

```
D:\MyBook\Book_AI\Materials\Source\chapter_basic>python numpy_concatenate.py
[1 2 3 3 2 1]
```

二维数组 concatenate 范例（axis=0）：

```
import numpy as np

d = np.array([[1, 2, 3],
              [4, 5, 6]])


print(np.concatenate([d, d]))
```

上述 concatenate 第二个参数没有特别指定，所以采用的是默认值 0，即第一维。输出结果如下：

```
D:\MyBook\Book_AI\Materials\Source\chapter_basic>python numpy_concatenate.py
[[1 2 3]
 [4 5 6]
 [1 2 3]
 [4 5 6]]
```

二维数组 concatenate 范例（axis=1）：

```
import numpy as np
d = np.array([[1, 2, 3],
              [4, 5, 6]])

print(np.concatenate([d, d],1))
```

输出结果如下：

```
D:\MyBook\Book_AI\Materials\Source\chapter_basic>python numpy_concatenate.py
[[1 2 3 1 2 3]
 [4 5 6 4 5 6]]
```

4. vstack

vstack 函数的原型如下：

numpy.vstack（tup）

官方文档中对 vstack 的描述：

Stack arrays in sequence vertically (row wise).

通过比较上述这句话与 stack 中定义语句的差异，至少可以看出：vstack 并不特意增加一个维度；vstack 的合并堆叠方向是 vertically 的，即沿着垂直方向。

下面以实际范例来理解 vstack 以及用法：

```
import numpy as np


x = np.array([1, 2, 3])
y = np.array([[9, 8, 7],
              [6, 5, 4]])


# vertically stack
vs = np.vstack([x, y])


print(vs)
```

输出结果如下：

```
D:\MyBook\Book_AI\Materials\Source\chapter_basic>python numpy_vstack.py
[[1 2 3]
 [9 8 7]
 [6 5 4]]
```

5. hstack

hstack 函数的原型如下：

numpy.hstack（tup）

官方文档中对 hstack 的描述：

Stack arrays in sequence horizontally (column wise).

可见它与 vstack 的区别在于堆叠方向不同。

下面通过实际范例来学习 hstack 的用法。

二维数组的 hstack：

import numpy as np

```
x = np.array([[1, 2, 3],
              [4, 5, 6]])
y = np.array([[9, 8, 7],
              [6, 5, 4]])

# hstack
hs = np.hstack([x, y])

print(hs)
```
输出结果如下:

```
D:\MyBook\Book_AI\Materials\Source\chapter_basic>python numpy_hstack.py
[[1 2 3 9 8 7]
 [4 5 6 6 5 4]]
```

根据 hstack 的要求,参与 stack 的对象的维度必须保持一致(除 axis 参数指定的维度以外)。例如,下面的范例:

```
x = np.array([[1, 2, 3]])
y = np.array([[9, 8, 7],
              [6, 5, 4]])

# hstack
hs = np.hstack([x, y])
print(hs)
```

可以看到 x 和 y 的维度不一致,这将会导致如下错误:

```
ValueError: all the input array dimensions except for the concatenation axis must match exactly
```

如果调整数据:

```
x = np.array([[1, 2],
              [4, 5]])
y = np.array([[9, 8, 7],
              [6, 5, 4]])
```

显然调整后的 x 和 y 的维度仍然不一致。这并不影响 hstack 的操作过程,所以可以得到正确的结果:

```
[[1 2 9 8 7]
 [4 5 6 5 4]]
```

concatenate 和 vstack/hstack 有一些相似性,事实上它们之间有非常紧密的关联。这一点从 NumPy 源代码实现中可以得到验证:

hstack 关键源码：

```
arrs = [atleast_1d(_m) for _m in tup]
# As a special case, dimension 0 of 1-dimensional arrays is "horizontal"
if arrs and arrs[0].ndim == 1:
    return _nx.concatenate(arrs, 0)
else:
    return _nx.concatenate(arrs, 1)
```

vstack 关键源码：

```
return _nx.concatenate([atleast_2d(_m) for _m in tup], 0)
```

另外，官方文档中对它们也有相应的描述：

hstack 官方文档描述：

This is equivalent to concatenation along the second axis, except for 1-D arrays where it concatenates along the first axis. Rebuilds arrays divided by `hsplit`.

This function makes most sense for arrays with up to 3 dimensions. For instance, for pixel-data with a height (first axis), width (second axis), and r/g/b channels (third axis). The functions `concatenate`, `stack` and `block` provide more general stacking and concatenation operations.

vstack 官方文档描述：

This is equivalent to concatenation along the first axis after 1-D arrays of shape (N,) have been reshaped to (1,N). Rebuilds arrays divided by `vsplit`.

This function makes most sense for arrays with up to 3 dimensions. For instance, for pixel-data with a height (first axis), width (second axis), and r/g/b channels (third axis). The functions `concatenate`, `stack` and `block` provide more general stacking and concatenation operations.

还可以通过下面的代码段来验证：

```python
import numpy as np

a = np.array([[1, 2], [3, 4]])
b = np.array([[5, 6], [7, 8]])

print("concatenate with axis =0: ")
print(np.concatenate((a, b), axis=0))

print("concatenate with axis =1: ")
print(np.concatenate((a, b), axis=1))

print("vstack: ")
print(np.vstack((a, b)))
```

```
print("hstack: ")
print(np.hstack((a, b)))
```

输出结果如下:

```
concatenate with axis =0:
[[1 2]
 [3 4]
 [5 6]
 [7 8]]
concatenate with axis =1:
[[1 2 5 6]
 [3 4 7 8]]
vstack:
[[1 2]
 [3 4]
 [5 6]
 [7 8]]
hstack:
[[1 2 5 6]
 [3 4 7 8]]
```

2.2.3 特征值和特征向量

每个人都有自己的特征,有的人"满腹经纶",有人的是运动天才,而有的人则是情歌王子等。那么对于矩阵来说,它们是否也具备某种特征,这些特征又应该怎么衡量呢?

特征值和特征向量的定义:

特征值和特征向量定义

假设 A 是 n 阶矩阵,如果存在一个 n 维非零向量 X 和常数 λ 使得

$$AX = \lambda X$$

那么称 λ 为矩阵 A 的特征值,X 为矩阵 A 的一个特征向量

假设矩阵:

$$A = \begin{bmatrix} 3 & -2 \\ 1 & 0 \end{bmatrix}$$

向量:

$$X = \begin{bmatrix} 1 \\ 1 \end{bmatrix}$$

因为

$$AX = \begin{bmatrix} 3 & -2 \\ 1 & 0 \end{bmatrix} \begin{bmatrix} 1 \\ 1 \end{bmatrix} = \begin{bmatrix} 3-2 \\ 1+0 \end{bmatrix} = 1 \times X$$

所以根据前面的定义可知 X 为矩阵 A 的特征向量,其特征值为 1。

再分析特征值和特征向量的几何意义。式子 $AX = \lambda X$ 可以解释为"向量 X 乘以矩阵 A 和向量 X 乘以一个常数 λ 是等价的",更进一步地讲就是"一个特征向量 X,和它对应的矩阵做变换时,只需要改变大小值(拉伸了 λ),却不用改变方向"。

参考图 2.2.7 和图 2.2.8 中的描述可以看到,如果分别针对向量 1、2 和 3 执行针对矩阵

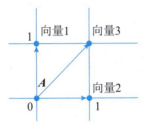

的变换操作,那么变换后的图形显示,向量 1 和向量 2 并没有改变原有方向(向量 2 比原来扩大 3 倍,向量 1 保持不动),而向量 3 既改变了大小也改变了方向。在这个范例中,向量 1 和向量 2 是矩阵 A 的特征向量。

"Eigenvectors"是合成词,其中"Eigen"在德语中的意思是"明确的",也算是一个比较贴切的名字。

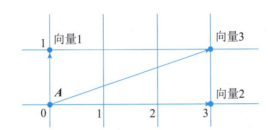

图 2.2.7 特征值和特征向量的几何含义(矩阵变换前)

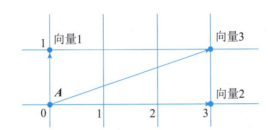

图 2.2.8 特征值和特征向量的几何含义(矩阵变换后)

2.2.4 几何变换

在图像领域几何变换模型用于描述输入和输出图像之间变化的"拟合关系"(这一点和机器学习模型类似)。下面是常见的几何变换以及针对它们的描述。

1. 刚体变换

若经过几何变换后图形中两点间的距离保持不变,则称为刚体变换。刚体变换仅局限于镜像、旋转和平移,如图 2.2.9 所示。

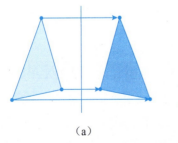 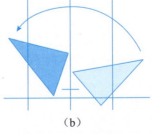 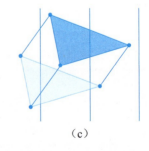

(a)   (b)   (c)

图 2.2.9 刚体变换

2. 投影变换

投影变换是从向量空间映射到自身空间的一种线性变换，如图 2.2.10 所示。

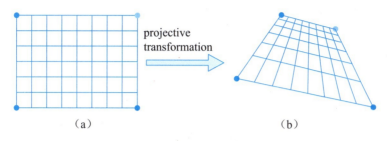

图 2.2.10　投影变换

3. 仿射变换

仿射变换也称为仿射映射，是一种经典的坐标变换方式。从变换过程和变换性质两个角度来定义和理解仿射变换：

1）变换过程

从变换的实际操作过程来理解，仿射变换就是线性变换 + 平移。换句话说，仿射变换是指针对一个几何向量空间进行一次线性变换以及平移变换后所得到的另一个向量空间。其可以简单表示为

$$y = Ax + b \tag{2.2.10}$$

当然还可以增加一个维度，得到如下等价的表示法：

$$\begin{bmatrix} y \\ 1 \end{bmatrix} = \begin{bmatrix} A & b \\ 0,\cdots,0 & 1 \end{bmatrix} \begin{bmatrix} x \\ 1 \end{bmatrix} \tag{2.2.11}$$

2）变换性质

Collinearity：如果多个点在同一条线上，那么变换后它们仍然在同一条线上。

Parallelism：平行的线在变换后仍然保持平行。

Ratios of lengths：线的比例保持不变。

仿射变换可以通过如下一系列原子操作（以及它们所对应的 affine matrix）来组合完成：

Scale（缩放操作）：对应的 affine matrix 矩阵形如

$$\begin{bmatrix} c_x = 2 & 0 & 0 \\ 0 & c_y = 1 & 0 \\ 0 & 0 & 1 \end{bmatrix}$$

Reflection（镜像操作）：对应的 affine matirx 矩阵形如

$$\begin{bmatrix} -1 & 0 & 0 \\ 0 & 1 & 0 \\ 0 & 0 & 1 \end{bmatrix}$$

Rotation（旋转操作）：对应的 affine matrix 矩阵形如

$$\begin{bmatrix} \cos\theta & \sin\theta & 0 \\ -\sin\theta & \cos\theta & 0 \\ 0 & 0 & 1 \end{bmatrix}$$

Shear（剪切变换）：对应的 affine matrix 矩阵形如

$$\begin{bmatrix} \cos\theta & \sin\theta & 0 \\ -\sin\theta & \cos\theta & 0 \\ 0 & 0 & 1 \end{bmatrix}$$

Translation（平移变换）：对应的 affine matrix 矩阵形如

$$\begin{bmatrix} 1 & 0 & t_x \\ 0 & 1 & t_y \\ 0 & 0 & 1 \end{bmatrix}$$

图 2.2.11 为仿射变换的图例。

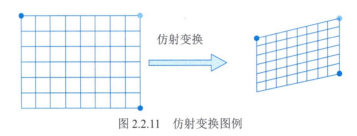

图 2.2.11　仿射变换图例

2.3　概率论

概率论是研究随机现象规律和事件发生可能性的一个数学分支，在金融学、经济学、统计学、计算机等多个学科领域都有广泛的应用。另外，由于机器学习存在很多探索性试验，因而也与概率学理论有着紧密的关联。

概况而言，概率论通过随机变量、几何概率、概率分布、随机过程、极限理论、马尔可夫过程等核心理论，揭示了偶然随机事件在大量重复试验中所呈现出的各种规律。

2.3.1　概率分布

概率分布是概率论中的重要组成部分，简单来讲它表述了随机试验中各种结果发生的可能性。例如，抛硬币时出现正、反两面结果的可能性理论上都是 0.5。概率分布通常可以分为离散型概率分布和连续型概率分布两大类型，它们都涉及随机变量、随机事件、概率和概率分布种类。

概率论作为一门学科，在多年的发展历史中积累了非常丰富的理论基础和实践经验。本节主要讲解与机器学习强相关的一些概率论知识，读者可以查找相关书籍来扩展阅读。

1. 随机事件和概率

自然界既存在确定性现象（如水加热到100℃时会沸腾），也有很多随机现象（如抛硬币可能正面朝上，也可能反面朝上）。随机现象的每次试验结果都具有不确定性，把它的每次结果称为基本事件，或者样本点。全部的样本点组成了样本空间。例如，掷骰子出现的点数的样本空间为 {1,2,3,4,5,6}。

不难理解基本事件是不可再分解的事件，而某些事件可以由基本事件复合而成（称为随机事件，简称事件）。例如，掷骰子试验中，规定事件 Event1 为点数大于 3 的情况，那么 Event1={4,5,6}。

在基本事件和随机事件的基础上再进一步了解概率的定义。简而言之，概率是用于衡量事件发生可能性的统计指标。从试验的角度，可以做如下定义：

针对随机现象的多次重复试验中，如果某事件 E 发生的频率随着试验次数的增加稳定在常数 p 附近，那么事件 E 发生的概率 $P(A) = p$。

例如，只要试验次数达到一定规模，那么掷骰子得到 1～6 的任何一个数的概率理论上都将是 1/6。

2. 随机变量

随机变量是对随机试验结果的一种量化表示。假设在做产品抽样质量检测时采取"有放回"的方式，在抽取 n 次后计算质量不合格产品的数量 X。变量 X 事先是不知道的，它取决于试验结果。换句话说，它是对试验结果的量化表示，因而在这个范例中 X 就是随机变量。

根据随机试验的不同，随机变量也有不同的分类。总的来说，随机变量可以分为离散型随机变量和非离散型随机变量，非离散型随机变量又可分为连续型随机变量和混合型随机变量。

如果随机变量的可能值是有限的，并且以确定的概率存在，就是离散型随机变量。例如，射击运动员不停射击直到中靶为止，那么射击次数就是离散型随机变量。

连续型随机变量也很好理解。例如工厂生产的同一类型螺丝理论上应该是等长度的，但受限于工艺等，通常是在标准值附近浮动，如 140mm ± 2mm。如果以生产出来的螺丝长度作为随机变量，它就是连续型的，并且符合一定的概率分布。

3. 概率分布

离散型随机变量的概率分布可以参考如下定义：

如果离散型随机变量 R 的所有可能值是 $r_1, r_2, r_3, r_4, \cdots, r_n$，那么

$$P\{R = r_k\} = p_k \quad (k = 1, 2, \cdots, n)$$

称为随机变量 R 的概率分布，简称分布列或分布律。

离散型随机变量的概率分布有多种类型，常见的有二项分布、伯努利分布（又名两点分布或 0-1 分布）、泊松分布等。下面以两点分布为例来做介绍。

如果随机变量的概率分布满足如下条件：

$$P\{R=k\} = p_k q_{1-k}, \ k = 0,1 \ (0 < p < 1, p + q = 1)$$

那么称之为两点分布。换句话说，这种情况下试验结果只有两种可能性，如射击是否上靶，天气预报是否下雨等。

连续型随机变量的情况稍微复杂，首先需要了解概率密度函数。

如果存在某函数 $f(x)$，使得随机变量 X 在任一 (a,b) 区间的概率可以表示为

$$P\{a < X \leq b\} = \int_a^b f(x)\mathrm{d}x$$

那么这一随机变量 X 就是连续型随机变量，且 $f(x)$ 是它的概率密度函数。显然，根据场景的不同，$f(x)$ 也有很多种类型，包括但不限于指数分布、均匀分布、正态分布（又名高斯分布）等。正态分布是由德国数学家 Moivre 在 18 世纪提出的，其所对应的概率密度函数为

$$f(x) = \frac{1}{\sqrt{2\pi}\sigma} \exp\left(-\frac{(x-\mu)^2}{2\sigma^2}\right) \tag{2.3.1}$$

式中：μ 为位置参数；σ 为尺度参数。

当参数 μ、σ 的值分别为 0 和 1 时，正态分布为标准正态分布。

总的来说，随机变量和概率分布是研究未知事件规律性的利器，它们在强化学习、深度学习等多种机器学习方法中都会有所涉及，可以结合起来分析研究。

2.3.2 先验概率和后验概率

概率和似然容易混淆，从单词释义的角度来说它们都带有"可能性"。不过它们在定义上有显著区别，维基百科有如下描述。

概率的定义：

Probability is the measure of the likelihood that an event will occur.

似然的定义：

In statistics, a likelihood function (often simply the likelihood) is a function of the parameters of a statistical model given data.

它们之间的区别：

Probability is used before data are available to describe plausibility of a future outcome, given a value for the parameter. Likelihood is used after data are available to describe plausibility of a parameter value.

也就是说，概率表达的是在某些参数已知的条件下，预测在观测过程中发生某些结果

的可能性；似然性是指在某些结果已经发生的情况下，对参数所进行的估计。

先验概率是指预测某件事情发生的可能性，体现的是"由因求果"的关系；后验概率是指事情已经发生，推测它的产生是某因素导致的可能性大小，反映的是"执果求因"的关系。

仅从定义来理解有些抽象，下面结合实例来帮助读者更好地梳理它们之间的关系。

抛一枚硬币，并观测结果是正面还是反面。如果硬币最终出现正面和反面的概率都是0.5，$p_H = 0.5$，$P_T = 0.5$，那么连续抛两次硬币都正面朝上的概率为

$$P(HH \mid p_H = 0.5) = 0.5 \times 0.5 = 0.25$$

换一种思路：假设连续抛两次硬币的结果都是正面朝上，那么 $p_H = 0.5$ 的似然性为

$$L(p_H \mid HH) = P(HH \mid p_H = 0.5) = 0.25$$

换句话说，如果抛两次硬币的结果都是正面朝上，那么 $p_H = 0.5$ 的似然性为 0.25。

上面出现的 L 即为似然函数。不难发现，它满足：

$$L(\theta \mid HH) = P(HH \mid p_H = \theta) = \theta^2 \tag{2.3.2}$$

因为变量 $0 \leq \theta \leq 1$，所以似然函数最大值为 1。此时表达的意思是：如果投一枚硬币正面朝上的概率 $p_H = 1$（这只是假设，不存在这样的硬币），那么最有可能出现投两次均为正面朝上的情况。

这同时也引出了最大似然估计的定义。

2.3.3 最大似然估计

最大似然估计（MLE），又称为极大似然估计、最大概似估计等，是由德国数学家高斯于 1821 年提出，并由英国统计学家和生物进化学家 Fisher 发展壮大的一种求估计的手段。

似然函数定义为

$$\text{lik}(\theta) = f_D(x_1, x_2, \cdots, x_n \mid \theta) \tag{2.3.3}$$

式中：f_D 为事件的概率分布的密度函数；θ 为分布参数。如果可以找到 θ 使得似然函数的取值达到最大，那么它就称为 θ 的最大似然估计。

维基百科上的一个范例：假设有三种类型的硬币放在盒子里，因为制作工艺不同，它们抛出后正面朝上的概率 p_H 分别为 $1/3$、$1/2$ 和 $2/3$。某次试验中共抛出硬币 80 次，最后统计出正面朝上共 49 次，反面朝上 31 次，通过最大似然估计求出哪种类型硬币的可能性最大。

这三种类型硬币对应的似然值分别为

$$p\left(H = 49, T = 31 \mid p = \frac{1}{3}\right) = \binom{80}{49} \left(\frac{1}{3}\right)^{49} \left(1 - \frac{1}{3}\right)^{31} \approx 0.000$$

$$p\left(H=49, T=31 \middle| p=\frac{1}{2}\right) = \binom{80}{49}\left(\frac{1}{2}\right)^{49}\left(1-\frac{1}{2}\right)^{31} \approx 0.012$$

$$p\left(H=49, T=31 \middle| p=\frac{2}{3}\right) = \binom{80}{49}\left(\frac{2}{3}\right)^{49}\left(1-\frac{2}{3}\right)^{31} \approx 0.054$$

可见第三种硬币的可能性最大,换句话说 p 的最大似然估计是 2/3。

2.3.4 贝叶斯法则

贝叶斯法则也称为贝叶斯定理、贝叶斯规则、贝叶斯推理等,它是由英国学者贝叶斯于 18 世纪提出来的一个数学公式:

$$P(A|B) = \frac{P(B|A)P(A)}{P(B)} \tag{2.3.4}$$

式中:$P(A|B)$ 为 B 已经发生情况下 A 的条件概率,也由于得自 B 的取值而被称作 A 的后验概率;$P(A)$ 为 A 的先验概率(或边缘概率);$P(B|A)$ 为 A 已经发生情况下 B 的条件概率,也由于得自 A 的取值而被称作 B 的后验概率;$P(B)$ 为 B 的先验概率(或边缘概率)。

上述释义中出现了前面涉及的先验概率和后验概率,这里再举例来加深印象。一个人淋了雨,他有可能会感冒。那么 P(感冒) 是先验概率;P(感冒|淋雨) 是指淋雨已经发生的情况下,此人会得感冒的条件概率,称为感冒的后验概率。

贝叶斯公式推导如下:

根据条件概率可知,当事件 B 发生的情况下,事件 A 的条件概率为

$$P(A|B) = \frac{P(A \cap B)}{P(B)} \tag{2.3.5}$$

当事件 B 发生的情况下,事件 A 的条件概率为

$$P(B|A) = \frac{P(A \cap B)}{P(A)} \tag{2.3.6}$$

或者换一种表达形式

$$P(A \cap B) = P(B|A) \cdot P(A) \tag{2.3.7}$$

这样一来,不难得出

$$P(A|B) = \frac{P(A \cap B)}{P(B)} = \frac{P(B|A) \cdot P(A)}{P(B)} \tag{2.3.8}$$

另外,贝叶斯公式也可以被理解为后验概率 =(可能性 × 先验概率)/ 标准化常量。

下面引用维基百科上的一个吸毒者检测范例,来解释贝叶斯公式有哪些潜在的实用意义。

假设一个常规的检测结果的敏感度与可靠度均为 99%,即吸毒者每次检测呈阳性(+)的概率为 99%。而不吸毒者每次检测呈阴性(-)的概率为 99%。从检测结果的概率来看,检测结果是比较准确的,贝叶斯定理却揭示了一个潜在的问题——假设某公司对全体雇员进行吸毒检测,已知 0.5% 的雇员吸毒,那么每位检测结果呈阳性的雇员吸毒的概

率有多大？

假设"D"代表雇员吸毒事件，"N"代表雇员不吸毒事件，"+"代表检测呈阳性事件，令：

$P(D)$ 代表雇员吸毒的概率，不考虑其他情况，$P(D)=0.005$。因为公司的预先统计表明雇员中有 0.5% 的人吸毒，所以这个值就是 D 的先验概率。

$P(N)$ 代表雇员不吸毒的概率，显然，$P(N)=0.995$，也就是 $1-P(D)$。

$P(+|D)$ 代表吸毒者阳性检出率，这是一个条件概率，由于阳性检测准确性为 99%，因此 $P(+|D)=0.99$。

$P(+|N)$ 代表不吸毒者阳性检出率，也就是出错检测的概率，$P(+|N)=0.01$，因为对于不吸毒者，其检测为阴性的概率为 99%，所以其被误检测成阳性的概率为 $1-0.99=0.01$。

$P(+)$ 代表不考虑其他因素影响的阳性检出率。$P(+)=0.0149$。可以通过全概率公式计算得到：

$P(+) =$ 吸毒者阳性检出率

$$P(+) = P(+,D) + P(+,N)$$
$$= P(+|D)P(D) + P(+|N)P(N)$$
$$= 0.5\% \times 99\% + 99.5\% \times 1\% = 0.0149$$

根据上述描述可以计算出某人检测呈阳性时确定是吸毒者的条件概率：

$$P(D|+) = \frac{P(+|D)P(D)}{P(+)} = \frac{P(+|D)P(D)}{P(+|D)P(D) + P(+|N)P(N)}$$
$$= \frac{0.99 \times 0.95}{0.99 \times 0.005 + 0.01 \times 0.995} = 0.3322$$

尽管吸毒检测的准确率高达 99%，但贝叶斯定理告诉我们：如果某人检测呈阳性，其吸毒的概率只有大约 33%，不吸毒的可能性比较大。假阳性高，检测的结果并不可靠。

2.4 统计学

2.4.1 数据的标准化和归一化

在数据统计领域通常需要对原始数据做标准化和归一化处理。

通俗地讲，数据的标准化就是把原始数据按照一定的比例进行缩放，使它们落入一个更小的特定区间范围的过程。标准化有多种实现方法，其中常用的是 z-score，其表达式如下：

$$x_{new} = \frac{x - \mu}{\sigma} \tag{2.4.1}$$

式中：μ 为数据样本的均值；σ 为样本的标准差。

采用 z-score 处理后的数据均值为 0，标准差为 1。

数据的归一化是把原始数据按照一定的处理规则，使它们落入（0，1）之间的小数。归一化的表达式如下：

$$x_{\text{new}} = \frac{x - x_{\min}}{x_{\max} - x_{\min}} \tag{2.4.2}$$

因而从缩小数据的角度来看，可以认为归一化和标准化的目标是非常一致的。

归一化的核心作用之一在于消除不同量纲对于最终结果的影响，或者说让不同量纲的变量具备可比性。举例来说，假设有两个变量 x_1 和 x_2，x_1 的范围是（20000, 200000），而 x_2 的范围是（0, 1）。这种情况下如果把这两个变量绘制出来，就会发现基本上是一条直线。换句话说，x_2 的变化范围相比 x_1 显得微不足道，因而在参与机器学习的过程中很可能会被忽略掉。归一化就可以解决这类问题，它使得各种变量可以站在同一条起跑线上，从而保证结果的正确性。

标准化与归一化类似，同样具备去除量纲的作用，它和归一化的一个显著区别是不会改变原始数据的分布。例如前述所举两个变量的例子，经过归一化后它们的图形就不再类似一条直线，而标准化则不会导致这种转变。

2.4.2 标准差

标准差又称为均方差，是反映数据离散程度的一种常用量化形式。它的计算公式为

$$\text{SD} = \sqrt{\frac{\sum |x - \bar{x}|^2}{n}} \tag{2.4.3}$$

简单来讲，标准差就是各个数据减去它们平均值的平方和，除以数据个数后再开根号得到的。

有以下两组数据：

数据 A: {0, 5, 7, 9, 14}

数据 B: {5, 6, 7, 8, 9}

虽然它们的平均值都是 7，但是数据 B 分布"更为集中"，因而根据 SD 的计算公式可知它的标准差更小。

2.4.3 偏差和方差

偏差和方差是机器学习过程中两个常用指标，偏差是预测值与真实值之间的差距，方差是指预测值的分散程度。

偏差和方差示意如图 2.4.1 所示。

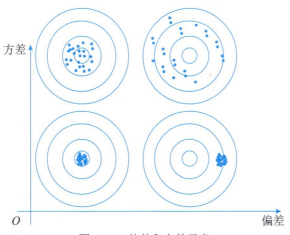

图 2.4.1 偏差和方差示意

假设靶心是真实值,实心圆点是预测值,那么上面的 4 张子图就代表了高/低情况下的偏差和方差指标的实际表现。例如,左上角各个实心圆点都围绕在靶心周围,因而偏差较小;同时各个实心圆点又相对分散,因而方差较大。

2.4.4 协方差和协方差矩阵

方差是协方差的一种特例,协方差可以衡量两个变量之间的误差,而方差只有一个变量。通俗地讲,协方差就是两个变量在变化过程中的同步情况,即属于同向变化还是反向变化。

如果变量 A 变大,变量 B 变小,就说明它们是反向变化(负相关)的,此时协方差的值为负数。如果变量 A 变大,变量 B 也变大,就说明它们是同向变化(正相关)的,此时协方差的值为正数。

协方差的标准计算公式为

$$\text{cov}(X,Y) = \frac{\sum_{i=1}^{n}(X_i - \bar{X})(Y_i - \bar{Y})}{n-1} \quad (2.4.4)$$

也就是对于变量 X 和 Y,首先求得每一时刻的 X 值与其均值之差以及 Y 值与其均值之差的乘积和(共 n 个时刻),然后取平均值。

协方差为正相关时的情况如图 2.4.2 所示,可以看到在同一时期它们之间的变化方向是完全一致的。

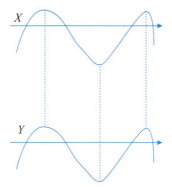

图 2.4.2　协方差为正相关时的情况

了解了协方差后，也就不难理解它的矩阵形式。因为协方差只是针对两个变量的，那么面对大于二维的问题时该怎么办呢？矩阵可以给出有效的答案，即

$$C_{n \times n} = (C_{i,j}, C_{i,j} = \text{cov}(\text{Dim}_i, \text{Dim}_j)) \tag{2.4.5}$$

例如，三维数据集的协方差矩阵为

$$C = \begin{pmatrix} \text{cov}(x,x) & \text{cov}(x,y) & \text{cov}(x,z) \\ \text{cov}(y,z) & \text{cov}(y,y) & \text{cov}(y,z) \\ \text{cov}(z,x) & \text{cov}(z,y) & \text{cov}(z,z) \end{pmatrix} \tag{2.4.6}$$

协方差是后续机器学习数据降维理论（如 PCA）相关章节的基础，可以结合起来阅读。

2.5　深度神经网络基础

本节将重点讲解深度神经网络的部分核心组成元素，它们的演进历程、背后原理，以及其他一些基础知识，为后续章节的学习打下基础。

2.5.1　神经元

人类社会很多划时代的科技创新都是从面向大自然的学习和观察中提炼出来的，如飞机、潜艇等，人们在研究 AI 时，自然不会放过"智能"的天然来源——人类自身的大脑和神经系统。在人工智能学科创立的前几年，神经病理学有了一个重大的发现，即人类大脑是由神经元组成的。结合图灵的计算理论，人们逐渐对如何"仿造"人类大脑有了一些模糊的认知。

生物的神经元是神经系统中最基本的组成单元，它有兴奋或者抑制两种工作状态，如图 2.5.1 所示[①]。一般情况下，神经元会处于抑制状态；而当接收到外界的刺激信息，并达到一个阈值时，神经元被激活，会转向兴奋状态，并向与它连接的其他神经元传播物质，激活函数就是受此启发而提出来的。

---

① 图 2.5.1 即图 1.2.6，此处为便于阅读和说明，在正文中再次引用了。

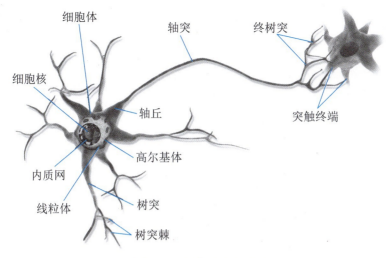

图 2.5.1　神经元经典结构

人工神经元和上述的神经元工作机制非常类似，典型的实现结构如图 2.5.2 所示。

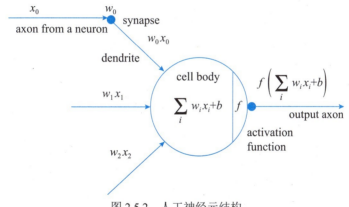

图 2.5.2　人工神经元结构

图 2.5.2 中的神经元包括输入、输出和激活函数。输入来源于其他神经元，并且带有权重；这些输入信息经过加权和等处理后，再结合激活函数得到最终的结果，这就是输出。激活函数根据不同场景有多种表现形式，后面将进行专门的讲解。

人工神经元与生物神经元的对比分析：

通过图 2.5.3 不难发现，人工神经元的连接数随着时间的推移呈现出快速增长的趋势：20 世纪 50 年代，人工神经元的连接数还低于果蝇等低级动物，若干年后这一数量已经达到了较小哺乳动物（如小鼠）的水平。2000 年后，部分人工神经网络的神经元连接数量可以与猫持平或者接近。

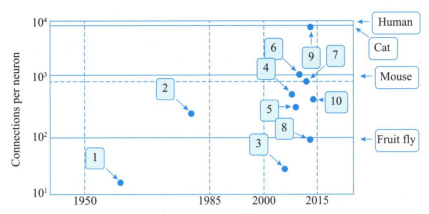

1—自适应线性单元（Widrow and Hoff, 1960）；2—神经认知机（Fukushima, 1980）；3—GPU-加速卷积网络（Chellapilla et al., 2006）；4—深度玻耳兹曼机（Salakhutdinov and Hinton, 2009a）；5—无监督卷积网络（Jarrett et al., 2009b）；6—GPU-加速多层感知机（Ciresan et al., 2010）；7—分布式自编码器（Le et al., 2012）；8—Multi-GPU卷积网络（Krizhevsky et al., 2012a）；9—COTS HPC无监督卷积网络（Coates et al., 2013）；10—GoogLeNet（Szegedy et al., 2014a）

图 2.5.3　单个神经元的连接数量呈现快速增长趋势

与连接数量相对应的是神经网络规模，后者也同样呈现快速增长态势。就目前神经网络的神经元数量而言，它和人类的差距还非常大（这一点和前面的神经元连接数量的情况不同），参考图2.5.4的统计信息。

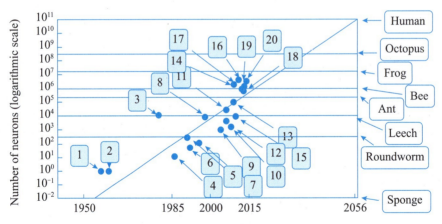

1—感知机（Rosenblatt, 1958, 1962）；2—自适应线性单元（Widrow and Hoff, 1960）；3—神经认知机（Fukushima, 1980）；4—早期后向传播网络（Rumelhart et al., 1986b）；5—用于语音识别的循环神经网络（Robinson and Fallside, 1991）；6—用于语音识别的多层感知机（Bengio et al., 1991）；7—均匀场sigmoid信念网络（Saul et al., 1996）；8.LeNet-5（LeCun et al., 1998c）；9—回声状态网络（Jaeger and Haas, 2004）；10—深度信念网络（Hinton et al., 2006a）

图 2.5.4　人工神经网络与大自然生物的规模对比（差距明显）[①]

[①] 以前102页为例。

人类大脑是一个非常复杂的系统，它通常可以在极低的功耗下快速给出响应，这是目前神经网络（包含大规模神经网络）无法企及的。

2.5.2 激活函数

随着深度神经网络的高速发展，激活函数也迎来了一轮又一轮的"革新换代"。因而有必要总结神经网络发展历程中被广泛使用的一些激活函数，为后续的学习打下基础。

1. sigmoid

激活函数之所以重要，是因为它可以为神经网络模型带来"非线性"物质，从而极大增强深度网络的表示能力，因此也称为非线性映射函数。

sigmoid 是深度神经网络前期使用最为广泛的一种激活函数，其计算公式为

$$f(x) = \frac{1}{1+e^{-x}} \quad (2.5.1)$$

其函数图形相对平滑，如图 2.5.5 所示。

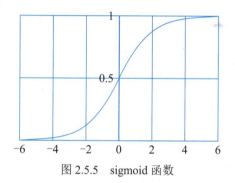

图 2.5.5　sigmoid 函数

可见 sigmoid 将输入值映射到了 0～1 的区间。

不难理解，sigmoid 函数在其定义域内是处处可导的，其导数为

$$f'(x) = f(x)(1-f(x)) \quad (2.5.2)$$

不少学者指出，sigmoid 有如下缺点：

（1）过饱和，梯度丢失问题。从图 2.5.6 不难看出，当 $x>5$ 或 $x<-5$ 时，梯度值已经趋于 0，导致误差在反向传播的过程中很难传递到前面，换句话说网络很可能无法完成正常的训练过程。

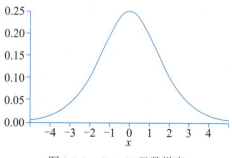

图 2.5.6　sigmoid 函数梯度

（2）收敛缓慢，有可能会振荡。

（3）值域的均值非零。sigmoid 的输出是大于 0 的，这会导致什么问题呢？

结合前面的神经元结构可以看到，神经元接收前面一层的输出 x_i 乘以权重 w_i 再和偏差一起输入激活函数 f 中产生结果，用公式表示为

$$f(\sum_i w_i x_i + b)$$

或者

$$f = \sum \mathbf{w}^\mathrm{T} x + b$$
$$L = \sigma(f)$$

式中

$$\mathbf{w} = (w_1, w_2, \cdots, w_n)$$

在反向传播算法的计算过程中，针对 $\mathbf{w}$ 的梯度计算公式为

$$\frac{\partial L}{\partial \mathbf{w}} = \frac{\partial L}{\partial f} \frac{\partial f}{\partial \mathbf{w}} = \frac{\partial L}{\partial f} X$$

因为上层的输出结果是下层的输入，所以在这种情况下会有很多层的 x 总是为正值，导致 $\mathbf{w}$ 向量中的所有元素 $(w_1, w_2, \cdots, w_n)$ 总是全部为正或者全部为负。换句话说，神经网络在训练过程中将会是如图 2.5.7 所示的一种低效率的学习方式，这显然不是想要的结果。

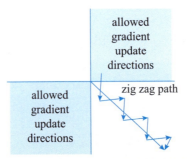

图 2.5.7 sigmoid 非 zero-center 所带来的训练低效率问题

（4）计算量偏大。

2. tanh

tanh 是为了解决 sigmoid 的均值非零问题而提出的一种激活函数，它的函数定义式为

$$f(z) = \tanh(z) = \frac{\mathrm{e}^z - \mathrm{e}^{-z}}{\mathrm{e}^z + \mathrm{e}^{-z}} \tag{2.5.3}$$

它与 sigmoid 的关系为

$$\tanh(x) = 2\mathrm{sigmoid}(2x) - 1 \tag{2.5.4}$$

由于式（2.5.3）中 e^z 可能小于 e^{-z}，所以它可能出现负数的情况。具体而言，tanh 的取值范围是 [-1，1]。tanh 函数图像如图 2.5.8 所示。

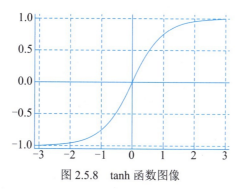

图 2.5.8　tanh 函数图像

从 tanh 表现出的图像对称性不难发现，它的值域均值为 0。同时，实践也证明了 tanh 比 sigmoid 的神经网络训练效果要好，特别是对于特征相差较明显的机器学习场景，其效果往往比较出众。不过，tanh 还没有解决 sigmoid 的梯度饱和问题。

3. ReLU

ReLU（Rectified Linear Unit）的表达式为

$$\mathrm{ReLU}(x) = \max(0, x) \qquad (2.5.5)$$

也就是，当 x 小于 0 时，ReLU 取 0；否则，ReLU 取 x。

ReLU 函数图像如图 2.5.9 所示。

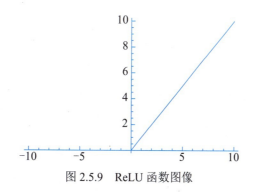

图 2.5.9　ReLU 函数图像

ReLU 函数的主要优点：

（1）函数简单，计算量小。相比于 sigmoid 和 tanh 函数，这是显而易见的。

（2）收敛速度快。这已经被大量的实验所证实，它在 SGD 方法下的收敛速度比 tanh 函数等快 6 倍多，如图 2.5.10 所示，具体可参见：http://www.cs.toronto.edu/~fritz/absps/imagenet.pdf。

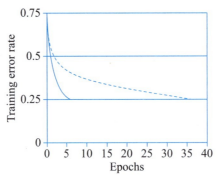

图 2.5.10 采用 ReLU（实线）的网络收敛到 25% 错误率的速度比 tanh 函数快 6 倍多

（3）可以缓解梯度饱和问题。

ReLU 的梯度函数如图 2.5.11 所示。

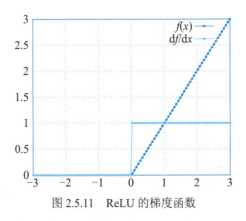

图 2.5.11 ReLU 的梯度函数

不难发现，ReLU 在 $x \geq 0$ 的部分消除了 sigmoid 函数的梯度饱和现象。虽然 ReLU 函数有很多优点，但也有致命缺陷，当 $x < 0$ 时，梯度对应的是 0，会出现无法完成网络的正常训练的情况，称为"死区"。

通常认为如下两种情况容易导致死区：

（1）参数初始化不合理。在某些情况下，不适当的参数初始化可能会导致死区现象，业界认为这种情况比较少见。

（2）学习率的设定不合理。如果学习率设置得太高，就有可能导致模型在训练过程中参数更新太大，使网络进入死区状态。

4. Leaky ReLU

Leaky ReLU 是为了缓解前述死区问题的改进版本，它的实现并不复杂，函数表达式为

$$\text{Leaky ReLU}(x) = \begin{cases} x, & x \geq 0 \\ \alpha \cdot x, & x < 0 \end{cases} \quad (2.5.6)$$

如图 2.5.12 所示，Leaky ReLU 与 ReLU 的区别在于 $y < 0$ 的区域，Leaky ReLU 通过增

加 α 超参数而不是置 0 来避免死区现象。由于 α 值是人工设定的,如何选择合适的值就成为难点。因而在实际训练过程中,Leaky ReLU 的性能并不总是让人满意。

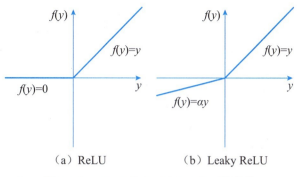

（a）ReLU　　　　（b）Leaky ReLU

图 2.5.12　ReLU 和 Leaky ReLU 函数曲线

人们又设计了其他 ReLU,如 Parameter ReLU（参数化 ReLU）和 Randomized ReLU（随机化 ReLU）等,下面做简单介绍。

5. ReLU 的变种

ReLU 还有一些变种,如为解决 Leaky ReLU 的 α 超参数不好选择的问题提出来的 Parameter ReLU 和 Randomized ReLU 等。它们的基本思路很简单:

（1）把 α 变成一个训练参数,由训练过程来自动调参。这就是 Parameter ReLU 的实现。通常表述为

$$\text{Parameter ReLU}(y_i) = \begin{cases} y_i, & y_i > 0 \\ a_i y_i, & y_i \leq 0 \end{cases} \tag{2.5.7}$$

在论文"Delving Deep Into Rectifiers Surpassing Human-level Performance on Imagenet Classification"中,将 Parameter ReLU 与 ReLU 在同一模型上进行了横向性能对比,可以看到 Parameter ReLU 作为激活函数,在同等条件下的表现优于 ReLU,见表 2.5.1。

表 2.5.1　ReLU 和 Parameter ReLU 的性能对比

model A	ReLU		Parameter ReLU	
scale s	top-1	top-5	top-1	top-5
256	26.25	8.25	**25.81**	**8.08**
384	24.77	7.26	**24.20**	**7.03**
480	25.46	7.63	**24.83**	**7.39**
multi-scale	24.02	6.51	**22.97**	**6.28**

（2）随机选择 α 的值,如图 2.5.13 所示。这就是 Randomized ReLU 的实现。随机并不意味着"随意",事实上它的取值也是有限定条件的,如在训练过程中的取值需要服从"连续性均匀分布",其函数表达式为

$$\text{Randomized ReLU}(x) = \begin{cases} x, & x \geq 0 \\ \varphi \cdot x, & x < 0 \end{cases} \quad (2.5.8)$$

式中：$\varphi \sim U(l,u)$，$l < u$ 且 $l, u \in [0,1]$。

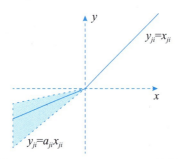

图 2.5.13　Randomized ReLU 函数曲线

此外，ReLU 还有 Noisy ReLU、ELU 等其他变种，它们都是针对某些特定问题所提出来的解决方案，ELU 激活函数曲线如图 2.5.14 所示。

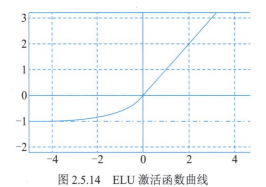

图 2.5.14　ELU 激活函数曲线

6. 激活函数的选择

从项目实践的角度来看，对激活函数的选择有如下建议：

（1）选择最佳的激活函数目前业界没有统一的理论指导，仍然需要根据项目的实际诉求，结合实验数据来判定何为最佳选择。

（2）在分类问题上，首先尝试 ReLU，这也是常用的激活函数。

（3）在使用 ReLU 的过程中，还需要注意学习率的设定，以及模型参数的初始值等问题。

（4）在上述基础上，结合模型的具体表现可以考虑使用 Parameter ReLU 等其他激活函数来进一步提升模型的性能。

2.5.3　前向传播和后向传播算法

监督学习算法的核心目标实际上是寻找一个最佳函数，使得它的输入值和对应输出值可以和训练样本高度匹配。那么如何在迭代训练过程中逐步调整算法中的各种参数，"有条不紊"地得出最佳函数呢？在深度神经网络中，利用后向传播（BP）算法。

对于初学者而言，后向传播算法可能不好理解，接下来结合范例来细化分析。图 2.5.15 为后向传播算法，其中输入层的两个节点为 i_1 和 i_2；隐藏层的两个节点为 h_1 和 h_2；输出层的两个节点为 o_1 和 o_2。层间采取全连接，以 w_{ij}（i 为层级，j 为序号）为权重。另外，b_1 和 b_2 为偏差。

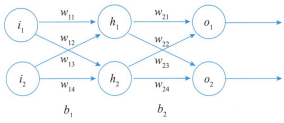

图 2.5.15　后向传播算法范例

先编写一段简单的 TensorFlow 代码，并以此为基础来剖析后向传播的计算过程。

```
sess = tf.Session()


bias1 = tf.Variable(0.5, 'bias1')
bias2 = tf.Variable(0.6, 'bias2')


input_data = tf.Variable([[0.5,0.8]])
output_data = tf.Variable([[1.0, 2.0]]) // 预期值


hidden_layer_weights = tf.Variable([[0.1,0.2], [0.3,0.4]])
output_layer_weights = tf.Variable([[0.5,0.6], [0.7,0.8]])


init = tf.global_variables_initializer()
sess.run(init)
```

上述代码段中，首先创建一个输入数据变量 input_data、一个输出变量 output_data、隐藏层权重 hidden_layer_weights 和输出层权重 output_layer_weights。其次通过 global_variables_initializer 来为变量做初始化，并利用 session 将操作传递到 TensorFlow 后台。

```
##print weights
print('hidden weights:'+'\n'+str(sess.run(hidden_layer_weights)))
print('output weights:'+'\n'+str(sess.run(output_layer_weights)))
```

紧接着的两行代码用于打印出当前两个网络层的权重值，以便后续可以和更新后的权重值做对比分析。结果如下：

```
hidden weights:
[[ 0.1         0.2       ]
 [ 0.30000001  0.40000001]]
output weights:
[[ 0.5         0.60000002]
 [ 0.69999999  0.80000001]]
```

接下来程序进入神经网络的构建环节，同时还要完成网络值的前向传播计算。下面分为几个步骤来做详细分析。

```
##forward propagation
hidden_layer_net = tf.matmul(input_data, hidden_layer_weights) + bias1
print('hidden layer net:'+'\n'+str(sess.run(hidden_layer_net)))
```

第一步：前向传播。建立网络隐藏层，采用的计算公式为

input_data 矩阵 *hidden_layer_weights 权重矩阵 + 偏置 bias1

具体运算过程：

$[0.5, 0.8] * \begin{matrix} 0.1 & 0.2 \\ 0.3 & 0.4 \end{matrix} + 0.5 = [0.5*0.1+0.8*0.3, 0.5*0.2+0.8*0.4] = [0.79, 0.92]$

打印结果：

```
hidden layer net:
[[ 0.79000002  0.92000002]]
```

```
hidden_layer_sigmoid = tf.sigmoid(hidden_layer_net)
print('hidden layer sigmoid:'+'\n'+str(sess.run(hidden_layer_sigmoid)))
```

第二步：前向传播。应用激活函数 sigmoid，得出隐藏层结果。上述打印语句的输出：

```
hidden layer sigmoid:
[[ 0.68783134  0.71504211]]
```

以 hidden_layer_sigmoid 的第 1 个元素为例，具体运算过程：

$\text{sigmoid}(0.79) = \dfrac{1}{1+e^{-0.79}} = 0.68783134$

```
output_layer_net = tf.matmul(hidden_layer_sigmoid, output_layer_weights) + bias2
print('output layer net:'+'\n'+str(sess.run(output_layer_net)))
```

第三步：前向传播。建立网络输出层，采用的计算公式和隐藏层一致，不再赘述。打印结果：

```
output layer net:
[[ 1.44444513  1.58473253]]
```

具体运算过程：

$[0.68783134, 0.71504211] * \begin{matrix} 0.5 & 0.6 \\ 0.7 & 0.8 \end{matrix} + 0.6 = [0.68783134*0.5+0.71504211*0.7, 0.68783134*0.6+0.71504211*0.8] = [1.44444513, 1.58473253]$

第四步：前向传播。输出层仍然采用 sigmoid 激活函数，得到最终结果：

[0.80914205 0.82987368]

这样就完成了前向传播的计算过程。由此也可以看到，虽然神经网络理论上比较繁复，但计算过程还是比较好理解的。

如何有效更新网络参数，以使神经网络的输出结果和预期值尽可能一致呢（在本范例中是指 output_data 代表的 1.0 和 2.0）？在梯度下降算法中学习到的知识，无非就是遵循如下核心步骤：

（1）计算 loss function；

（2）计算各网络参数与 loss function 之间的梯度，实际上是衡量各参数对精度损失的影响程度；

（3）朝着梯度值下降的方向更新各网络参数；

（4）循环往复直至达到结束条件。

深度神经网络中采用的梯度下降算法和上述实现无本质区别，主要的不同点在于：

（1）神经网络参数数量通常很多，而且各网络层是间接计算关系，意味着大部分的网络参数和最终的损失函数值都没有直接的函数依赖，因而可以先从与损失函数有直接连接的输出层开始计算梯度，并依次将误差值向后面的网络层传递，这也是"后向传播"名称的由来。

（2）需要应用到偏导数求解知识。

先计算第一次前向计算后的误差值。Loss function 采用的是平和差公式：

```
#loss function
loss = tf.square(output_data[0][0] - output_layer_sigmoid[0][0])/2 + tf.square(output_data[0][1] - output_layer_sigmoid[0][1])/2
print('loss before training:'+'\n'+str(sess.run(loss)))
```

打印结果：

```
loss before training:
0.702811
```

接着开始计算输出层的权重值更新（下面以 w_{21} 为例做详细阐述，其他参数值的计算过程类似）。

由网络构建图不难得出如下的函数关系：

$\text{loss}_{\text{total}} = \text{loss}_1 + \text{loss}_2$

$\text{loss}_1 = (\text{output\_data1} - \text{output\_layer\_sigmoid1})^2/2$

$\text{loss}_2 = (\text{output\_data2} - \text{output\_layer\_sigmoid2})^2/2$

output_layer_sigmoid1 = sigmoid(output_layer_net)

output_layer_net = w_{21} × hidden_layer_sigmoid1 + w_{23} × hidden_layer_sigmoid2 + bias2

因而误差值和 w_{21} 的偏导数关系如下：

$$\frac{\partial \text{loss}_{\text{total}}}{\partial w_{21}} = \frac{\partial(\text{loss}_1+\text{loss}_2)}{\partial w_{21}} = \frac{\partial \text{loss}_{\text{total}}}{\partial \text{output}_{\text{layer}_{\text{sigmoid1}}}} \times \frac{\partial \text{output}_{\text{layer}_{\text{sigmoid1}}}}{\partial \text{output}_{\text{layer}_{\text{net}}}} \times \frac{\partial \text{output}_{\text{layer}_{\text{net}}}}{\partial w_{21}}$$

式中

$$\frac{\partial \text{loss}_{\text{total}}}{\partial \text{output}_{\text{layer}_{\text{sigmoid1}}}} = \frac{1}{2} \times 2 \times (\text{output\_layer\_sigmoid1} - \text{output\_data1})$$

$= 0.80914205 - 1$

$= -0.19085795$

同时，有

$$\frac{\partial \text{output}_{\text{layer}_{\text{sigmoid1}}}}{\partial \text{output}_{\text{layer}_{\text{net}}}} = \text{sigmoid(output\_layer\_net)} \times (1-\text{sigmoid(output\_layer\_net)})$$

$$= \frac{1}{1+e^{-1.44444513}} \times (1 - \frac{1}{1+e^{-1.44444513}})$$

$= 0.809142 \times (1 - 0.809142)$

$= 0.15443117$

另外，有

$$\frac{\partial \text{output}_{\text{layer}_{\text{net}}}}{\partial w_{21}} = \text{hidden\_layer\_sigmoid1}$$

$= 0.68783134$

因而，可得

$$\frac{\partial \text{loss}_{\text{total}}}{\partial w_{21}} = -0.19085795 \times 0.15443117 \times 0.68783134$$

$= -0.020273427412252780062901$

得到梯度值后，w_{21} 就可以做更新操作了，公式如下：

$$w_{21} = w_{21} - \frac{\partial \text{loss}_{\text{total}}}{\partial w_{21}} \times \text{training\_rate}$$

$= 0.5 + 0.0202734 \times 0.1$

$= 0.50202734$

为了测试上述计算结果的准确性，下面继续通过程序来做验证：

```
#prepare for training
```

```
train_step = tf.train.GradientDescentOptimizer(0.1).minimize(loss)
sess.run(train_step)

print('hidden layer weights updated:'+'\n'+str(sess.run(hidden_layer_weights)))
print('output layer weights updated:'+'\n'+str(sess.run(output_layer_weights)))

print('loss after training:'+'\n'+str(sess.run(loss)))
```

采用 TensorFlow 的梯度下降算法优化器，步长为 0.1，并执行了一步 training。结果如下：

```
hidden layer weights updated:
[[ 0.10122238  0.20155664]
 [ 0.30195582  0.40249065]]
output layer weights updated:
[[ 0.50202733  0.61136317]
 [ 0.70210755  0.8118127 ]]
```

从 output_layer_weights 的更新值可以看出，其中的 w_{21} 与前面的手工计算结果完全一致，从而验证了整个推导过程的准确性。其他参数的计算推演类似，限于篇幅这里不再赘述，大家可以自行分析。

2.5.4 损失函数

神经网络是利用基于误差的后向传播算法来完成参数的更新的，这意味着用于计算误差的损失函数（也称为目标函数，或者代价函数。简单来讲，损失函数描述模型对结果的"不满意程度"）扮演了非常重要的角色。人们在不断探索实践的过程中总结了很多种类型的损失函数。从深度学习的任务类型，可分为分类场景下的损失函数、回归场景下的损失函数、其他任务类型的损失函数等。每大类下又包含了很多具体的类型。后续将针对部分经典的损失函数进行讲解。

1. 分类场景下

分类场景下的损失函数包括但不限于 0-1 损失函数、log 损失函数、合页损失函数、指数损失函数、感知损失函数、交叉熵损失函数和坡道损失函数。下面着重介绍在实际深度学习项目中常用的损失函数（为了叙述的连贯性，其中也包括非神经网络模型采用的损失函数）。

1）合页损失函数

合页损失函数是在支持向量机（SVM）模型中常用的 loss function，所以也称为 SVM Loss。为叙述方便，假设：

(x_i, y_i) 代表一张图像，以及它所对应的数据标签；

函数 $s = f(x_i)$ 代表模型针对 x_i 给出的预测值。那么合页损失函数的表达式如下：

$$L_i = \sum_{j \neq y_i} \begin{cases} 0, & s_{y_i} \geq s_j + 1 \\ s_j - s_{y_i} + 1, & 其他 \end{cases} \quad (2.5.9)$$

$$= \sum_{j \neq y_i} \max(0, s_j - s_{y_i} + 1)$$

合页损失函数曲线如图 2.5.16 所示。

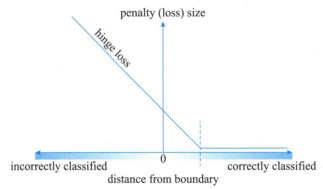

图 2.5.16　合页损失函数曲线

下面结合范例更直观地理解合页损失函数的计算过程。

表 2.5.2 列出三类别模型的预测值。

表 2.5.2　合页损失函数范例

类别	图像		
	猫	汽车	青蛙
猫	3.2	1.3	2.2
汽车	5.1	4.9	2.5
青蛙	-1.7	2.0	-3.1

针对猫的图像，此模型产生的损失为

$$L_1 = \max(0, 5.1 - 3.2 + 1) + \max(0, -1.7 - 3.2 + 1)$$

$$= \max(0, 2.9) + \max(0, -3.9)$$

$$= 2.9 + 0$$
$$= 2.9$$

同理，可以得到另外两个训练样本所产生的损失分别为

$$L_2 = 0$$

$$L_3 = 12.9$$

一个模型在 N 个训练样本的总体损失计算公式为

$$L = \frac{1}{N}\sum_{i=1}^{N} L_i \qquad (2.5.10)$$

所以针对这个场景，损失结果为

$$L = (2.9 + 0 + 12.9)/3 = 5.27$$

合页损失函数的代码实现范例如下所示：

```
def L_i_vectorized(x, y, W):
    scores = W.dot(x)
    margins = np.maximum(0, scores - scores[y] + 1)
    margins[y] = 0
    loss_i = np.sum(margins)
    return loss_i
```

另外，为了降低模型的过拟合问题，通常会给复杂的模型加一个 penalty，具体会体现在 loss function 上，如下所示：

$$L(W) = \frac{1}{N}\sum_{i=1}^{N} L_i(f(x_i, W), y_i) + \lambda R(W) \qquad (2.5.11)$$

可以看到，除了 loss 函数外，新的损失函数还多了 $R(W)$，它代表的是 regularization 函数，而且有多种表现形式。比如：

L_1 regularization 函数：

$$R(W) = \sum_k \sum_l |W_{k,l}| \qquad (2.5.12)$$

L_2 regularization 函数：

$$R(W) = \sum_k \sum_l W_{k,l}^2 \qquad (2.5.13)$$

Elastic net ($L_1 + L_2$) 函数：

$$R(W) = \sum_k \sum_l \beta W_{k,l}^2 + |W_{k,l}| \qquad (2.5.14)$$

图 2.5.17 示出带有正则化的损失函数。

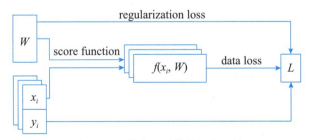

图 2.5.17　带有正则化的损失函数

此外，神经网络还有其他常用的正则化手段，例如：

（1）dropout：在训练过程中，以概率 P 随机丢弃一些神经元的操作，见图 2.5.18。

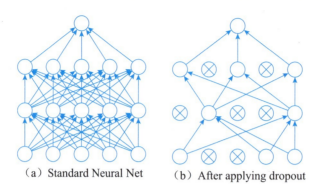

图 2.5.18　dropout 示意图

（2）max-norm regularization：max-norm regularization 通常结合 dropout 使用，可以达到更好的效果。

2）交叉熵损失函数

交叉熵损失函数（cross-entropy loss function）又称为 softmax 损失函数，是深度神经网络中应用最广泛的一种 loss function。交叉熵损失函数表达式为

$$L_i = -\log\left(\frac{e^{s_{y_i}}}{\sum_j e^{s_j}}\right) \tag{2.5.15}$$

可以看到它与 softmax 层的实现非常类似，这也是其名称的由来。

仍然沿用表 2.5.2 提供的范例，针对猫的图像得到的预测值如表 2.5.3 所示。

表 2.5.3　针对表 2.5.2 中猫的图像得到的预测值

类　别	图　像
猫	3.2
汽车	5.1
青蛙	−1.7

softmax loss function 的计算过程如下：

3.2　　　　　　　　0.13
5.1　计算 softmax → 0.87

−1.7　　　　　　　0.00

$L_{i\_\text{softmax}} = -\log 0.13$

　　　　=0.89

因为它只针对正确类别的预测概率执行 −log 操作，所以取值范围为 [0, ∞]。

2. 回归场景下

回归场景任务下，常用的损失函数包括但不限于平均绝对误差（MAE）、均方误差（MSE）、均方根误差（RMSE）、平滑平均绝对误差等经典实现。

平均绝对误差又称为 L1 误差，其常用的表达式如下：

$$\text{MAE} = \frac{1}{N}\sum_{i=1}^{N}\left|y^i - f(x^i)\right| \quad (2.5.16)$$

均方误差又称为 L2 误差，其常用的表达式如下：

$$\text{MSE} = \frac{1}{N}\sum_{i=1}^{N}(y^i - f(x^i)) \quad (2.5.17)$$

均方根误差与均方误差比较类似，其常用的表达式如下：

$$\text{RMSE} = \sqrt{\frac{1}{N}\sum_{i=1}^{N}(y^i - f(x^i))} \quad (2.5.18)$$

总的来说，L1 损失函数对于异常值的鲁棒性更好，但它的导数并不连续，使得最优解的寻找过程相对低效；虽然 L2 对于异常值的表现不如 L1，但是在寻找最优解的过程中更为稳定。可以说两者各有优缺点。平滑平均误差吸收了 L1 和 L2 的优点，它既保持了鲁棒性，又具备可微特性。其常用表达式如下：

$$S = \sum_{i=1}^{n}\sigma^2\left(\sqrt{1+\left(\frac{y_i - f(x_i)}{\sigma}\right)^2} - 1\right) \quad (2.5.19)$$

式中：σ 代表"斜度"。

下面通过一个代码范例来加深理解。

核心代码部分如下：

```
import tensorflow as tf
import matplotlib.pyplot as plt


sess = tf.Session()


x_function = tf.linspace(-1., 1., 500)
target = tf.constant(0.)


##L1 损失函数
L1_function = tf.abs(target - x_function)
```

```python
    L1_output = sess.run(L1_function)

    ##L2 损失函数
    L2_function = tf.square(target - x_function)
    L2_output = sess.run(L2_function)

    ##huber 损失函数，取 3 个 " 斜度 " 来作为对比
    delta1 = tf.constant(0.2)
    pseudo_huber1 = tf.multiply(tf.square(delta1), tf.sqrt(1. + tf.square((target - x_function)/delta1)) - 1.)
    pseudo_huber1_output = sess.run(pseudo_huber1)

    delta2 = tf.constant(1.)
    pseudo_huber2 = tf.multiply(tf.square(delta2), tf.sqrt(1. + tf.square((target - x_function) / delta2)) - 1.)
    pseudo_huber2_output = sess.run(pseudo_huber2)

    delta3 = tf.constant(5.)
    pseudo_huber3 = tf.multiply(tf.square(delta3), tf.sqrt(1. + tf.square((target - x_function) / delta2)) - 1.)
    pseudo_huber3_output = sess.run(pseudo_huber3)

    ## 将上述结果绘制出来，帮助读者直观地理解它们之间的区别
    x_array = sess.run(x_function)
    plt.plot(x_array, L2_output, 'b-', label='L2')
    plt.plot(x_array, L1_output, 'r--', label='L1')
    plt.plot(x_array, pseudo_huber1_output, 'm,', label='Pseudo-Huber (0.2)')
    plt.plot(x_array, pseudo_huber2_output, 'k-.', label='Pseudo-Huber (1.0)')
    plt.plot(x_array, pseudo_huber3_output, 'g:', label='Pseudo-Huber (5.0)')
    plt.ylim(-0.2, 0.4)
    plt.legend(loc='lower right', prop={'size': 11})
```

```
plt.title('LOSS FUNCTIONS')
plt.show()
```

绘制结果如图 2.5.19 所示。

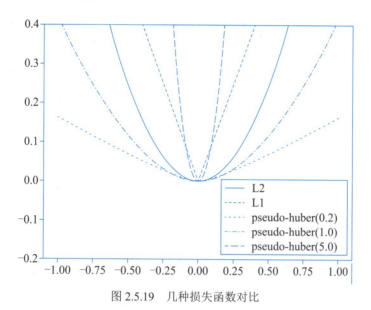

图 2.5.19　几种损失函数对比

回归类任务中还有一些类型的损失函数，如 tukey's biweight 等，感兴趣的读者可以自行查阅相关资料进一步学习。

3. 其他任务类型的损失函数

除了前面讲解的常见任务外，有时还需要考虑一些比较特殊的机器学习任务，如 attribute classification，范例如图 2.5.20 所示。

图 2.5.20　attribute classification 范例

如果要给图 2.5.20 打一个标签，那么既可以是"美国队长"，也可以是"钢铁侠"或者"超人"，它们都是正确的。针对这种类型的任务，一种解决方案是为每种 attribute 设计一个 binary classifier，此时的损失函数表达式为

$$L_j = \sum_j \max(0, 1 - y_{ij} f_j) \tag{2.5.20}$$

式中：j 为属性的编号。如果第 i 个样本的 label 是 j，y_{ij} 就是 +1；否则，y_{ij} 就是 -1。如果预测结果包含这一属性，则 f_j 为正；否则，f_j 为负。换句话说，如果当前样本属于 label j，预测结果也是 j，那么两者乘积大于 1，所以 $1-y_{ij}f_j < 0$，此时 max 结果为 0。反之，就说明产生了预测偏差。

也可以考虑为每个 attribute 训练一个逻辑回归分类器，如下所示：

$$P(y=1|x;\boldsymbol{w},b) = \frac{1}{1+e^{-(\boldsymbol{w}^\mathrm{T}x+b)}} = \sigma(\boldsymbol{w}^\mathrm{T}x+b) \quad (2.5.21)$$

此时 loss function 为

$$L_i = \sum_j y_{ij}\log(\sigma(f_j)) + (1-y_{ij})\log(1-\sigma(f_j)) \quad (2.5.22)$$

式中：σ 为 sigmoid 函数。

2.6 Transformer 机制详解

2.6.1 Transformer简介

Transformer 的自注意力机制允许模型在处理序列的任何元素时，同时考虑序列中的所有其他元素并给出不同元素间的重要程度。例如，在阅读一篇文章时，模型需要理解每个单词的意义及其在文中的重要性。不是所有的单词都同等重要，有些单词对于理解句子的意思至关重要，而有些则不那么重要。注意力机制允许模型动态地调整它对不同单词的"聚焦"程度，让某些单词在模型的"视野"中更加突出，如图 2.6.1 所示。

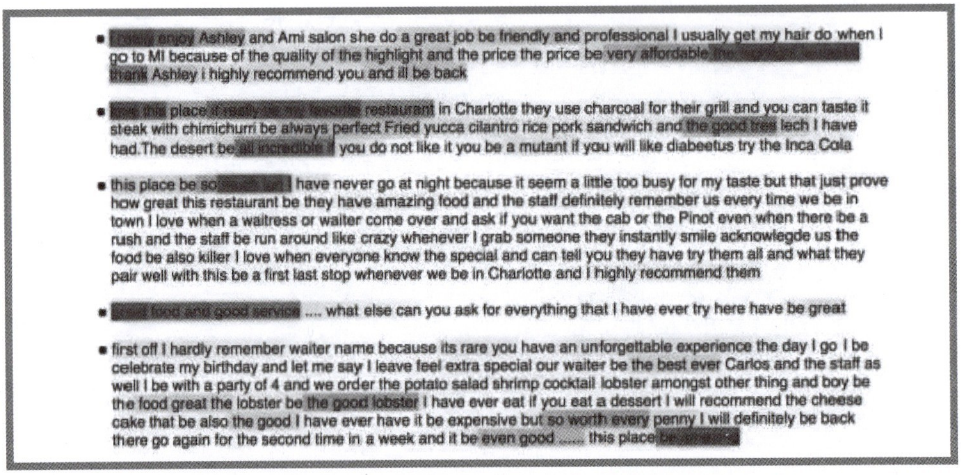

图 2.6.1 文字处理时，需要识别并"聚焦"在某些关键部分上

Transformer 是当前很多大语言模型的底层结构，最早由谷歌公司的 Vaswani 等在 2017 年的论文"Attention is All You Need"中提出，Transformer 模型结构如图 2.6.2 所示。

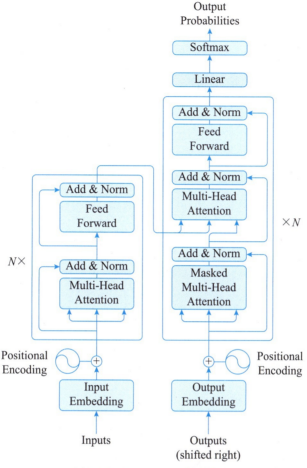

图 2.6.2　Transformer 模型结构

它主要分为 Encoder 和 Decoder 两部分，这两部分又由 Tokenizer&Word Embedding（分词及向量化）、Positional Encoding（位置编码）、Self-Attention Layer（Multi-Head Attention（多头注意力机制））、Residual Connection（残差连接）、Layer Normalization（层归一化）、Feed Forward Layer（前馈神经网络）等核心模块组成。

2.6.2　分词及向量化

大模型中参与计算的是数值，大模型的初始输入通常是字符（如英文、中文等），所以需要先做"Input Embedding"，包括分词和向量化（Tokenizer&Word Embedding）两部分。Embedding 示意简图如图 2.6.3 所示。

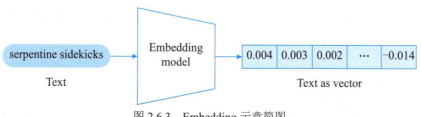

图 2.6.3　Embedding 示意简图

分词是将连续的文本序列分割成一个个独立的词汇单元（token）的过程。在英语等使用空格分隔词汇的语言中，分词相对简单；而在汉语、日语等没有明显词汇界限的语言中，分词则是一个复杂的任务，通常需要借助特定的算法来识别词汇边界。

分词算法包括但不限于以下几种方式：

（1）基于规则的分词：利用预设的规则（如词典和语法规则）来识别词汇。

（2）基于统计的分词：通过分析大量的语料库，统计词汇的出现频率和共现概率进行分词。

（3）基于机器学习的分词：使用标注好的语料库训练模型，使其学习如何分词。

（4）基于深度学习的分词：使用循环神经网络（RNN）、长短时记忆网络（LSTM）或者 Transformer 等深度学习模型进行分词。

业界已有不少经典的开源分词算法，可以根据项目的实际需求做相应选择。

将原始字符串转换为词元（token）序列后，需要进一步将各个词元"嵌入"大小为 k 的向量中（"Attention is All You Need"中 k 取 512）。

分词过程对大模型最终的性能效果是有影响的，业界普遍认可的规律是在数据量足够大的情况下，词汇表越大，压缩率越高，模型效果越好。

在相同的空间中，更大的词汇表意味着更高的信息浓度，因而潜在效果越好。太大的词汇表会增加计算成本，因而需要找到一个平衡点。目前业界普遍将词汇表设置在 10 万～20 万，如 deepseek 为 102400、Qwen 为 152064、baichuan2 为 125696、Llama3 为 128256。

2.6.3 位置编码

从 Transformer 模型结构中不难发现，它的第二个处理步骤是位置编码（Positional Encoding）。

位置信息对文本处理非常关键，例如，"读好书""读书好""好读书"只是文字顺序不同，但表达的意思大相径庭。

有一些神经网络模型在处理输入序列时是按照顺序执行的，带有时序或者位置信息。但是 Transformer 为了提升效率，会并行处理整个序列。这也带来一个潜在问题，即如何将位置信息注入 Transformer 的计算过程中？这就是位置编码的设计初衷。

最简单的一个实现方式是将每个 token 在输入序列中的 index 作为位置信息参与到计算中。这种方案的潜在缺点是 index 的数值大小是和序列规模强相关的，可能很大，也可能很小，而且灵活性不够。

简而言之，Transformer 中所采用的位置编码是基于 sin 和 cos 函数来实现的，公式如下：

$$\begin{cases} \text{PE}_{\text{pos},2i} = \sin\left(\dfrac{\text{pos}}{1000^{\frac{2i}{d_{\text{model}}}}}\right) \\ \text{PE}_{\text{pos},2i+1} = \cos\left(\dfrac{\text{pos}}{1000^{\frac{2i}{d_{\text{model}}}}}\right) \end{cases} \qquad (2.6.1)$$

进一步来讲：

（1）对于在序列中处于 pos 位置的一个向量，它的位置的维度和其自身向量维度是一样的（如"Attention is All You Need"中 k 取 512）。

（2）在位置编码中，偶数（$2i$）和奇数（$2i+1$）的地方分别采用 sin 和 cos 函数来做计算。

以"I am a Robot"为例，示意如图 2.6.4 所示。

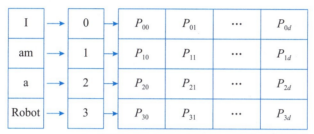

图 2.6.4 位置编码示例

将前述的公式应用到这个范例中，得到结果如图 2.6.5 所示。

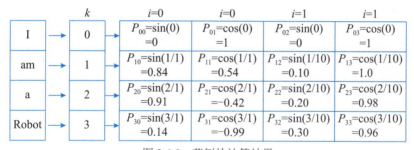

图 2.6.5 范例的计算结果

因为 sin 和 cos 函数的取值区间是 [-1, 1]，这样可以让位置编码达到相对标准化的状态，有利于整个模型性能的稳定性。

2.6.4 自注意力和多头注意力

自注意力（Self-Attention）用于将输入序列中的每个 token 与其他 token 做关联性分析，并为序列中的每个 token 生成一个 k 维的输出向量。"Attention is All You Need"中针对自注意力层介绍了缩放点积注意力（Scaled Dot-Product Attention）和多头注意力（Multi-Head Attention）两个重要机制。它们可以帮助大模型聚焦输入序列中最强相关的信息，并允许同时关注序列中的不同部分，从而获得更丰富和多样的数据信息表示。

下面介绍计算一个 token 与其他 token 之间的关联性。

Attention 结构如图 2.6.6 所示。

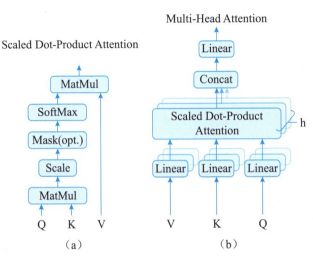

图 2.6.6　Attention 结构

为了便于理解，举一个例子来说明。

图 2.6.7 中，$a^1 \sim a^4$ 代表了 4 个 token，它们通过向量运算得到 q（query）和 k（key）值，如 a^1 得到 q^1 和 k^1，以此类推。假设要计算的是第一个 token 和其他 token 之间的 Attention，那么所采用的公式为

$$\begin{cases} a_{1,2} = q^1 \cdot k^2 \\ a_{1,3} = q^1 \cdot k^3 \\ a_{1,4} = q^1 \cdot k^4 \end{cases} \quad (2.6.2)$$

另外，第一个 token 和自身也可以计算 Attention，即 Self-Attention，如图 2.6.7 所示。

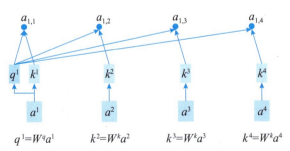

图 2.6.7　具体的 Self-Attention 范例

注：引自 https://speech.ee.ntu.edu.tw/~hylee/ml/ml2021-course-data/.

这样计算出来的 Attention Score，会作为权重再与原先各 token 的 value 相乘，就得到了带关联性权重的 token 向量，如图 2.6.8 所示。

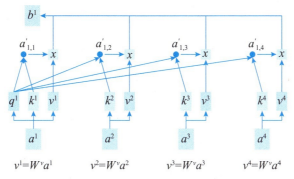

图 2.6.8 带权重的 Value 示例（中间还需要做 softmax，此处略去）

然后通过下式计算得到 b^1，即

$$b^1 = \sum_i \alpha'_{1,i} v^i \quad (2.6.3)$$

作为第一个 token 的 Self-Attention 输出。

看上去整个过程比较复杂，运算量比较大。但如果把所有计算过程整合成矩阵运算，可以得到如下的简洁表述：

$$\text{Attention}(\boldsymbol{Q},\boldsymbol{K},\boldsymbol{V}) = \text{softmax}\left(\frac{\boldsymbol{Q}\boldsymbol{K}^{\text{T}}}{\sqrt{d_k}}\right)\boldsymbol{V} \quad (2.6.4)$$

为了获取更全面的关联信息，还可以采用 Multi-head Self-Attention。它针对同一个 token 分别计算多套"$\boldsymbol{Q}$、$\boldsymbol{K}$、$\boldsymbol{V}$"来获取更多层次的 Attention Score，在实际应用过程中可以较好支撑模型性能的提升。另外，在 Decoder 侧有一个 Masked Multi-head Self-Attention。之所以需要"masked"，是因为 Decoder 端会把 Transformer 每次的输出都作为下一次的输入。而在做 Decoder 的 Self-Attention 时，下一次 / 下下一次的输出都还没有产生，所以只能暂时不参与计算，这与 Encoder 都是"已知向量"的情况不同。

关于"Query，Key，Value"的设计灵感"Attention is All You Need"中没有给出正面答案。一种猜测是，$\boldsymbol{Q}$、$\boldsymbol{K}$、$\boldsymbol{V}$ 借鉴了我们做信息搜索的过程：首先用户通过 Query 来表达查询内容，Key 代表数据库中一行的关键字，所以通过计算 Query 和 Key 的相似度来得到匹配程度，进而获取 Value 值。

2.6.5 残差连接和层归一化

Transformer 结构中，"Add&Norm"是指残差连接（Residual Connection）和层归一化（Layer Normalization）。几乎每个编码器中的每个子层都有一个 Residual Connection，紧跟 Layer Normalization。残差网络连接并非 Transformer 的原创，它源自著名 AI 科学家何恺明的 ResNet。

残差网络主要解决的问题：

（1）梯度消失问题。在深度神经网络中，梯度消失或梯度爆炸会极大影响神经网络的训练。残差连接通过直接的路径传递，较好地缓解了这一问题，为超大规模神经网络的发展提供了基础。

（2）提高模型的稳定性。残差连接减少了训练过程中出现的退化问题，使得模型在训练时更加稳定和可靠。

（3）性能改进。残差连接允许模型在保持浅层特征的同时，学习到更复杂的特征。这通常能带来更好的性能，因为它减少了深层网络在学习复杂映射时的困难。

（4）增强网络的表达能力。通过提供跳跃连接，网络能够更好地组合不同层的信息，从而提高网络的表达能力。

上述这些也是残差网络连接得以广泛应用的主要原因。

归一化（Normalization）是一种数据处理技术，它旨在通过线性或非线性变换将输入数据或神经网络层的输出数据映射到一个特定的数值范围或分布中。这一处理过程对于提升神经网络训练过程的稳定性、加速收敛速度以及最终提高模型性能至关重要。

在神经网络中常见的归一化方法包括：

（1）批归一化（Batch Normalization）：它通过在每个批次中对输入数据进行规范化，使其均值为0、方差为1，从而加速网络的收敛过程，降低网络对初始化和学习率的敏感性，同时也有一定的正则化效果。

（2）层归一化（Layer Normalization）：它在每层中对所有样本的输出进行规范化，而不是对每个批次进行规范化。层归一化在处理序列数据等不适合批处理的情况下，可以作为替代方案使用。

（3）组归一化（Group Normalization）：这是一种介于批归一化和层归一化之间的方法，它将输入数据分成多个小组，然后对每个小组内的样本进行归一化，从而减小小组之间的相关性，提高网络的学习能力。

Transformer采用的是层归一化方式，通过对层内所有神经元的输出进行归一化处理，使得输出的分布具有稳定的均值和方差。

2.6.6 Transformer小结

Transformer机制是现代深度学习模型的基石，尤其在自然语言处理（NLP）领域取得了显著成功。它采用了全新的架构设计，放弃了传统的循环神经网络和卷积神经网络（CNN），转而依赖注意力机制（Attention Mechanism）来处理序列数据。

Transformer机制的端到端处理流程总结如下：

1. 输入预处理（Input Preprocessing）

（1）文本标记化（Tokenization）：Transformer模型的输入通常是自然语言文本。为了处理文本，首先需要将其转换为离散的标记（token）。这一过程包括将句子分解为单词、子词或字符序列。常用的方法有基于词汇表的标记化、子词标记化（如BPE或

WordPiece）等。

（2）词嵌入（Word Embeddings）：标记化后的序列通过查找嵌入矩阵映射为固定维度的向量，这些向量表示输入文本的语义信息。常用的嵌入方式有词向量（Word Embeddings）（如 Word2Vec、GloVe）和预训练语言模型嵌入（如 BERT、GPT 等模型生成的上下文嵌入）。

（3）位置编码（Positional Encoding）：Transformer 不像 RNN 或 CNN 有自然的顺序信息，需要通过位置编码来添加序列中位置的先验知识。位置编码向量与词嵌入相加，提供序列中的位置信息。常见的编码方式是基于正弦和余弦函数的，能够表示不同频率的周期性信号，从而帮助模型区分输入序列中的相对位置。

2. 编码器（Encoder）模块

（1）多头自注意力（Multi-Head Self-Attention）机制：编码器的核心是多头自注意力机制，它允许模型在处理当前词时能够根据序列中的其他所有词进行加权平均，从而捕获序列中元素之间的长距离依赖关系。

计算步骤：

①生成 Query, Key, Value 向量：输入向量通过三个不同的线性层生成查询（Query, Q）、键（Key, K）、值（Value, V）向量。

②计算注意力分数：通过 Q 和 K 的点积计算注意力分数，并通过 softmax 函数对其归一化，得到注意力权重。

③生成加权和：使用注意力权重对 V 向量进行加权求和，得到当前词的自注意力输出。

④多头注意力：引入多头机制，即将 Q、K、V 向量分成多个头，独立计算后再拼接，有助于模型从不同的子空间中学习不同的语义信息。

（2）前馈神经网络（Feed-Forward Neural Network, FFN）：每个注意力层的输出通过一个前馈神经网络进一步地非线性变换。FFN 通常由两个全连接层和一个非线性激活函数（如 ReLU）组成。这个步骤增加了模型的表达能力。

（3）残差连接与层归一化（Residual Connections & Layer Normalization）：为了稳定训练过程并防止梯度消失，Transformer 使用了残差连接（跳跃连接），即将输入直接加到输出上，并通过层归一化进行归一化处理。这确保了每一层的输出可以在梯度传递时更好地保留特征信息。

（4）编码器层的堆叠（Stacking Encoders）：Transformer 的编码器部分由多个相同的编码器层堆叠而成，通常为 6 层或 12 层。每一层都重复上面的多头自注意力机制和前馈神经网络的结构。通过多层堆叠，模型能够捕捉到更深层次的语义信息。

3. 解码器（Decoder）模块

解码器的结构与编码器类似，但在自注意力机制之外还增加了用于编码器 - 解码器交互的多头注意力机制。

（1）解码器自注意力（Self-Attention in Decoder）机制：解码器自注意力机制与编码器类似，但为了防止模型看到未来的信息，采用了掩码自注意力机制（Masked Self-Attention）。这意味着在生成序列的过程中每个位置只能看到该位置之前的输出。

（2）编码器-解码器注意力（Encoder-Decoder Attention）机制：在生成过程中，解码器不仅需要关注当前生成的序列，还需要参考编码器生成的上下文表示。因此，解码器包含一个额外的多头注意力机制，用于对编码器的输出进行注意力计算。这使得解码器能够根据编码器的上下文信息生成更准确的序列。

（3）前馈神经网络与残差连接（Feed-Forward Network & Residual Connections）：与编码器相似，解码器也在自注意力和编码器-解码器注意力后面添加了前馈神经网络和残差连接，使得模型的表达能力更加丰富，并且能稳定训练过程。

（4）解码器层的堆叠（Stacking Decoders）：解码器通常也由多个解码器层堆叠而成，每一层都重复上述步骤。通过堆叠多层，模型能够更好地生成符合上下文语境的输出序列。

4. 输出层（Output Layer）

（1）线性变换与 softmax 层：解码器的最终输出通过一个线性变换映射到词汇表大小的向量空间，并通过 softmax 函数转换为概率分布，这个概率分布表示了每个位置上可能的输出词的概率。

（2）序列生成（Sequence Generation）：在推理阶段（实际生成文本时），模型通常使用自回归方式生成序列。这意味着模型在每一步生成一个词后，将其作为下一步的输入，直到生成结束符或达到最大长度。

5. 训练与优化（Training and Optimization）

（1）损失函数（loss function）：Transformer 通常使用交叉熵损失（Cross-Entropy Loss）来衡量生成序列与目标序列之间的差异。模型通过最小化这个损失函数来更新参数。

（2）优化器（Optimizer）：常用的优化器是 Adam 或其变种，如 AdamW，这些优化器通过自适应学习率对模型参数进行更新。

（3）学习率调度（Learning Rate Scheduling）：为了稳定训练过程并加速收敛，Transformer 通常会使用学习率调度器（Learning Rate Scheduler），如 Noam 调度器，它根据训练步数动态调整学习率。

6. 推理（Inference）

在推理阶段，Transformer 使用贪心搜索、束搜索（Beam Search）或采样等策略从模型中生成序列。推理过程是自回归的，即每一步生成的词会作为下一步的输入，直到生成结束。

值得一提的是，大模型在经过多年的发展后，已经演变出多种"类 Transformer"的架构，三种主流的架构（图 2.6.9）如下：

（1）Encoder-Decoder 架构：由 Encoder 和 Decoder 两部分组成，也就是前面阐述的架构，这里不再赘述。不过目前采用这种架构的知名大模型并不多，T5 和 BART 算是其中的两个经典实现。

（2）Casual Decoder 架构：Casual 可以理解为"因果"。这种架构的特点是采用"单向注意力"并且是"Decoder Only"的设计。GPT 系列以及 OPT、BLOOM、Gopher 等属于这种类型。

（3）Prefix Decoder 架构：也称为"non-Causal decoder"，区别在于它采用的是"双向注意力"机制，典型的如 GLM（前期版本）、U-PaLM 等。

研究显示，在同等参数量的情况下，Decoder Only 这种架构的 zero-shot 泛化性能更好，同时它可以更好地规避注意力低秩问题，建模能力也更强。而且，由于使用的人越来越多，所以周边的配套和优化也更完善。

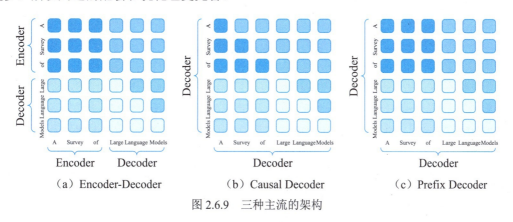

图 2.6.9　三种主流的架构

2.7　其他

2.7.1　训练、验证和测试数据集

训练集（training set）、验证集（validation set）和测试集（testing set）比较容易混淆。为什么需要划分这么多集合，它们有什么区别和联系呢？

Brian Ripley 在"Pattern Recognition and Neural Networks"中针对这三种数据集做了定义：

- **training set:** A set of examples used for learning, which is to fit the parameters [i.e., weights] of the classifier.
- **validation set:** A set of examples used to tune the parameters [i.e., architecture, not weights] of a classifier, for example to choose the number of hidden units in a neural

network.
- **testing set:** A set of examples used only to assess the performance [generalization] of a fully specified classifier.

训练集用于训练分类器模型的参数，如权重。

验证集用于确定分类器的网络结构或者控制与分类器复杂度相关的参数，如网络层中的隐藏单元数。

测试集用于对最终选择出的最优模型进行性能等方面的评估。

并不是任何时候都需要细化成三种数据集，另一种常见的组合是训练集加测试集，如图 2.7.1 所示。

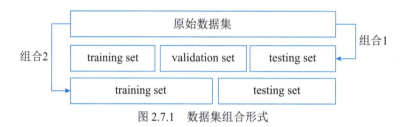

图 2.7.1　数据集组合形式

如果不划分可能会发生什么情况？

如果直接将所有数据集都用于训练，只要模型足够复杂就一定可以达到很高的准确率；但这不是最佳结果，因为这样生成的模型已经过分适应了数据集的特征，包括其中的一些"噪声"，很容易产生过拟合（参见后续的分析）。

将原始数据集进行重组（如划分为训练集和测试集），具体操作如下：

1. Hold-out Method

这是最简单的一种重组方式，即将原始数据集直接拆分成两部分分别作为 training set 和 testing set，如图 2.7.2 所示。

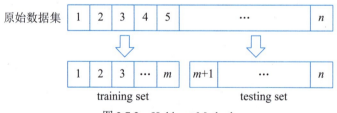

图 2.7.2　Hold-out Method

这种方法的优点是简单高效。也正是这种简单性使得划分出来的数据集对于最终的模型准确率波动很大，或者说相当"随机"，参见图 2.7.3。

图 2.7.3（a）是利用 Hold-out Method 产生 10 种不同的训练集和测试集后，得到的机器模型的均方误差，从中可见要想得到好的模型和参数就要"靠运气"。所以 Hold-out Method 并不是稳定可靠的数据集划分方法。

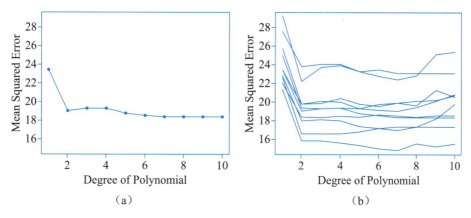

图 2.7.3　Hold-out Method 的缺点

2. LOO-CV（Leave-One-Out Cross Validation）

为了克服 Hold-out Method 的缺点，聪明的人们就想到了能否"平等"地对待所有数据项呢？答案是肯定的，其实这就是交叉验证（Cross Validation，CV）。CV 也有多种类型，限于篇幅，选择两个最常见的版本（LOO-CV 和 K-CV）进行讲解。

与 Hold-out Method 中一劳永逸地将数据"一分为二"，然后它们之间就"老死不相往来"的做法不同，LOO-CV 是将整个过程分为 n 轮，每一轮只把一个数据项作为 testing set，而其他剩余数据全部划为 training set，如图 2.7.4 所示。

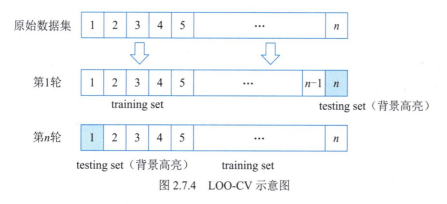

图 2.7.4　LOO-CV 示意图

由此可见，LOO-CV 的处理过程对于所有数据项理论上都是"公平"的，避免了训练集随机划分带来的波动性。计算 MSE 时，是对 n 轮的结果取平均值，公式如下：

$$CV_n = \frac{1}{n}\sum_{i=1}^{n} MSE_i \tag{2.7.1}$$

3. K-CV（K-fold Cross Validation）

虽然 LOO-CV 对于所有数据的公平性比较强，但分为 n 轮来处理带来效率的下降，因而就有了另一较为折中的办法，即 K-CV。

顾名思义，K-CV 就是每次不再只考虑一个，而是 k 个数据项作为测试集（常见的 k 取值为 5 或 10）。它的核心处理步骤如下：

(1)将整个数据集划分为 k 份。

(2)每次从 k 份中选择不重复的一份作为测试集,剩余部分成为训练集。

(3)重复 k 次。

LOO-CV 是 $k = n$ 时的 K-CV 特例,它的 MSE 是将 k 次的 MSE 取平均,公式如下:

$$\mathrm{CV}_n = \frac{1}{k}\sum_{i=1}^{k}\mathrm{MSE}_i \qquad (2.7.2)$$

很多研究表明,当 k 为 5 和 10 时,K-CV 的效果和 LOO-CV 较相近,如图 2.7.5 所示。

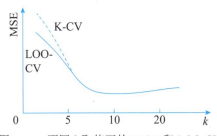

图 2.7.5 不同 k 取值下的 K-CV 和 LOO-CV

因而,k 值可以优先选择 5 或 10。

2.7.2 过拟合和欠拟合

机器学习中常见的两个问题是过拟合(overfitting)和欠拟合(underfitting)。它们对于模型的影响是比较大的,因而希望可以尽量消除或者降低这两种情况。

1. 过拟合和欠拟合的定义

过拟合(或者过度拟合),就是在拟合数据模型的过程中使用了过多的参数。理论上讲,只要模型足够复杂,就可以完美适配所有的训练数据集,甚至包括其中的一些"噪声"。这样与奥卡姆剃刀原则是相悖的,后果是模型本身的泛化能力很弱,模型的准确率得不到很好提升。

结合一个例子来讲解。假设要从一组猫的训练数据中学习到如何识别猫,模型已经学习到了:猫有两只耳朵、鼻子、胡须和尾巴等特征。

另外,因为训练数据集提供的猫样本都是(或者大部分是)白色的,所以学习算法又得出了结论:猫必须是白色的。

显然,此时就出现了过拟合的情况,猫并不仅限于白色,白色对于这个场景而言是一种"噪声"。换句话说,如果用这个模型来做黑猫的识别,那么必然会出现错误的结果。

欠拟合是指模型没有很好地捕捉到训练数据集中的特征,或者说对变量的考虑不足导致的准确率不够好的情况。仍然以识别猫的范例,只得到猫有两只耳朵、鼻子和尾巴一些简单特征。

显然它没有正确区分出猫,狗、猴子、老鼠等都是具备这些特征的动物。因而,由此得到的模型的准确率不会太高。

过拟合和欠拟合的对比如图 2.7.6 所示。

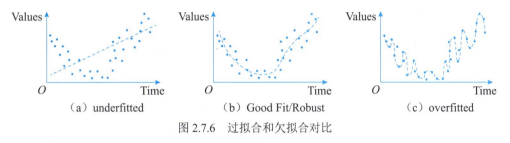

图 2.7.6　过拟合和欠拟合对比

2. 判断过拟合和欠拟合的方法

1）过拟合

如果模型在 training data set 上的预测结果很好，但在 testing data set 上的表现并不理想，或者说两者有较大差距，那么有理由怀疑模型发生了过拟合现象。

2）欠拟合

如果模型不仅在 training data set 上的预测结果不好，而且在 testing data set 上的表现也不理想，也就是说两者的表现都很糟糕，那么有理由怀疑模型发生了欠拟合现象。

判断过拟合和欠拟合的简单办法如表 2.7.1 所示。

表 2.7.1　判断过拟合和欠拟合的简单办法

训练集上的预测表现	测试集上的预测表现	可能原因
好	不好	过拟合
不好	不好	欠拟合
好	好	适度拟合

2.7.3　奥卡姆剃刀原则

奥卡姆（Occam）剃刀一般归功于 14 世纪的逻辑学家 William of Ockham（1287—1347），事实上它可以追溯到更早的时间，如 John Duns Scotus（1265—1308）、Robert Grosseteste（1168—1253）、Maimonides（Mōsheh ben-Maimōn, 1135—1204），甚至更早的 Aristotle（公元前 384—前 322）。亚里士多德在"Posterior Analytics"（后分析篇）中有如下表述：

"We may assume the superiority ceteris paribus [other things being equal] of the demonstration which derives from **fewer** postulates or hypotheses."（在其他条件均同的情况下，可以假设"前提（postulates）或者假定（hypotheses）更少的表述（demonstration）的优先级更高"。）

从目前已有的资料显示，Ockham 曾在他的《伦巴第人彼得语注》中有如下表述：

"Numquam ponenda est pluralitas sine necessitate." 英文是 "Plurality must never be posited without necessity"。

另外，奥卡姆剃刀原则还有一个更广泛的表述：

"entia non sunt multiplicanda praeter necessitatem." 英文是 "entities must not be multiplied beyond necessity"。

这个版本并不来源于 Ockham 的论著或者文章（注：从英文的角度体会上面两个语句之间的差异，不译为中文的原因是可能会遗漏其中的"精髓"）。

我们不去细究为什么会产生上述"扑朔迷离"的关系，也不纠结为什么人们将这条原则归功于 Ockham。可以肯定的是，奥卡姆剃刀原则在人类文明的发展历程中确实发挥了积极作用。它所透露出的"如无必要，勿增实体"的简单有效原则，就像一把剃刀一样"剪除"了学术或者工业界的很多空洞无物的"累赘"，因而也让它在多个学科领域中得到广泛的传播和应用。例如，在医学领域，医学家会涉及名为"诊断简约化"（diagnostic parsimony）原则的言论，它的核心思想是医生在诊断时应该尽可能给出符合所有症状的最简单的病因。

几百年来，有不少学者试图从逻辑学、经验主义或者概率论等多个方向上来论证奥卡姆剃刀原则。当然，奥卡姆剃刀原则本身并不是公理或者理论准则，它更多的是被研究人员作为启发法引用而存在的。另外，并非任何场景下的最简化方案都是最佳的，因为"一刀切"的做法不是这条原则的本意，还需要"具体问题具体分析"。

2.7.4 信息熵

"熵"的概念来源于热力学，它是用于衡量系统混乱程度的重要参数之一。信息熵由著名的"信息论之父"香农提出，是用于描述信息不确定度的一个概念。由此可见，两个"熵"之间并没有直接的关联（当然，它们也有类似的地方，如都是为了解决特定体系的量化问题，而且某种程度上都致力于面向"无序"或者不确定性的衡量）。

信息熵（Information Entropy）在维基百科上的定义：

"Information entropy is defined as the average amount of information produced by a stochastic source of data.The measure of information entropy associated with each possible data value is the negative logarithm of the probability mass function for the value."

从这段话的描述中可以得到以下关键点：

（1）信息熵和随机变量有关系；

（2）信息熵是"信息"的平均量，所以又称为"平均自信息量"；

（3）信息熵和概率分布有关系；

（4）信息熵是对不确定性的度量。

理论性的概念看上去非常晦涩难懂，通过生活中的一些范例可以更好地理解它的本质。

信息熵既然是衡量"不确定性"的，那么首先就会想到如何理解"不确定性"。另外，信息本身应该具备某种"价值"，那么如何衡量信息的价值大小，通俗地讲就是"哪些信息量大，哪些信息量小"的问题。

以下是几点粗浅想法：

（1）随机结果越多的事件，其不确定性应该越高。

这一点不难理解。例如，我现在手里有一个桃子，你告诉我"这个桃子里面一定有核"。人们都知道桃子里面有核，因而对于我来说这就是一句"废话"。换句话说因为事件本身只有一种可能性，并没有不确定的因素，所以这个信息的价值就很低了。

如果你告诉我明天会下雨，记得带伞，那么这个信息对我而言就很有价值了。因为天气的变数很多，明天既可能是晴天，也可能下大雨，甚至下冰雹，所以这样的事件具备足够的不确定性。

（2）概率越小其信息量越大，概率越大其信息量越小。当概率达到1时，就相当于随机结果值只有一种，这种情况下系统就是确定性的，例如，"某某地区发生百年一遇的大地震"本身是一个小概率事件，因而其信息量比"抛一枚硬币正面朝上"（概率是50%）要大得多。

（3）信息的价值应该体现在它"消除不确定性"的能力上。

先解释什么是消除不确定性。比如教室里有30个座位，开始时并不知道小明会选择哪个座位；如果你提供"小明是好学生，喜欢靠前的位置以便更好地听课"，显然这个信息降低了"小明会坐在哪个位置"的不确定性，因而它是有价值的；如果有人进一步提供了"小明已经在第1排第3列的地方占了个座，而且他一般都是坐在这个位置"，那么前述问题的答案基本上已经浮出水面了，换句话说，后者对于不确定性的消除能力更大，因而信息量也就更多。

了解了信息量和信息熵的概念后，接下来可以引出信息熵的标准公式。在香农的定义中，信息熵H是针对离散随机变量X的如下表述：

$$H(X) = \sum_{i=1}^{n} P(x_i)I(x_i) = -\sum_{i=1}^{n} P(x_i)\log_b P(x_i) \qquad (2.7.3)$$

式中：b的取值为2、e或10。

那么这个公式是否符合前述的几点思考呢？

对于只有一种可能性的系统，也就是$i=1$的情况，很明显$P(x)=1$，那么

$$H(X) = -1$$
$$x\log(1) = 0$$

也就是说它不存在信息熵，不具备不确定性。

而对于概率值小于1的情况，显然有

$$\log P(x) < 0$$

$$-\log P(x) > 0$$

且 $P(x)$ 值越小，$-\log P(x)$ 的值越大。因而也符合想法（2）。

同时公式中是对所有 $\log P(x)$ 求和，意味着可能性越多，理论上其信息熵越大。

所以综合来看，式（2.7.3）可以很好地表述系统的不确定性。

另外，信息熵还具备如下一些特性：

（1）连续性（Continuity）：也就是说概率值的小幅波动对于信息熵的影响应该是微小的。

（2）对称性（Symmetry）：公式中 x 的排列顺序不应该对信息熵的值产生影响，可表述为

$$H_n(p_1, p_2, \cdots) = H_n(p_2, p_1, \cdots)$$

（3）熵的最大值（Maximum）：信息熵应该在所有可能值同等概率的情况下达到最大值，换句话说此时不确定性最高（注意和信息量的大小区分开来）。

最后计算一个实际范例中的信息熵值。理论上，一枚硬币在抛掷后出现正面和反面的概率都是 0.5，即它的信息熵为

$$H(X) = -\sum_{i=1}^{n} P(x_i) \log_b P(x_i) = -\sum_{i=1}^{2} \frac{1}{2} \log_2 \left(\frac{1}{2}\right) = 1 \tag{2.7.4}$$

可以看到此时是信息熵的极值。

但如果面对的是一枚处理过的硬币，它出现正面和反面的概率分别为 0.7、0.3，那么此时的信息熵就变为

$$H(X) = -p\log_2 p - q\log_2 q = -0.7\log_2 0.7 - 0.3\log_2 0.3 \approx 0.881 < 1 \tag{2.7.5}$$

按照前面的分析，因为两种可能性概率不再均等，所以它的不确定性或者说信息熵就降下来了。

信息熵的概念在机器学习的多种算法中都有应用，如随机树中的 ID3 算法就是基于它来实现的，这可以结合后续章节的内容来学习和理解。

第 2 篇　应用实践篇

第 3 章 大语言模型与检索增强生成技术

3.1 检索增强生成背景

大语言模型（LLM）相关理论研究与工程实践随着 GPT-3 的发布，备受各行各业关注，并涌现出一些赋能行业、促进生产力、生产关系变革的实践。GPT-3[1]以及斯坦福计算机学院近 100 位教授[2]将大模型列为第三轮 AI 浪潮，相对于传统的机器学习与深度学习，以 GPT-3 为例的大模型涌现出处理各类任务的新范式，如 zero-shot、few-shot、in-context 等，同时也支持深度学习领域的 finetune，新范式让大模型能够低成本、快速处理各种任务，极大地缩短了数据准备与工程开发流程。其中，in-context 作为随着大模型涌现的范式，被大规模地应用到各种知识库问答、搜索、推荐、资料汇总、翻译、流程工具等领域中，开源社区对 in-context 也非常活跃地响应，推出了 Langchain[3]、Langgraph、LangSmith、向量数据库[4]等系列优秀框架与技术基座。业界通常将以 in-context 作为推理范式的工程应用技术称为检索增强生成（RAG），本章将深入介绍 RAG 的技术框架与常见的开发框架。

3.2 检索增强生成技术框架

虽然大模型在预训练时经历了海量的数据，如 Llama3 有 15T token 的训练数据、GPT-4 传言有 130T token 的训练数据，但模型训练结束后，由于时效性和数据安全，模型对世界的认知、概念等因素的影响，仍存在一些局限性。

（1）时效性。模型对领域性的认知停留在训练语料的时间线之前，虽然训练数据量很大，让模型在纵向领域知识有实质性的突破，几乎不再需要迭代来突破完善垂类领域的逻辑，但是模型在横向领域知识去旧更新的能力上仍没有解决。例如，直接使用基座模型或微调模型对时效性要求较高的问题都无法正确回答，如 2024 年美国网球公开赛的冠军是谁？2024 年美国总统大选最终获胜的是谁？赛力斯在深圳的授权专卖店有哪些？深圳哪里可以试驾享界 S9 等？

从商业价值上来讲，在一些大模型应用产品中往往对集成语料的时效性要求很高，例如：基于大模型的营销助手，iPhone16 发布之后想查询手机配置、价格、销售渠道、购买站点；一款新能源车发布后向对比配置性能悬架内饰等诸多选购指标，厂家希望将自己的产品材料迅速地通过小助手传递给门店销售员；国家惠农项目出了新的政策文件，希望通过大模型应用方便基层工作者更好地了解这些政策等。在信息交易行业中（政策宣传、金融交易、产品营销等），信息的时效性和商业价值是对等的，往往最新的消息在交易中价值最高，如果借助大模型应用来搭建信息买方和卖方直接沟通的平台型产品，首要解决的就是大模型应用能够快速（实时或准实时）理解吸收高时效性的信息。深度学习时代，模型需要不停地迭代训练来更新自己的领域知识，迭代需要收集数据、标注、训练，整个 workflow 时间长、人力成本和机器成本高，因此难以形成实质性的大规模应用落地。而在大模型时代，RAG 提供了时效性挑战的解决方案，并且在非常多商业产品中取得了成功，如 perplexity.ai、Kimichat 等。

（2）数据安全。出于信息安全的考虑，很多政府、企业、机构拥有自己的私域数据；甚至很多家庭、个人也拥有隐私数据，如相册、聊天、通话、消费记录等。大模型基座在训练过程中遵守数据合规准则，训练数据获取渠道是无法接触这些隐私数据的，而这些隐私数据拥有自己所在行业、领域的专有基因、概念和逻辑。深度学习时代，集成垂类领域的隐私数据主要靠迁移学习或者训练来完成，迭代需要收集数据、标注、训练，整个 workflow 效率不高，是阻碍 AI 应用落地的核心因素之一。

大模型涌现出来的 one/few-shot 和 in-context learning 的范式，可以通过 RAG 的方式来解决上述两个问题。检索增强生成是一种结合了信息检索和文本生成的技术，它通过从大型数据集或知识库中检索相关信息来辅助文本生成。RAG 特别适用于需要不断更新知识的场景，因为它允许模型在不重新训练的情况下直接访问最新信息或者特定的领域知识、隐私数据。

RAG 的技术方案通常包括以下三个核心模块。

（1）检索（retrieve）：根据用户的查询，从知识库中检索出相关的信息或文档。

（2）增强（augment）：将检索到的信息与用户的原始查询结合起来，形成增强的提示。

（3）生成（generate）：利用增强后的提示，大模型生成准确且符合上下文的回答。

RAG 的核心技术框架包含 Langchain，AutoGen，Semantic Kernel，LangFlowvLlamaIndex，向量数据库，大模型推理框架 vllm，TGI 等，召回与排序算法，向量化模型等，与 RAG 性能息息相关的三个核心模块是信息检索、提示工程与推理优化。

RAG 现有的技术瓶颈和技术架构主要来源于大模型推理时上下文的长度的限制，从数学推理来看，上下文长度对推理性能的影响呈指数级，即每增加 1 倍上下文长度，推理显存占比和计算量会增加 4 倍，而上下文长度对训练的影响更大，增加上下文长度会导致训练的显存和算力需求激增。上下文长度的限制导致在推理过程中 Prompt 的文本长度有限，需要在信息检索过程中找到最相关的文档片段进行知识增强，未来，context length 大小限制的突破可能会影响现有 RAG 的技术架构。RAG 的技术图谱如图 3.2.1 所示。

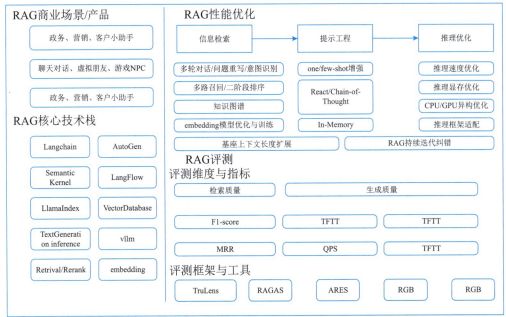

图 3.2.1　RAG 的技术图谱

3.2.1　信息检索

信息检索就是从大量不同格式类型的文档语料中，获得若干不超过大模型输入长度限制且与用户输入相关性最高的片段，最终和用户输入一起，作为要素封装成提示词，提示词作为大模型的输入，借助大模型的生成能力，获得用户输入对应的输出。绝大多数情况下，模型输出是限制在提示词所包含的检索信息进行发挥的，因此信息检索的性能直接影响 RAG 类型产品的最终效果与用户体验。

信息检索是一个发展了很久的领域。早期，信息基本要求是格式化的数据，而检索算法大部分是关键字匹配、正则模糊等算法，如图书馆书籍查询系统，要求根据 title、书名、作者、出版社等 item（metadata）进行信息格式化，再通过切词关键字匹配或者正则来实现检索功能。后来，Elasticsearch 等数据库的发展带动了网页信息检索的大规模应用，BM25 及其衍生算法带来了更好的信息检索体验。但上述的解决方案中均将单个文档信息作为一个独立对象来考虑，没有考虑文档信息之间的血缘图谱关系（知识图谱、文档之间继承多态关系等），在一些汇聚、汇总、协同推荐任务中，检索结果不及预期。后来，知识图谱的相关技术弥补了这个缺陷，提供了信息之间的血缘图谱关系，在匹配到目标文档信息后能够召回血缘关系相近的文档信息，这对一些高维度汇总、聚合、推理、协同等类型的任务有很大的提升。在这些信息检索技术中，检索召回匹配的逻辑都是基于语法的，即本质都是关键字匹配，缺乏语义匹配导致同义词、同义语句、问答等场景表现较差，需要大量的人员协同来保障系统的可用性、准确率,进而保证产品的用户体验。深度学习出现之后,embedding 模型提供了一个语义匹配的技术手段,它能够将文档压缩成向量表达,通过向量的距离来度量文本之间的关联关系,准确性较高,且通用性、可用性、可维护性较好,实践成本低。近年来,数据库领域发展了大量的向量存储与向量计算技术,即向量数据库,这些领域的发展提供了更加先进、成熟的信息检索解决方案,也为 RAG 应用开发工程实践奠定了良好的基础。

1. embedding 模型

深度学习中流行一个观点:万物皆可向量化,向量化是目前人工智能认知这个世界的入口,而向量化所用的模型就是 embedding,它将物质世界的信息数字化转换成计算机可以理解和处理的一种表达。过去,物质世界所有信息在计算机中都可以用 0 或 1 的二进制组合来精准地表达,通过各种数学运算来实现对物理世界的理解和处理,例如,几乎任何一个英文单词都可以找到对应的 utf-8 编码。人工智能时代,向量化将物质世界所有信息在计算机中以向量的方式来近似表达,目前不能做到 100% 精准,同时所涉及的逻辑计算也较为简单,仅以距离度量来探索物质世界信息的相关性,从这个层面来说人工智能刚起步。

一个单词或者 token 可以向量化,对应 token/word embedding,一段话可以向量化,对应 text embedding,一个图片可以向量化,对应 image embedding,一段语音也可以向量化,对应 audio embedding,甚至视频也可以向量化,对应 video embedding,所有深度学习与大模型中,信息表达都需要 tokenizer,这是目前整个数据驱动人工智能一种通用的信息压缩和解压缩的方案,Transformer 中还存在 position embedding 模块,它们本质上是将 token、位置信息压缩成向量,所有的深度学习机器学习的输入编码均可以认为是一个 embedding 模型。本节将以 text embedding 为例,对相关技术原理与业界实践进行深入的探讨。

text embedding 小模型(非 LLM 衍生的 embedding 模型)目前主流网络结构为双塔模型,分为以 Sentence-BERT(SBERT)为代表的有监督和以 SimCSE 及其衍生结构为代表的无监督对比学习模型。

图 3.2.2 展示了双塔模型的结构,由两个相同的 bert 网络构成,结构类似两个塔结构,因此称为双塔结构。SBERT 训练过程中,两个 bert 模型输出经过池化(最大池化或者平均池化)得到向量,通过设计不同的 loss 函数来完成不同的任务,期间两个 bert 模型的参数保持一致,例如,分类任务采用 softmax 构建 loss 函数,而聚类、问答等召回任务用余弦相似度来构建 loss 函数。推理过程中两个不同的文本通过双塔模型的不同输入端进行向量化,通过计算向量的距离来实现分类、聚类任务。 SimCSE 训练过程中,针对每个输入应用随机 dropout 获得样本对作为正样本,而对 mini-batch 中的其他 sentences 作为负样本,训练目标是最大化正样本且最小化负样本的余弦相似度,在经过无监督学习之后,往

往往还需要少量的有监督项目进行继续训练,以获取更好的性能。

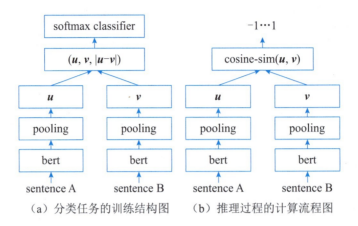

(a)分类任务的训练结构图　　(b)推理过程的计算流程图

图 3.2.2　双塔 bert 结构

近年来,基于 LLM 衍生出 embedding 模型也越来越常见,采用 LLM 小参数模型作为基座,其特点是通用性非常好,能够处理非常多 NLP 任务,同时最大输入 token 数足够大,语义理解能力比小模型效果好一些。

目前开源社区分享了非常多的 sentence/paragraph embedding 模型,详情参考链接 https://huggingface.co/spaces/mteb/leaderboard,受限于训练成本,bert 结构的输入维度即为 embedding 的最大输入 token 数,通常基于推理成本的考虑,embedding 模型一般选用小模型,如 bert 之类作为双塔结构的基座,现在也有一些用 7B/13B 的基座模型作为双塔结构的基座,性能仍非常出色,如 gte-Qwen2-7B-instruct 等。评价 embedding 模型的性能有很多不同维度的指标,通常采用在不同任务类型的评测集的准确率来评估 embedding 优劣,常见的任务包括分类、聚类、排序、召回、总结等。由于 embedding 模型大部分通用性比大模型略差,不同 embedding 模型训练语料的领域知识在不同任务的准确率不同,读者可以根据自己实际工作的场景、语料的领域知识,来选择合适的 embedding 模型,如表 3.2.1 所示。

表 3.2.1　中文 embedding

模型	参数大小/MB	显存/GB	最大token	向量长度	平均分数	分类分数	聚类分数	排序分数	召回分数	总结分数
Conan-embedding-v1	326	1.21	512	1792	72.62	75.03	66.33	72.76	76.67	64.18
xiaobu-embedding-v2	326	1.21	512	1792	72.43	74.67	65.17	72.58	76.5	64.53
gte-Qwen2-7B-instruct	7613	28.36	131072	3584	72.05	75.09	66.06	68.92	76.03	65.33
zpoint_large_embedding_zh	326	1.21	512	1792	71.88	74.43	62.23	72.34	76.36	64.22
IYun-large-zh	—	—	—	—	71.04	74.18	63.35	69.3	73.56	63.23
piccolo-large-zh-v2	—	—	—	—	70.95	74.59	62.17	70	74.36	63.5

续表

模型	参数大小/MB	显存/GB	最大token	向量长度	平均分数	分类分数	聚类分数	排序分数	召回分数	总结分数
AGE_Hybrid	—	—	—	—	70.85	74.14	66.64	66.38	70.61	62.32
Yinka	164	1.21	1024	1792	70.78	74.3	61.98	69.78	74.41	63.33
gte-Qwen1.5-7B-instruct	7099	26.45	32768	4096	69.56	73.56	67.08	66.38	70.62	62.32
acge_text_embedding	326	1.21	1024	1792	69.07	72.75	58.7	67.98	72.93	62.09
OpenSearch-text-hybrid	—	—	512	1792	68.71	71.74	53.75	68.27	74.41	62.46
stella-mrl-large-zh-v3.5-1792d	326	1.21	512	1792	68.55	71.56	54.32	68.45	73.52	62.48
stella-large-zh-v3-1792d	325	1.21	512	1792	68.48	71.5	53.9	68.26	73.6	62.46
bge-multilingual-gemma2	9242	34.43	8192	3548	68.44	74.11	59.3	68.28	73.73	56.87
Baichuan-text-embedding	—	—	512	1024	68.34	72.84	56.88	69.67	73.12	60.07
stella-base-zh-v3-1792d	102	0.38	1024	1792	67.96	71.12	53.3	67.84	72.28	62.49
gte-Qwen2-1.5B-instruct	1776	6.62	131072	1536	67.65	71.12	54.61	68.21	71.86	60.96
Dmeta-embedding-zh	103	0.38	768	1024	67.51	70	50.96	67.17	70.04	64.89
xiaobu-embedding	326	1.21	512	1024	67.28	71.2	54.62	67.34	73.41	58.52
alime-embedding-large-zh	326	1.21	512	1024	67.17	71.35	54	67.61	73.3	58.41
gte-large-zh	326	1.21	512	1024	66.72	71.34	53.07	67.4	72.49	57.82

来源：https://huggingface.co/spaces/mteb/leaderboard。

2. 向量数据库

向量数据库是一种专门用于存储、检索向量数据的数据库系统。向量数据库在处理高维数据时特别有用，它们能够高效地执行相似性搜索和聚类分析等任务。以下是向量数据库的一些关键特点和应用场景：

（1）高维数据存储：向量数据库能够存储具有大量特征的向量数据，在 RAG 应用场景中主要存储信息片段向量化的特征数据，向量维度通常为数百到数万。

（2）相似性搜索：向量数据库的核心功能之一是能够快速地检索出与给定查询向量相似的数据。通常通过计算向量之间的距离（如欧几里得距离、余弦相似度等）来实现。

（3）实时性能：许多应用场景，如推荐系统、图像检索等，需要实时响应用户的查询。向量数据库设计用于快速处理这些请求，提供低延迟的查询响应。

（4）可扩展性：随着数据量的增长，向量数据库需要能够水平扩展以处理更多的数据和查询。一些向量数据库支持分布式架构，可实现主从切换与查询路由均衡等高性能、高可靠、高引用的生产要求。

与其他数据库不一样，向量数据库的瓶颈主要在于实时性与准确率之间的权衡；实时性取决于数据库的索引算法，而准确率也受限于索引算法，向量数据库主要用于计算向量距离来度量语义的相似性，实际中的需求绝大部分是KNN（K Nearest Neighbors）的求解问题，即找出最相邻的 K 个向量。朴素的KNN计算公式为

$$d(V_M^D, V_N^D) = \frac{\sum_{i=1}^{D} V_M^i V_N^i}{\sqrt{\sum_{i=1}^{D}(V_M^i)^2} \sqrt{\sum_{i=1}^{D}(V_N^i)^2}} \tag{3.2.1}$$

式中：D 为向量的维度；V_M^D 为向量数据库的一条数据；V_N^D 为目标数据对应的向量。

式 (3.2.1) 是召回过程中计算一个数据和目标数据之间的距离。当数据库数据海量时，两个地方制约了海量数据的搜索效率：一是数据量，TB级数据全量计算耗时巨大；二是临近距离（NN）计算量，即式（3.2.1），整体的计算量是两者的乘积，两个向量临近距离计算随着向量维度的增加计算量耗时巨大，因此，向量数据库的检索速度和索引关键在于怎么从数学的角度来优化式（3.2.1），同时避免全量扫描。向量数据库索引就是为解决这两个难题而产生的，好的向量数据库的竞争力在于：

（1）避免全表扫描。

（2）降低向量的计算复杂度（与向量维度、NN算法相关）。

（3）提供实时增量索引更新。

（4）提供分布式容灾容错部署能力。

其中，针对向量数据库索引性能评估指标和标准可以链接 https://ann-benchmarks.com/n2.html，抽取其中一部分核心指标进行展开讲解。

（1）检索吞吐量（Recall/Queries per second）：如 recall = 0.99 下，QPS 能达到什么水平。

（2）检索时间（Recall, Recall/Percentile 99）：如 recall = 0.99，Precentile = 0.5，Query 耗时。

（3）索引构建时间（Recall/Build time）：索引离线批量插入的构建时间与流式增量增删改的索引重构时间。

（4）分布式容错：提供分布式部署和集群管理、监控、告警、运维控制台的相关能力，实现高可靠高可用。

向量索引的常见基础算法如下。

（1）暴力计算，适用于百万级数据量，recall 100%，全量扫描，采用原生的相似性度量算法，如欧几里得距离、cosine、向量内积、汉明距离等。

（2）基于树的索引，适用于亿级数据量，消耗内存，查询与更新复杂度为 $O(\log N)$，常见的算法包括 KDTree、BallTree、VPTree、KmeansTree 等，算法的区别和核心在于树的分裂逻辑，如每次在方差最大的维度按照均值划分。

（3）基于局部 sensitive hash（LSH）的索引，适用于亿级数据量，对内存消耗不大，

recall 有微弱损失，满足两个条件的哈希函数称为 (d_1, d_2, p_1, p_2)-sensitive：一是若 $d(x, y) \leq d_1$，则 $h(x) = h(y)$ 的概率至少为 p_1；二是若 $d(x, y) \geq d_2$，则 $h(x) = h(y)$ 的概率至少为 p_2。高维空间的两点之间距离很近，那么设计一种哈希函数对这两点进行哈希值计算，使得它们哈希值相同的概率会很大；如果两点之间的距离较远，那么它们哈希值相同的概率会很小。不同距离度量的哈希函数不同，不是所有距离度量（如内积）都能找到对应局部敏感哈希倒序（IVF）索引，适用于亿级及以上数据，对内存消耗适中，类似 ES Luence 倒序索引。

（4）基于量化（PQ）的索引，适用于亿级及以上数据量，对内存消耗适中，速度快，解决高维向量相似性度量计算复杂度过高问题 $O(n^2)$，n 为向量维度。假设数据库存储的向量数量为 N，向量维度为 128，以 32 维度为一个片段切分，则原始向量被切分为 4 段，最终整个数据库所有数据被映射到 256^K（$K=D/32$）的高维空间中，计算高维空间的汉明距离即可找出最近的向量。

业界常见主流的向量数据库如表 3.2.2 所示。Langchain 开发框架集成了其中的一部分，主流的数据库例如 Elasticsearch、PgVector、Milvus 等也在积极地拥抱向量存储业务。据估计，向量数据库将成为继关系型数据库、文档型数据库、图数据库之后的第四大数据存储，并且会在短期内超过图存储。读者可以在充分了解向量数据库索引原理的基础上，在自己业务和场景中选择合适的存储设备。

表 3.2.2　向量数据库行业头部产品与企业

数　据　库	公司	备　注
Elasticsearch：官方分布式搜索和分析引擎 | Elastic	Elastic	>7.10 fast KNN retrieval >8.0 native natural language processing（NLP）with vector fields
Faiss: GitHub - facebookresearch/faiss: A library for efficient similarity search and clustering of dense vectors.	Facebook	
Milvus: https://github.com/milvus-io/milvus	Zilliz	2017 年成立于上海 2020 年 6 月 26 日 C 轮融资，估值 6 亿美元 https://pitchbook.com/profiles/company/229474-27
Weaviate: https://github.com/weaviate/weaviate	SemI Technologies	2019 年成立于荷兰 2023 年 4 月 20 日 B 轮融资，估值 5 亿美元 https://pitchbook.com/profiles/company/464236-03#overview
Pinecone: Vector Database for Vector Search | Pinecone	Pinecone	2016 年成立于美国 2023 年 4 月 23 日 B 轮融资，估值 10 亿美元 https://pitchbook.com/profiles/company/431647-21#funding

续表

数 据 库	公司	备 注
Qdrant：GitHub - qdrant/qdrant: Qdrant - Vector Database for the next generation of AI applications. Also available in the cloud https://cloud.qdrant.io/	Qdrant	2021 年成立 2023 年 4 月 19 日天使轮融资，估值 9500 万美元 https://pitchbook.com/profiles/company/489063-43#overview
Vespa：GitHub - vespa-engine/vespa: The open big data serving engine. https://vespa.ai	Yahoo	
Vald：GitHub - vdaas/vald: Vald. A Highly Scalable Distributed Vector Search Engine	Japan	
ScaNN：https://ai.googleblog.com/2020/07/announcing-scann-efficient-vector.html	Google	
Pgvector：GitHub - pgvector/pgvector: Open-source vector similarity search for Postgres	Zetta Analytics	
Featureform：Featureform - Wiki | Golden	Featureform	2019 年成立于美国 2023 年 2 月 17 日 A 轮融资，估值 5610 万美元 https://pitchbook.com/profiles/company/466967-26#funding
Kinetica	Kinetica	2009 年成立于美国 2020 年 8 月 2 日 B 轮融资，估值近 3 亿美元 https://pitchbook.com/profiles/company/110207-80#overview
chroma：https://github.com/chroma-core/chroma	Chroma-core	成立于美国 2023 年 4 月 6 日种子轮融资，估值不少于 5000 万美元 https://pitchbook.com/profiles/company/515237-68#comparisons
motorhead：GitHub - getmetal/motorhead: Motorhead is a memory and information retrieval server for LLMs.	getmetal	

3. 召回与排序

召回与排序是信息检索和推荐系统中的两个关键步骤，它们用于从大量候选中筛选出最像的文档切片，并对其进行排序。召回与排序的侧重点有所不同：召回注重算法的速度以及召回率，即希望能够从海量的数据中快速获得 $\text{Top}_{k_{\text{recall}}}$，并确保目标在 k_{recall} 条候选数据中；排序注重算法的准确率，即希望能够从召回的 k_{recall} 条候选数据中进行排序，排序靠前的与目标语义相关性更强一些，排序靠后的与目标语义关联弱一些，而且一般这里再进行一次候选集筛选，即保证 k_{recall} 排序后的 $\text{Top}_{k_{\text{rank}}}$ 的准确性，通常排序的算法复杂一些，执行耗时久一些，且 k_{recall} 和 k_{rank} 的比通常为 1:3～1:5。

考虑到召回对算法执行速度的特殊要求，工程中文本类型数据的召回主要基于数据库的能力来完成，即召回所用的算力主要消耗数据库的算力，目前主要有两种方案：一种是基于 Elasticsearch 传统的 BM25 及衍生算法、词匹配倒排的召回；另一种是基于向量数据库、向量距离度量相关性的召回。实践中，考虑到数据的格式问题，可以对同一个文档不同的元数据进行召回，如书籍的标题和内容等。

考虑到排序对算法准确率的特殊要求，且排序算法个性化较强，不同业务场景、团队所用排序算法可能不一样，工程中排序算法大部分是部署到机器的内存中计算，甚至一些高性能的排序算法借助深度学习/轻量级大模型放在 GPU 中计算，它们在语义层面的表现更好。目前工程实践中，文本类型的排序算法主流有基于 bert、T5、1.3B、7B 大模型。

3.2.2 提示工程

提示工程是一个较新的领域，用于开发和优化提示词（Prompt），帮助用户有效地将大模型用于各种应用场景和研究领域。掌握了提示工程相关技能将有助于用户更好地了解大模型的能力和局限性。研究人员可利用提示工程来提高大模型处理复杂任务场景的能力，如问答和数学推理能力。开发人员可通过提示工程设计和研发出强大的技术，实现和大模型或其他生态工具的高效接轨。提示工程通常由大模型的参数设置和提示词要素构成，如图 3.2.3 所示。提示词要素包括指令、上下文、用户输入、输出指示、约束、例子等。在很多平台和应用中，大模型的参数设置通常由 API 或者网页下拉框、输入框构成，而提示词要素通常是一个字符串。

1. 模型参数设置

一般会通过 API 与模型进行交互。可以配置一些参数以激活模型的不同能力。调整这些设置对于模型输出的可靠性、稳定性非常重要。以下是使用不同大模型提供程序时常见的参数设置。

（1）temperature：temperature 值越小，模型输出越稳定。如果调高该参数值，模型输出随机性会变高，这可能会带来更多样化或更具创造性的输出。工程实践中，对于质量保障要求较高的任务，设置更低的值，有利于促使模型基于事实返回更真实和简洁的结果。

（2）top_p：可以用来控制模型返回结果的确定性。使用 top_p 意味着只有词元集合（token）中包含 top_p 概率质量的才会被考虑用于响应，因此较低的 top_p 值会选择最有信心的响应。这意味着较高的 top_p 值将使模型考虑更多可能的词语，包括不太可能的词语，从而导致更多样化的输出。一般是改变 temperature 和 top_p 中一个参数，不用两个都调整。

（3）max length：用户可以通过调整 max length 来控制输出的 token 数。指定 max length 有助于防止大模型生成冗长或不相关的响应并控制成本。

（4）stop sequence：stop sequence 是一个字符串，可以阻止模型生成 token，指定 stop sequence 是控制大模型响应长度和结构的另一种方法。例如，用户可以通过添加"11"作为 stop sequence 来告诉模型生成不超过 10 个项的列表。

（5）frequency penalty：frequency penalty 是对下一个生成的 token 进行惩罚，这个惩罚和 token 在响应和提示中已出现的次数成比例，frequency penalty 越高，某个词再次出现的可能性就越小，这个设置通过给重复数量多的 token 设置更高的惩罚来减少响应中单词的重复。

（6）presence penalty：presence penalty 也是对重复的 token 施加惩罚，但与 presence penalty 不同的是，惩罚对于所有重复 token 都是相同的。出现两次的 token 和出现 10 次的 token 会受到相同的惩罚。此设置可防止模型在响应中过于频繁地生成重复的词。如果用户希望模型生成多样化或创造性的文本，就可以设置更高的 presence penalty；如果用户希望模型生成更专注的内容，就可以设置更低的 presence penalty。

2. 提示词要素

提示词可以包含以下任意要素。

（1）指令：想要模型执行的特定任务或指令。

（2）上下文：包含外部信息或额外的上下文信息，引导语言模型更好地响应，包含上下文的提示词模型的回答通常会优先基于上下文信息，这也是 RAG 技术的基础。

（3）输入：用户输入的内容或问题。

（4）输出格式：指定输出的类型或格式，如特定场景中需要输出 json、xml、yaml 以及类似 excel 的 jsonline 等格式。

（5）约束：强制大模型在执行推理过程中必须遵守的规则，如回答必须用中文等。

（6）例子：GPT-3 的论文显示，基座模型在 one/few-shot 的提示下，模型输出的结果准确率会大幅提升，通过例子可以引导大模型更好地生成预期的输出。

图 3.2.3 展示了 Sementic Kernel 开发框架一个邮件查询任务的完整提示要素的示意图（文件路径：prompt_template_samples/CodingPlugin/EmailSearch/skprompt.txt），其中包含指示、约束、上下文、examples、输入等要素。

本章深入介绍了 RAG 的技术栈——相关核心技术模块信息检索、提示工程的技术细节和技术原理，其中信息检索中重点阐述了向量语义检索的基础设施：embedding 模型和向量数据库，方便开发者能够快速理解背后的原理并在实际工作中快速地技术选型，读者可以自行阅读相关向量数据库产品和 embedding 模型对应的论文，更进一步了解技术的细节。

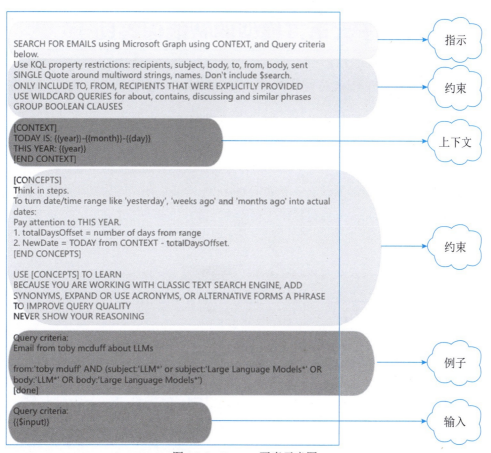

图 3.2.3 Prompt 要素示意图

第 4 章　基于大语言模型的智能问答助手

智能问答系统的常规方案如图 4.0.1 所示，包含数据服务、在线 QA 服务和大模型三个核心模块。下面分别详细说明各个模块具体做些什么，它们是如何串联在一起完成整个问答任务的，再反过来看看为什么业界基于 OpenAI 实践很棒，而如果换成基于开源自研后性能下降很多，最后再深入探讨如何优化问答性能，以及基于 Langchain 开发框架的工程实践。

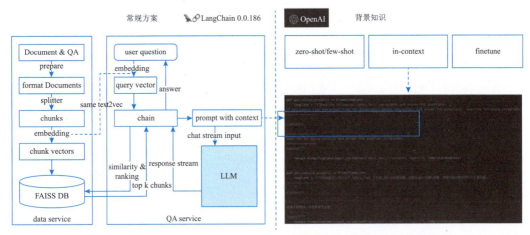

图 4.0.1　基于大模型构建本地知识库问答助手的系统框图和 Prompt 样例

4.1　文档离线预处理与存储

数据处理对方案的性能影响极其重要，高质量、高性能数据处理方案对系统端到端的性能提升非常显著。数据处理是一个非常个性化、包含很多经验与技巧的事情；如文档中的截图、表格、公式、超链接、附件、架构图、流程图、代码片段等；如文档的格式多样性，存在 word、pdf、markdown、富文本、txt、excel、csv、网页等，不同文档的格式处理工具和处理方法有细微的差别，所用的解析工具对不同文档格式版本的兼容性也不同，如 office 2003 和 office 2017 的解析工具差距很大，很多工具都不再维护对 office 旧版本的兼容。再举一个例子，excel 文档处理时会存在合并单元格场景，存在 head title 下面几百行甚至数千行内容，如何切割数据保存每个片段使得模型均能够知道每一列数据对应的语义，即 head title 的字段描述信息，这一系列细节的处理均会影响系统的性能，具有一定的挑战性。

Langchain 框架 document_loader 类中包含了一些处理技巧，实际远比其中的开源实现复杂，本章对这些格式多样性的文档解析及其涉及的细节场景处理不予以展开分析，读者可以根据实际场景深入了解。做数据最需要关注的是模型的输入及格式。做知识问答系统本质是自然语言处理的一个任务，因此，数据形态主要是文本。这是最基本的原则，所以如果数据包含非文本类的形态，如图片、超链接，就需要处理。每个人的处理方式和策略不一样，处理得好，最终系统性能会表现好一些，如架构图、设计图、UI 之类的图片。作者在工作过程也遇到过一些无法很好处理的场景，解析工具的局限性，切割算法的局限性等，数据处理是一个持久化长尾的工作，需要持续地优化迭代。

问答系统的数据处理服务包含格式化、切割、向量化，下面围绕这三个步骤开展深入的分析。

4.1.1 格式化

格式化的第一步是解析不同数据源（csv、pdf、json、html、markdown、txt 等）到统一格式。了解微服务——领域驱动设计（Domain-Driven Design，DDD）设计思想的人都知道，一个微服务一个核心领域，其他的实体都会抽象转换到这个领域；程序分析领域也会将不同的编程语言抽象到统一的 IR，采用统一的 IR 模型来实现后续的任务，这样可以增强系统的可扩展性与可维护性。格式化目的也是如此，抽象出统一的格式，便于系统后续对不同数据源的扩展能力。

格式化的第二步是进行预处理与过滤。参考所选 LLM 在预训练、微调训练处理数据方式（去掉特殊字符、换行空格等）同步处理数据。这么做的原因是 LLM in-context 应该和微调训练中数据处理方式保持一致，可以保证 in-context 效果达到最佳，所以格式化的第二步与选用的 LLM 相关。

Langchain 开发框架提供了非常多的针对不同格式文档的解决方案，封装在 community/document_loader，支持 ArxivLoader，BiliBiliLoader，YoutubeAudioLoader，Markdown、html 等一系列对象、平台、文档格式的数据源集成解析能力。

4.1.2 切割

将格式化的长字符串按照一定策略切分为若干切片（业界称为 chunk）。因为 embedding 以及 LLM encoder 对输入 token 都有限制。embedding 会将一个 text（长字符串）的语义信息压缩成一个向量，需要关注它的局限性，其中之一是输入所包含的 token 长度有限制，一句话压缩成一个向量是没问题的，但一本书压缩成一个向量可能就丢失了绝大多数语义。LLM 输入的限制在模型结构利用 next token 进行 pretrain 就定义好了，而 in-context 本质是把语料注入 Prompt 的上下文要素中，整个 Prompt 不能超过 LLM 的 token

限制，因此，切片的长度需满足：

$$L_{chunk} < \min(\text{Input}_{embedding}, \text{Input}_{LLM}) \tag{4.1.1}$$

式中：L_{chunk} 为切割后的文档片段长度；$\text{Input}_{embedding}$ 为 embedding 模型最大的输入 token 数量；Input_{LLM} 为所用大模型的最大输入 token 数量。原则上 Input_{LLM} 约等于大模型的上下文长度的一半。考虑到实际中 $\text{Input}_{embedding}$ 通常小于 Input_{LLM}，因此，文档切割的大小通常取决于 embedding 模型的最大输入 token 数量，即最大允许这么大的文档进行向量化，从而利用向量的距来度量语义的相似性，实现向量检索。为了确保格式化的语料能够满足上述约束，需要切割原始语料。

文本的切割涉及的技巧非常多，通常采用固定长度切割（满足上面公式约束下），但固定长度切割容易破坏自然段落的语义，因此需要在上面公式约束与段落语义保留双重约束下，灵活设计方案。

```
import { RecursiveCharacterTextSplitter } from "langchain/text_splitter";

const text = 'Hi.\n\nI'm Harrison.\n\nHow? Are? You?\nOkay then f f f f.
This is a weird text to write, but gotta test the splittingggg some how.\n\n
Bye!\n\n-H.';
const splitter = new RecursiveCharacterTextSplitter({
  chunkSize: 500,
  chunkOverlap: 100,
});

const output = await splitter.createDocuments([text]);
```

1. overlap 技巧

固定切割文本通常会导致一段话或者一句话被随机切割，从而丧失了完整的语义信息，采用 overlap 方案可以有效地解决这个问题。overlap 是指连续两个 chunk 之间设计部分重叠的 token，Langchain 开发框架的 RecursiveCharacterTextSplitter 方法集成了这一技巧，当 chunk 的大小（embedding 最大输入长度为 512）设置为 500，overlap 的大小设置为 100，即数据库的存储成本上升了 20%，对应的实现代码示例如下所示：

```python
def _split_docs_for_adding(
    self,
    documents: List[Document],
```

```python
        ids: Optional[List[str]] = None,
        add_to_docstore: bool = True,
    ) -> Tuple[List[Document], List[Tuple[str, Document]]]:
        if self.parent_splitter is not None:
            documents = self.parent_splitter.split_
            documents(documents)
        if ids is None:
            doc_ids = [str(uuid.uuid4()) for _ in documents]
            if not add_to_docstore:
                raise ValueError(
                    "If ids are not passed in, 'add_to_docstore' MUST be True"
                )
        else:
            if len(documents) != len(ids):
                raise ValueError(
                    "Got uneven list of documents and ids. "
                    "If 'ids' is provided, should be same length as "
                    "'documents'."
                )
            doc_ids = ids

        docs = []
        full_docs = []
        for i, doc in enumerate(documents):
            _id = doc_ids[i]
            sub_docs = self.child_splitter.split_documents([doc])
            if self.child_metadata_fields is not None:
                for _doc in sub_docs:
                    _doc.metadata = {
                        k: _doc.metadata[k] for k in self.child_
                        metadata_fields
                    }
            for _doc in sub_docs:
```

```
                _doc.metadata[self.id_key] = _id
            docs.extend(sub_docs)
            full_docs.append((_id, doc))

        return docs, full_docs
```

2. parent 技巧

很多文档是一个结构化的语义数据，通常会有段落章节等，朴素的文本切割会导致将这种结构化的语义数据进行平铺处理，从而使得数据丧失了很多潜在的语义结构与逻辑。希望在切片中能够保留这种结构，为此，需要在数据存储与召回中进行一些额外的设计。

Langchain 开发框架实现了一套大的 chunksize（简称 parent）和小的 chunksize（简称 child）融合的方案来解决这一问题。在存储设计上，每个 parent 随机生成一个 uuid 即为 doc_id 字段，而每个 child 存储 metadata id_key。

Langchain 开发框架也提供了 parent 和 child 切割和召回的示例方案，固定长度切割和基于 parent 和 child 存储字段映射的召回，段中会保存对应的 parent 的 doc_id，从而得到 parent 和 child 的映射关系。

主要召回逻辑是基于 child 的关联关系召回，再通过映射关系查询获得 parent 片段，实现代码如下：

```
from langchain_chroma import Chroma
from langchain_community.embeddings import OpenAIEmbeddings
from langchain_text_splitters import RecursiveCharacterTextSplitter
from langchain.storage import InMemoryStore

# This text splitter is used to create the parent documents
parent_splitter = RecursiveCharacterTextSplitter(chunk_size=2000, add_start_index=True)
# This text splitter is used to create the child documents
# It should create documents smaller than the parent
child_splitter = RecursiveCharacterTextSplitter(chunk_size=400, add_start_index=True)
# The vectorstore to use to index the child chunks
vectorstore = Chroma(embedding_function=OpenAIEmbeddings())
# The storage layer for the parent documents
store = InMemoryStore()
```

```
# Initialize the retriever
retriever = ParentDocumentRetriever(
    vectorstore=vectorstore,
    docstore=store,
    child_splitter=child_splitter,
    parent_splitter=parent_splitter,
)
```

Langchain 处理这个问题的方案较为粗糙，parent 一般不需要向量化，不参与语义召回，因此可以超过 embedding 的长度限制，但是这种固定长度的做法仍缺乏可靠性。用户可以根据自己的场景自定义实现这些逻辑，主要是重新设计存储和召回，作者有处理过 markdown 这段逻辑的实践，markdown 是一个结构化非常友好的文档格式。这里简单介绍 markdown 的处理经验。

在 markdown 的切割中，将每个大节 / 整个文档作为 parent，而不是固定长度，同时对章节 title 和内容分别做两路单独的向量化进行召回，再反过来查找 parent，这个方案的效果优于 Langchain 的官方解决方案。

Langchain 开发框架社区开发者也对一些文档类型做了一些定制化的解决方案，如代码、markdown、html 等，读者可以自行阅读文档深入了解。

4.1.3　向量化与存储

向量的存储与检索是一门特别复杂的课题，涉及向量检索（包含很多相似性度量算法、向量压缩等知识）和向量存储，当前的向量数据库方向就是因此而生。在规模不大的情况下用 faiss 做检索够用，Langchain community/vectorstores 集成了非常多的向量存储和内存存储的解决方案，如阿里云的 OpenSearch，微软云的 CosmosDB，百度云的 VectorDB、Milvus、PGVector、Pinecode、ElaticsearchStore、Chrome 等向量数据库，读者可以根据实际需求选择其中的存储方案。

向量化主要采用 embedding 实现，Langchain 开发框架也集成了非常多的 embedding 解决方案，需要读者对业界 embedding 模型的性能和原理有深入的了解，才能选择合适的方案来实现自己的场景需求。这里给出作者私有化部署 embedding 模型提供 HttpAPI 的代码示例：

```
import numpy as np
from abc import abstractmethod
from typing import List, Tuple
class Model:
    def normalize(self, vector: np.ndarray) -> np.ndarray:
```

```python
        norm = np.linalg.norm(vector)
        if norm == 0:
            return vector
        return vector / norm

    @abstractmethod
    def __init__(self, kwargs):
        pass

    @abstractmethod
    def embeddings(self, text) -> List[float]:
        pass

    @abstractmethod
    def count_tokens(self, text: str) -> Tuple[int, int]:
        pass

from typing import List, Tuple
from app.embeddings.config import config
from app.embeddings.model.model import Model
from langchain.embeddings import HuggingFaceEmbeddings

class HuggingFace(Model):
    def __init__(self, embeddings_name, token_limit):
        self.embeddings_func = HuggingFaceEmbeddings(model_
        name=embeddings_name)
        self.tokenizer = self.embeddings_func.client.tokenizer
        self.token_limit = token_limit

    def embeddings(self, text) -> List[float]:
        return self.normalize(self.embeddings_func.embed_
        query(text)).tolist()

    def count_tokens(self, text: str) -> Tuple[int, int]:
```

```python
        return len(self.tokenizer.tokenize(text)), self.token_
            limit


class M3e(HuggingFace):
    """
    https://huggingface.co/moka-ai/m3e-base
    """
    def __init__(self):
        super().__init__(
            embeddings_name=config.embeddings_profiles.m3e.model_
                path,
            token_limit=config.embeddings_profiles.m3e.token_limit,
        )


class Stella(HuggingFace):
    """
    https://huggingface.co/infgrad/stella-large-zh-v3-1792d
    """
    def __init__(self):
        super().__init__(
            embeddings_name=config.embeddings_profiles.stella.
                model_path,
            token_limit=config.embeddings_profiles.stella.token_
                limit,
        )


class DMeta(HuggingFace):
    """
    https://huggingface.co/DMetaSoul/Dmeta-embedding
    """
    def __init__(self):
        super().__init__(
            embeddings_name=config.embeddings_profiles.dmeta.model_
                path,
```

```python
            token_limit=config.embeddings_profiles.dmeta.token_
            limit,
        )


class Jina(HuggingFace):
    """
    https://huggingface.co/jinaai/jina-embeddings-v2-base-zh
    """
    def __init__(self):
        super().__init__(
            embeddings_name=config.embeddings_profiles.jina.model_
            path,
            token_limit=config.embeddings_profiles.jina.token_
            limit,
        )


class StellaDialogue(HuggingFace):
    """
    https://huggingface.co/infgrad/stella-dialogue-large-zh-v3-
    1792d
    """
    def __init__(self):
        super().__init__(
            embeddings_name=config.embeddings_profiles.stella_
            dialogue.model_path,
            token_limit=config.embeddings_profiles.
            stella_dialogue.token_limit,
        )
```

4.2 联网在线预处理与存储

很多问答类产品要求既具备本地知识库的领域知识，又能够及时更新业界领域知识，成为一个全能全知的产品，有利于用户体验与用户留存。解决基座模型具备世界知识的更新能力需要借助搜索引擎的能力，通常需要接入搜索 API 来实现；但世界知识庞大，规模远大于本地知识库，技术架构上一般不会选择昂贵的向量数据库来做持久化。更新世界知识的模块称为联网在线预处理与存储模块。联网问答的系统框图如图 4.2.1 所示。

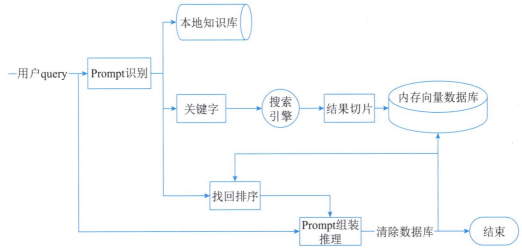

图 4.2.1　联网问答的系统框图

联网模块中，搜索引擎网页返回的内容经过切割的切片，一般存储在内存向量数据库中，推理过程进行快速的检索筛选获取相关的内容填充至提示词的上下文中，在推理过程结束后销毁清空内存向量数据（或者设置别的内存向量数据的清理机制）。

常见的搜索引擎有百度、搜狗、360 搜索、google search API、微软 bing 搜索 API 等付费搜索引擎，以及免费搜索引擎 duckduckGo search API，读者在做相关实践的过程中可以参考 https://serpapi.com/duckduckgo-search-api。

常见的内存向量数据库包括 tairVector、faiss 等，读者在实践过程中阅读相关技术文档实现对数据库的增删改查能力。

4.3　在线 QA 服务

在线 QA 服务是连接大模型与存储向量数据库之间的纽带，大模型不能将数据库所有数据做 in-context，实际上，大模型 in-context 包含的 chunk 十分有限，在线 QA 服务核心是挑选出合适的 chunk 给大模型。在线 QA 服务通过企微 / 钉钉 / 飞书 / 微信、webapi 等方式对外提供交互和消息订阅功能，包含三个核心功能模块，分别为用户问题向量化、Prompt 组装和 chunk 召回。在线 QA 服务核心在于召回 chunk，这一步对整体性能至关重要。

4.3.1 用户问题向量化

采用同数据服务 chunk 向量化一样的 embedding 模型对用户问题进行向量化。

4.3.2 Prompt 组装

将用户问题筛选出的文档片段可能是 chunk，或者 chunk 通过关系映射更高维度的章节、文档组装成 Prompt 的上下文要素，整个 Prompt 即为大模型的输入，整个 Prompt 不超过大模型输入 token 长度的限制，现在主流的大模型都支持 16K 的上下文。因此，以 512K 的 embedding 为例，可以组装 200 个切片，或者少一些的切片外加更好维度的章节信息。

4.3.3 问答召回

在用户问题与 chunk 经过同样的 embedding 模型将 text 转为向量，Langchain 给的方案是通过计算向量之间的相似度（cos、BM25、KNN、欧几里得距离等）并倒排来决定哪些 chunk 被召回。本质上是计算用户问题和答案之间的关联关系，因此 Langchain 是利用了 embedding 在 Retrieval 任务上的能力来筛选 chunk，这符合问答系统的初衷。值得注意的是，embedding 在 Retrieval 任务上的准确率是其在所有 NLP 任务中较差的一个，QA 任务在语义空间上的表达远不如分类、聚合等任务。朴素方案中，Langchain 直接召回并排序切片给大模型进行推理。

Langchain 也集成了一些升级版的召回接口，例如使用大模型 / 小一些的自然语言模型对用户问题进行泛化，生成同一个问题的多种表达形式再对切片进行召回，多路召回之后再进行去重处理获得最终的结果，实现类是 MultiQueryRetriever。

Langchain 也提供了文档切片，经模型总结的摘要和经模型生成的文档对应问题三个维度的文本对应向量的提取和向量化，在召回环节提供了多维向量召回，实现类是 MultiVectorRetriever。

根据相关研究工作，越不相关的切片或者文档内容放在 Prompt 上下文要素中间部分可以提高模型输出的效果，Langchain 提供了相关的解决方案，实现类是 LongContextReorder。

Langchain 还提供了多路召回融合的解决方案，原理可以参考 EnsembleRetriever 的实现。实际应用中，需要综合词匹配算法的语法召回与基于向量的语义召回。通常采用权重参数的方式进行融合，用户可以根据经验自行调整权重的大小。Langchain 官方给出了如下基于 BM25 语法召回和基于 OpenAI embedding 语义召回的融合代码示例：

```
doc_list_1 = [
    "I like apples",
```

```
    "I like oranges",
    "Apples and oranges are fruits",
]

# initialize the bm25 retriever and faiss retriever
bm25_retriever = BM25Retriever.from_texts(
    doc_list_1, metadatas=[{"source": 1}] * len(doc_list_1)
)
bm25_retriever.k = 2

doc_list_2 = [
    "You like apples",
    "You like oranges",
]

embedding = OpenAIEmbeddings()
faiss_vectorstore = FAISS.from_texts(
    doc_list_2, embedding, metadatas=[{"source": 2}] * len(doc_
    list_2)
)
faiss_retriever = faiss_vectorstore.as_retriever(search_
kwargs={"k": 2})

# initialize the ensemble retriever
ensemble_retriever = EnsembleRetriever(
    retrievers=[bm25_retriever, faiss_retriever], weights=[0.5,
    0.5]
)
```

4.4 长记忆与多轮对话

在多轮交互性 RAG 应用中，用户很多时候并不是一问一答就结束了整个流程，更多的是多轮对话场景，即通过不停地和服务进行交互，从而获取自己预期的结果。

多轮对话涉及两个核心问题：用户意图识别；对话历史记忆的存储与删除。例如，一段交互中："用户：北京的天气怎么样？""模型：下大雪，温度为-10℃。""用户：飞机还能按时起飞吗？"用户的意图是北京下大雪，温度-10℃，这趟飞机能按时起飞吗？模型需要从对话历史记录中来识别用户真实的意图。这里面涉及对话的存储与删除，Langchain 开发框架提供了不同场景的解决方案。

全量对话历史缓存不销毁（ConversationBufferMemory），实现代码示例如下：

```
from langchain.memory import ConversationBufferMemory
memory = ConversationBufferMemory() memory.save_context({"input": input}, {"AI": response})
variables = memory.load_memory_variables({})
```

滑动窗口获取最近 N 次的对话内容保存到缓存中，以队列的形式实现，先进先出，实现的代码示例如下：

```
from langchain.memory import ConversationBufferWindowMemory
memory = ConversationBufferWindowMemory(k=N)
```

上述两种方案是较为常规的对话历史存储和销毁的方案。此外，还有一些对话历史数据压缩、实体提取、知识图谱提取等，以及基于对话历史数据识别用户意图等。

Langchain 的 ConversationKGMemory 类 get_current_entities、get_knowledge_triplets 等方法从对话历史中获取知识图谱的实体（entity）、三元组等。对应的代码示例如下：

```
from langchain.memory import ConversationKGMemory
from langchain_openai import OpenAI

llm = OpenAI(temperature=0)
memory = ConversationKGMemory(llm=llm)
memory.save_context({"input": "say hi to sam"}, {"output": "who is sam"})
memory.save_context({"input": "sam is a friend"}, {"output": "okay"})
memory.load_memory_variables({"input": "who is sam"})
{'history': [SystemMessage(content='On Sam: Sam is friend.', additional_kwargs={})]}

memory.get_current_entities("what's Sams favorite color?")
['Sam']
```

```
memory.get_knowledge_triplets("her favorite color is red")
[KnowledgeTriple(subject='Sam', predicate='favorite color', object_='red')]
```

Langchain 的 ConversationSummaryMemory 类提供了基于模型辅助总结对话历史数据的能力，CombinedMemory 提供了融合滑动窗口近期对话数据和历史对话总结数据进行上下文推理的能力，以实现长记忆能力。实现的代码示例如下：

```
from langchain.llms import OpenAI
from langchain.prompts import PromptTemplate
from langchain.chains import ConversationChain
from langchain.memory import (
    ConversationBufferMemory,
    CombinedMemory,
    ConversationSummaryMemory,
)

conv_memory = ConversationBufferMemory(
    memory_key="chat_history_lines", input_key="input"
)

summary_memory = ConversationSummaryMemory(llm=OpenAI(), input_key="input")
# Combined
memory = CombinedMemory(memories=[conv_memory, summary_memory])
_DEFAULT_TEMPLATE = """The following is a friendly conversation between a human and an AI. The AI is talkative and provides lots of specific details from its context. If the AI does not know the answer to a question, it truthfully says it does not know.

Summary of conversation:
{history}
Current conversation:
{chat_history_lines}
Human: {input}
AI:"""
```

```
PROMPT = PromptTemplate(
    input_variables=["history", "input", "chat_history_lines"],
    template=_DEFAULT_TEMPLATE,
)
llm = OpenAI(temperature=0)
conversation = ConversationChain(llm=llm, verbose=True, memory=memory, prompt=PROMPT)
```

上述的对话历史数据的存储方案是内存，为了实现完整的长记忆能力，也可以将对话记录存储到向量数据库，然后检索召回与本次对话相关性最显著的前 K 个文档。

长记忆和对话存储、总结、销毁、用户意图识别等能够让模型服务和用户的交流非常自然、顺滑，极大提高用户体验，是目前 RAG 相关应用开发和工程实践的必备模块，读者可以根据自己的场景来选择合适的解决方案。

4.5 归因与可解释性

问答任务中存在三个场景：一是历史对话、知识库与用户问题相关，模型在历史对话、知识库上下文的范围内输出；二是历史对话、知识库与用户问题无关，但开启了联网搜索能力，搜索结果与用户问题相关，模型在搜索结果的范围内输出；三是历史对话、知识库、搜索结果都没有用户问题相关内容，模型基于自身的能力生成输出。第三个场景中，基于模型原生能力回答比较难做出可解释性，但实际触发这种场景的概率很小；第一个和第二个场景中，模型在限定的语料上下文中发挥，模型的输出内容均可以找到对应的源语料，使得整个任务具有高可解释性与归因分析，这是大模型时代 in-context learning 的新范式带来的新的工程突破，能够极大提高用户对模型输出的信心、接纳和认可。

创业公司 Perplexity.AI 基于联网 RAG 的搜索引擎产品是一个完整的 RAG 工程实践最佳案例，如图 4.5.1 所示。产品形态包含模型输出的语料来源，模型输出和持续交互引导。语料来源包含网页标题、网页超链接、网站名称等，方便用户核对模型输出的准确性；模型输出可以直接给出用户的答案，不再需要用户通过搜索、文档浏览、理解等获取答案，极大地提升了通用搜索引擎的效率；持续交互引导通过识别用户潜在的意图，进一步简化了持续多轮对话用户输出的环节，提升了搜索的用户体验。Perplexity.AI 背后的大模型主要包括两款在线大模型 pplx-7b-online 和 pplx-70b-online，这两款模型基于开源基础模型 Mistral-7b 和 Llama2-70b，经过微调以改善联网能力和幻觉问题。此外，Perplexity.AI 还结合了深度搜索技术与大模型（如 GPT-4），旨在提供更精准的搜索结果和信息分析。这使得用户可以通过自然语言与系统进行对话，获取相关答案和信息来源。

图 4.5.1　Perlexity.AI 联网 RAG 搜索引擎问答产品形态图

读者在实践自己问答应用产品时，需要充分考虑数据源和模型输出的映射关系并在产品形态上展示给用户以便核对，提升用户对产品的信任度和接纳门槛。

4.6 评测

实际应用中，评测体系的建设由产品提供方（简称平台方）、客户和用户三方构成，如果客户是 C 端用户，那么客户与用户是同一个角色；如果客户是组织、团队、B 端机构（简称乙方），那么他们也会有自己的 C 端用户。

平台方需要考虑三个维度的指标分别为召回排序模块的准确率、大模型 in-context learning 的准确率和 in-context learning 的速度。评测集包含平台方自建的本地知识库提取的 QA paris 和不在本地知识库中的 QA pairs 两部分数据，前者用于测试召回，以及服务在本地知识库的准确率，后者用于测试联网搜索的准确率，以及服务在联网数据的准确率。此外，平台方还需要考虑 in-context learning 服务的响应速度、并发量等性能指标。

客户也需要维护一个自己私域数据的评测集，来测试需要采购的平台 / 服务在自己私域数据上的表现。通常，平台方的评测结果是用来优化迭代自身能力的准则，但是，客户对平台方的信任并不跟平台方的评测结果直接相关，卖方自证的方式通常不具有说服力。客户维护一个私域评测集有利于在采购时横向对比，并选择合适自己的平台服务。

无论是平台服务方，还是 B 端客户，最终的服务对象大多数是 C 端用户，C 端用户的真实反馈与满意度才是最重要的准则。

在建设评测集的过程中需要综合考虑数据的多样性与均衡性。多样性理论上指包含自然语言处理的所有任务，通俗地说是指覆盖所有潜在的使用场景，如分类、实体提取、判断、理解总结、相似性、选择、思维链推理、数学计算等。均衡性理论上指的是评测集在多个任务上的分布和潜在使用场景保持一致，例如，在处理 excel 等格式化表格数据中存在大量的数学计算与推理推理，若用户场景偏向这个，则多标注一些这种类型的数据作为评测数据。

RAG 类型应用评测集常用的衡量指标如下：

（1）召回模块召回率：召回率关注的是模型漏掉正类样本的数量。召回率越高，说明模型漏掉的正类样本越少，但同时可能会增加假正类（即错误地将负类样本预测为正类）的数量。RAG 应用场景中，非常注重召回模块的召回率，通常多路召回能够提升指标。

（2）排序 MRR（Mean Reciprocal Rank）：MRR 考虑了用户的第一个相关项（或正确答案）在推荐列表中的位置。对于每个查询，它的倒数排名是第一个相关项的排名的倒数。例如：如果第一个相关项在第一位，那么其倒数排名就是 1；如果第一个相关项在第二位，那么其倒数排名就是 1/2；以此类推。

如果一个智能问答系统能够将用户最关心的参考文档放在推荐列表的最前面，那么它的 MRR 就会很高。

（3）in-context learning f1-score：f1-score 可以用来衡量模型生成的 token 与目标 token 的匹配程度。具体来说，精确率（precision）是模型生成的正确 token（即在目标文本中存在的 token）占所有生成 token 的比例，召回率（recall）是模型生成的正确 token 占目标文本中所有 token 的比例。sim-score 可以用来衡量生成的文本与目标文本语义级的相似性。具体来说，将生成文本与目标文本经过同一个向量化模型，通过向量之间的空间距离来度量两者之间的语义相似。

（4）in-context learning tokens/s：tokens/s 是指模型每秒可以处理（即进行预测）的 token 数量。这个指标反映了模型的推理速度，每秒处理的 token 数量越多，推理速度越快。

此外，还有 QPS、压测 PP95 等系列工程指标，读者可以在实践进行测试，了解自己平台服务的极限。

实际过程中，标注的评测集不一定十分正确，漏标和误标的场景时常发生，需要不停地核对校验来修正评测集；如果涉及平台服务方与客户之间对标准一致性和数据准确性理解存在偏差，那么需要积极地协商沟通。这个过程在实际工作中会高频发生，因此，评测集的建设过程类似软件服务的测试用例维护一样，是一个持久长尾的工作，不是一个一次性的任务，所有参与和使用模型服务的团队都需要有持续维护评测集的心态和思想准备。

4.7 用户反馈

用户反馈是产品的核心资产和价值驱动力。特别是 RAG 平台/服务型的应用，在产品形态中，需要预留用户反馈的入口。图 4.7.1 给出了 KimiChat 联网 RAG 搜索问答产品形态图。其中有点赞/踩的极简反馈入口，可以收集用户对产品满意度的数据；也有一些复杂的反馈入口，当用户不满意时需要用户输入/选择一些理由。反馈环节的产品设计不宜复杂，复杂会降低用户反馈的意愿，收集不全产品真实的用户满意度，容易造成产品设计/性能离用户越来越远，失去平台/服务的真实产品力。

图 4.7.1 KimiChat 联网 RAG 搜索问答产品形态图（带用户反馈点赞/踩等标签）

4.8 待解决的系列问题

虽然上面深入讨论了 RAG 问答场景的实践细节与思考，但实际场景中仍有非常多的问题亟待解决或者尚无解决方案，这也是应用从 1～100 落地面临的诸多挑战。作者列举部分挑战供读者们思考。

1. 文档缺失、新陈代谢、冲突等语料质量问题

缺失是最重要的一块，频见于客户为私域数据的场景，文档缺失通过联网搜索也不能补齐的情况下服务无法给出正确答案、模型进入自身发挥，结果不可解释不可控，这种场景极易导致客户对 RAG 服务失望，影响落地。

新陈代谢问题在联网搜索与本地知识库中也是极容易出现的问题，过时、失效、内容不正确的文档没有清理处理，新的文档、知识没有及时地入库或者入网，RAG 服务基于旧语料进行了响应输出，结果不如预期，这在快速迭代的产品文档（如开源项目 docs、政府政策文件）等场景中容易出现。

冲突问题在语义相近的文档，例如，有版本管理的文档、有类似序列的产品文档，用户意图不清晰的场景中极易出现；又如，用户想知道 M7 的配置信息，召回的文档中有 M7 pro、M7 Ultra、新 M7、老 M7 等，输出可能不及用户的预期。再如，去美国留学找哪个服务机构最好，召回的文档有各种语言培训、签证办理等机构，且宣传都号称是最好的，这时的输出可能不及用户预期。在研发语料中，开发 docs 多版本是常见的，往往很难做到输出符合用户预期。

语料治理很多人都能想到，但是治理方法很难实践，投入的人力多、收益慢。希望读者在未来的工作中注重文档的质量建设，为自己的团队积累好一份高质量的数据资产，在未来总会出现获得收益的时刻。

2. 跨文档抽象总结、实体、逻辑结合的复杂场景

完成一个任务涉及多个文档复杂的推理、总结、抽象的事情，RAG 服务往往表现不佳，假设整个红楼梦已经做成了本地知识库，这时你问林黛玉几岁进入大观园，模型很难给出正确的答案，因为这个问题涉及的章节内容和年龄推理太过于复杂。作者在 KimiChat 中开启联网搜索了这个问题，KimiChat 的回复也不及预期，如图 4.8.1 所示。

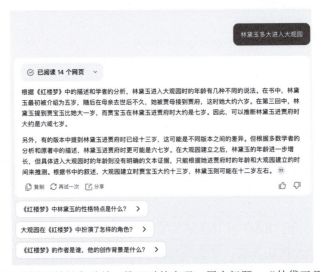

图 4.8.1　KimiChat 在跨文档抽象总结、推理时的表现，用户问题："林黛玉几岁进入大观园"

目前，业界提出将知识图谱融合 RAG 的方案来提升理解这种耦合性极强、需要强推理的场景，但目前尚未看到足够成熟的方案。

3. 一些现实因素

很多实际因素也会影响 RAG 问答落地效果，如权限问题、图文混合、附件、超链接失效等，很多公司的内部平台、系统有强权限管理和权限隔离机制，数据获取困难，技术文档中包含的架构图、UI 交互设计图等图文混合理解困难，嵌入式的内容如附件等，都会导致 RAG 问答结果不及预期。

实践过程中有非常多非技术原理性的挑战，好的 RAG 问答效果需要每个项目、每个参与的开发者用心打磨迭代，才能让大模型相关产品得到普及。

第 5 章　基于大语言模型的智能数据助手

第 4 章介绍了基于大模型 in-context learning 范式的 RAG 问答工程实践中的技术细节和思考，这是大模型应用最基础的一个案例。本章将介绍基于大模型 agent/tool 方式的 RAG 工程实践，以智能数据助手为例，对其中一些细节展开深入的分析。

智能数据助手是以 MySQL 为例的数据库数据为基础，端到端实现用户自然语言输入到报表输出的智能机器人，如图 5.0.1 所示。关键模块包含如下部分。

（1）用户输入：自然语言，如帮我查看一下店铺各类商品 2023 年、2024 年的月销量并进行分析。

（2）语料：大模型有读权限的所有库表集合。

（3）选表：当涉及表的数量较多时，因为大模型输入上下文长度的限制，因此需要对库表进行筛选，获取与输入相关性显著的库表。

（4）SQL 生成 + 图表识别：大模型推理不直接端到端生成用户想要的图形化报表，而是生成相关的 SQL 以及图表类别，识别用户是想要直方图、折线图，还是散点图等，大模型推理只是整个环节中的一部分。

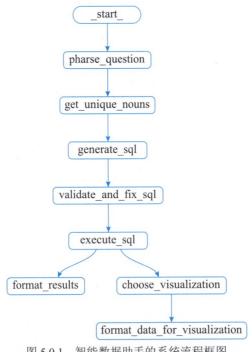

图 5.0.1　智能数据助手的系统流程框图

（5）SQL 执行：提供独立环境链接数据库，并根据查询获取数据库数据。

（6）绘制报表：根据 SQL 执行的数据，采用相关工具进行处理，生成图片，通常使用 Python 的绘图工具 Matplotlib 或者 pandas 将数据做成图片进行本地存储，最终由小助手将本地图片加载并返回给用户。

选表过程是召回的过程，采用语义层面实现的话是向量数据库召回的过程，即根据库表的建表语句、描述等信息，计算与用户输入之间的相关性进行召回。SQL 生成是 in-context learning 推理的过程，即 Prompt 中的上下文要素中填充关联表的建表语句（含索引），输出强制要求为 SQL 格式。从这里来看，选表和 SQL 生成是一个 RAG 的开发范式。与单纯 RAG 不同的是，SQL 并不是用户想要的结果，后续增加的 SQL 执行和绘制报表两部分实际是 Python 的脚本，可以将这个脚本理解为 cli 工具，大模型需要将 RAG 的输出转义成 cli 的启动命令，这个命令包含一些 arguments 由大模型自动填充，执行 cli，从而获得用户预期的输出。我们将后续的模块统称为工具，大模型与工具之间通过交互以满足用户的需求，这种范式是目前大模型十分火热的应用开发与落地场景。

RAG 的部分本章不再赘述。下面介绍这个任务的数据治理标准化、Prompt 以及工具的实现逻辑与思考，从而让读者更好地理解大模型与工具结合的工程实践解决方案。

5.1 数据标准化

要想实现 MySQL 的报表可视化小助手，第一步是库表数据的治理，这是一项长尾耗时的工作。数据工程师在做报表的过程中找到相关的库表，厘清库表的语义信息，通常拿到数据库账号密码时会一个个看，通过库表名称、建表数据、索引甚至每一列数据的 headline 描述都需要看一遍，工程师做完这些也不一定能够快速写对 SQL，绝大多数情况下还需要找相关模块、服务的负责人了解核对字段的含义、联表查询时的关联映射字段等。专业的数据工程师对数据的理解和加工都需要很多沟通工作来辅助，更遑论大模型。这一原因的本质就是库表的语义不清晰、二义性、跨表查询的关联字段不清晰等，即库表数据是非规范的、非标准化的，是当初相关系统服务的开发工程师对数据的定义、描述过于随意遗留的技术债。

根据作者的工作经验，数据库的技术债主要有如下四种类型。

（1）未清除历史遗留表。

很多服务经历过漫长的技术架构演进，库表在演进过程中经历过库表的重新定制，系统在逐步切流中为了规避风险并没有删除旧表，导致存在大量语义功能雷同的库表，影响召回和 SQL 生成的准确性。例如，商品订单表，旧的技术架构中叫作 product_order，新的技术架构中叫作 product_order_v2，两张表存在部分字段的差异性。这种情况很难区别到底基于哪个表来做报表。

（2）语义含糊不清。

库表的语义模糊与二义性主要体现在以下方面：

表注释缺失、语义模糊。很多开发工程师在建表时不喜欢描述这个表的功能职责，给后续维护或者数据开发工作造成了大量额外沟通工作，也不利于数据智能化转型。

表字段语义重复、缺失、属性名名称以及注释模糊。仍以商品订单表为例，以下是订单表的建表语句，其中 busi_id 和 business_id 存在语义重复，而 ord_id 的英文命名语义模糊，order_type 的中文注释缺失等，这些都会影响模型对表数据的理解。

```
CREATE TABLE `product_order`
(
    `busi_id`       bigint          NULL COMMENT '产业线 id',
    `business_id`   int             NULL COMMENT '业务 id',
    `product_id`    bigint          NULL COMMENT '商品 id',
    `ord_id`        bigint          NULL COMMENT '订单 id',
    `price`         double          NULL COMMENT '商品价格',
    `order_type`    varchar(128)    NULL DEFAULT '',
    `product_type`  varchar(128)    NULL DEFAULT '',
    `id`            bigint          NOT NULL,
    PRIMARY KEY (`id`),
    index `index` USING btree (`business_id`),
    unique `u_k` USING btree (`order_type`, `business_id`)
) ENGINE = innodb DEFAULT CHARACTER SET = "utf8mb4"
```

（3）库中关联表的命名不一致、缺乏注释等因素。

大部分时候报表的数据来源于多个库表数据的聚合，当映射字段命名、注释不一致时，大模型很难理解它们之间的关联关系。如下建表语句所示，有一个订单表和一个订单来源表，前者定义了一个 from 字段表示订单的来源，后者定义了一个 platform_name 记录订单所有可能的来源，当要查一个平台一段时间内的商品销售额分布时，从表结构定义上很难关联这两张表。

```
CREATE TABLE `order` (
    `order_id` bigint NOT NULL COMMENT '订单号',
    `busi_id` bigint NULL COMMENT '商品编号',
    `consumer_id` bigint NULL COMMENT '消费者 id',
    `consumer_name` varchar (128) NULL
```

```
                        DEFAULT '' COMMENT '消费者名称',
                        `value_date` varchar (8) NULL DEFAULT
                        ''COMMENT '日期',
                        `create_time` timestamp NULL COMMENT
                        '创建时间',
                        `update_time` timestamp NULL COMMENT
                        '更新时间',
                        `from` varchar (128) NULL DEFAULT
                        '' COMMENT '订单来源',
                        PRIMARY KEY (`order_id`),
                        unique `index` USING btree (`order_id`),
                        unique `index` USING btree (`from`)
) ENGINE = innodb DEFAULT CHARACTER SET = "utf8mb4"

CREATE TABLE `order_source` (
`platform_id` bigint NOT NULL COMMENT '平台 id',
`platform_name` bigint NULL COMMENT '平台名称',
`created_by` bigint NULL COMMENT '创建人',
`create_time` timestamp NULL COMMENT '创建时间',
`update_time` timestamp NULL COMMENT '更新时间',
PRIMARY KEY (`platform_id`),
unique `index` USING btree (`platform_id`)
) ENGINE = innodb DEFAULT CHARACTER SET = "utf8mb4"
```

（4）索引配置不合理，不支持高频场景的查询诉求。

即便对数据库做了一轮库表字段命名规范、一致性，注释描述的清洗、补全、校对，删除过期数据等治理工作，大模型可以稳定准确地生成用户需求对应的 SQL，仍存在一些问题。这些 SQL 不一定会走索引，如果有索引，目前主流的基座都可以按照索引生成，实践中仍存在大量的场景，索引缺失或者无法走索引导致生成的 SQL 在执行过程的耗时不稳定，影响结果的响应时间，甚至 connection timeout 导致无输出结果。

因此，读者在实践数据智能报表小助手前，要对这些挑战保持谨慎态度，切忌对项目的实践、规划和结果保持过于盲目乐观的态度，而在实践中效果不及预期时心态跌落谷底。总之，很多工业界的实际场景会很复杂，有非常多的历史因素和现实因素成为技术落地的障碍，长尾的工作一定要有耐心。

Langchain 开发框架提供 SQLDatabaseChain 类可以实现自然语言到 SQL 语句，官方的代码示例如下：

```
from langchain import OpenAI, SQLDatabase, SQLDatabaseChain
db = SQLDatabase.from_uri("sqlite:///../../../notebooks/Chinook.db")
llm = OpenAI(temperature=0, verbose=True)
db_chain.run("How many employees are there?")
```

SQLDatabaseChain 类源码中对应自然语言生成 SQL 的 Prompt 如下：

```
"""You are a MyScale expert. Given an input question, first create a syntactically correct MyScale query to run, then look at the results of the query and return the answer to the input question.
MyScale queries has a vector distance function called `DISTANCE(column, array)` to compute relevance to the user's question and sort the feature array column by the relevance.
When the query is asking for {top_k} closest row, you have to use this distance function to calculate distance to entity's array on vector column and order by the distance to retrieve relevant rows.

*NOTICE*: `DISTANCE(column, array)` only accept an array column as its first argument and a `NeuralArray(entity)` as its second argument. You also need a user defined function called `NeuralArray(entity)` to retrieve the entity's array.

Unless the user specifies in the question a specific number of examples to obtain, query for at most {top_k} results using the LIMIT clause as per MyScale. You should only order according to the distance function.
Never query for all columns from a table. You must query only the columns that are needed to answer the question. Wrap each column name in double quotes (") to denote them as delimited identifiers.
Pay attention to use only the column names you can see in the tables below. Be careful to not query for columns that do not exist. Also, pay attention to which column is in which table.
Pay attention to use today() function to get the current date, if the question involves "today". `ORDER BY` clause should always be
```

after `WHERE` clause. DO NOT add semicolon to the end of SQL. Pay attention to the comment in table schema.

Use the following format:

======== table info ========
<some table infos>

Question: "Question here"
SQLQuery: "SQL Query to run"

Here are some examples:

======== table info ========
CREATE TABLE "ChatPaper" (
    abstract String,
    id String,
    vectorArray(Float32),
) ENGINE = ReplicatedReplacingMergeTree()
 ORDER BY id
 PRIMARY KEY id

Question: What is Feature Pyramid Network?
SQLQuery: SELECT ChatPaper.title, ChatPaper.id, ChatPaper.authors FROM ChatPaper ORDER BY DISTANCE(vector, NeuralArray(PaperRank contribution)) LIMIT {top_k}

Let's begin:
======== table info ========
{table_info}

Question: {input}

```
SQLQuery: """
```

这是一个对输出格式强要求，few-shot 的 in-context learning RAG 范式的推理过程。

5.2 工具

工具是代理、链或大模型与世界互动的接口，它们结合了工具的名称、工具的描述、工具输入与输出、要调用的函数、工具的结果是否应该直接返回给用户等。工具类似传统软件的模块，上述要求等同于模块对外提供服务的 API。拥有这些信息是有用的，利用这些信息可以构建采取行动的系统名称、描述和功能（如果使用），可以用来提示 LLM，以便它知道要指定采取什么行动，然后要调用的函数就相当于采取该行动。

工具的输入越简单，LLM 就越容易使用。许多代理只会使用具有单个字符串输入的工具。有关代理类型以及哪些代理可以处理更复杂输入的列表，名称、描述和 JSON 模式（如果使用）都用于提示中。因此，它们必须清晰，并且准确描述工具的使用方法非常重要。如果 LLM 不理解如何使用该工具，用户可能需要更改默认的名称、描述或 JSON 模式。

Langchain 官方及开源社区构建了的工具集市场，提供了大量开箱即用的工具供开发者快速在项目中集成，详情参考 https://python.langchain.com/v0.1/docs/modules/tools/。聚焦在智能数据分析助手的实践场景中，整个工具链中包含两个工具，分别是自然语言生成 SQL 和数据可视化。前者可以通过 SQLDatabaseChain 来实现，后者通常由开发者使用 data visualization 的工具封装可视化 agent 提供接口来实现，目前没有最佳实践方案，因此 Langchain 也没有做集成。开源社区也有一些案例可以参考，如 https://blog.langchain.dev/data-viz-agent/ 和 https://github.com/Ngonie-x/langchain_csv。这里以 langchain_csv 的源码为例介绍可视化工具的实现过程。

langchain_csv 根据可视化报表类型（bar、line、table）等，以及 SQLDatabaseChain 返回的 MySQL 查询响应数据，将其转成 pandas.dataframe 格式，然后调用绘图工具出图。主流的绘图工具 Pandas、Matplotlib、Datashader、Streamlit 等都支持 pandas.dataframe 格式作为输入，生成对应报表。

```
from langchain import OpenAI
from langchain.agents import create_pandas_dataframe_agent
import pandas as pd

# Setting up the api key
import environ
```

```python
env = environ.Env()
environ.Env.read_env()

API_KEY = env("apikey")


def create_agent(filename: str):
    """
    Create an agent that can access and use a large language
    model (LLM).

    Args:
        filename: The path to the CSV file that contains the data.

    Returns:
        An agent that can access and use the LLM.
    """

    # Create an OpenAI object.
    llm = OpenAI(openai_api_key=API_KEY)

    # Read the CSV file into a Pandas DataFrame.
    df = pd.read_csv(filename)

    # Create a Pandas DataFrame agent.
    return create_pandas_dataframe_agent(llm, df, verbose=False)


def query_agent(agent, query):
    """
    Query an agent and return the response as a string.

    Args:
```

```
        agent: The agent to query.
        query: The query to ask the agent.

    Returns:
        The response from the agent as a string.
    """

    prompt = (
        """
        For the following query, if it requires drawing a
        table, reply as follows:
        {"table": {"columns": ["column1", "column2", ...],
        "data": [[value1, value2, ...], [value1, value2, ...],
        ...]}}

         If the query requires creating a bar chart, reply as
         follows:
        {"bar": {"columns": ["A", "B", "C", ...], "data": [25,
        24, 10, ...]}}

        If the query requires creating a line chart, reply
        as follows:
        {"line": {"columns": ["A", "B", "C", ...], "data":
        [25, 24, 10, ...]}}

        There can only be two types of chart, "bar" and
        "line".

        If it is just asking a question that requires
        neither, reply as follows:
        {"answer": "answer"}
        Example:
        {"answer": "The title with the highest rating is
        'Gilead'"}
```

```
        If you do not know the answer, reply as follows:
        {"answer": "I do not know."}

        Return all output as a string.

        All strings in "columns" list and data list, should 
        be in double quotes,

        For example: {"columns": ["title", "ratings_count"], 
        "data": [["Gilead", 361], ["Spider's Web", 5164]]}

        Lets think step by step.

        Below is the query.
        Query:
        """
    + query
)

# Run the prompt through the agent.
response = agent.run(prompt)

# Convert the response to a string.
return response.__str__()
```

5.3 案例

langchain_csv 和 data_viz_agent 的实践效果如图 5.3.1 和图 5.3.2 所示，用户使用自然语言作为输入，生成对应报表。原先整个流程需要数据工程师参与的工作量由半天缩短至几秒，甚至更短，且自然语言的交互方式极大提升了用户体验，提升了整个数据理解、分析的效率。

图 5.3.1　langchain_csv 智能数据助手的问答产品形态图

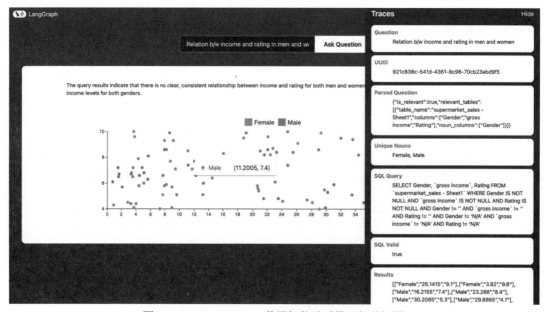

图 5.3.2　data_viz_agent 数据智能助手推理细节视图

第 6 章　基于大语言模型的鸿蒙代码转换探索

6.1　背景概述

近年来，鸿蒙操作系统以其独特的分布式架构和全场景智能体验正迅速成为全球科技领域的一股新兴力量。鸿蒙操作系统自正式发布以来，其生态发展呈现出前所未有的迅猛势头。开发者社区的活跃度不断攀升，各类应用开发厂商，无论是行业巨头还是初创企业，都纷纷投入这个充满活力的生态系统中。

据不完全统计，市面上 Android 应用程序的数量已经超过了 100 万，其中不少 Application 的代码规模都达到几十万甚至上百万行级。假设这些 App 厂商都投入鸿蒙应用程序的开发，那么可以预见工作量是异常庞大的。另外，如何有效降低这些应用程序的维护成本也是需要思考的课题。

有鉴于此，我们把目光聚焦在大模型。例如：在前期开发阶段，开发者可以借助"基于 LLM 的鸿蒙代码转换"工具，把原先的 Android/iOS 工程更轻松地转换为鸿蒙工程；在界面设计阶段，大模型可以根据开发者提供的草图或描述，自动生成用户界面布局的代码实现；在代码编写阶段，大模型能够提供智能代码补全、错误检测和修复建议，从而加快编码速度；在测试阶段，大模型可以模拟用户行为，进行自动化测试，提高测试覆盖率和效率；等等。

大模型给我们打开了无限的想象空间，同时也带来了不少挑战。本章将选取"鸿蒙代码转换"这个课题作为分析对象，系统阐述它的建设过程。

6.2　问题剖析

挑战 1：知识缺失，数据贫瘠。

鸿蒙系统是近几年蓬勃发展起来的全新操作系统，相较于 Android 和 iOS 等而言可以说是"后起之秀"。由于其诞生时长有限，与鸿蒙系统相关的文档、代码、书籍、网页信息并不特别丰富。各主流大模型的数据构成如图 6.2.1 所示。

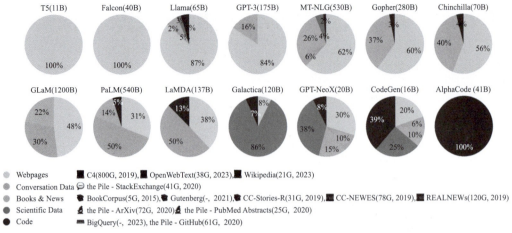

图 6.2.1 各主流大模型的数据构成（引自 *A Survey of Large Language Models*）

此外，这轮以大模型为代表的人工智能浪潮，其显著的特点就是"Large Scale"，如模型参数以千亿为单位，模型的预训练语料多达 TB 甚至 PB 级别。业界著名的 Scaling Law 指明，在其他条件恒定的情况下，LLM 的最终性能与其模型参数及数据量成正相关，如图 6.2.2 所示。

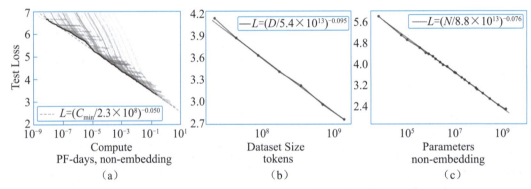

图 6.2.2 Scaling Law：算力、数据规模和参数规模的关系

于是，面向鸿蒙的研发大模型，自然无法回避一个问题：业界主流的预训练模型并没有在大规模的"鸿蒙数据语料"上训练过，自然不具备相关知识。

换句话说，假设可用的数据语料规模相对有限，是否有办法让大模型在特定领域达到理想的状态？

挑战 2：规模量大，工程庞杂。

先来看一组数据：

（Web browsers）

- Google Chrome– 6.7 million lines of code
- Mozilla Firefox– 21 million lines of code

（Office suites）

- Microsoft Office 2013– 45 million lines of code
- Apache OpenOffice– 19 million lines of code
- LibreOffice– 10 million lines of code

（Social networks）

- Facebook– 62 million lines of code
- TikTok– 80,000 lines of code
- SnapChat– 60,000 lines of code
- Instagram– 1 million lines of code
- LinkedIn– 8 million lines of code
- Twitter– 10 million lines of code

如果是游戏类应用程序，那么代码规模还会更大。

除了代码规模量大外，应用程序工程的组成元素通常也很庞杂，如图 6.2.3 所示。

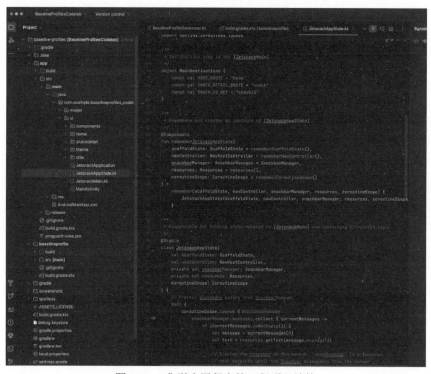

图 6.2.3　典型应用程序的工程项目结构

不难发现，一个典型的应用程序工程至少会包含如下元素：

（1）工程框架相关的元素：如与 IDE 强相关的一些文件、支撑应用程序编译的文件等。

（2）资源类元素：如 Android 工程中常见的 drawable、values、string、color 等文件。

（3）UI 相关的元素：如 layout、menu 等文件。

（4）源代码相关的元素：其中还可能涉及多种编程语言源代码，如 Java、C/C++、Kotlin 等。

（5）其他：如一些工具文件、json 文件等。

理想情况下，需要将上述类型的所有元素都转换到鸿蒙新工程中，而且能够让它们组成有机的整体。

挑战 3：场景多样，五花八门。

真实应用程序项目的代码实现通常是非常复杂的，特别是那些主流的应用（如微信、Facebook、淘宝等）。这一方面是因为它们需要解决的业务场景本身就比较多样化（而且要尽可能支持跨平台），另一方面当前技术栈的多元化也是关键的诱因。以某头部应用程序为例，其内部的实现涉及 C++、JS/TS、Kotlin/DSL 等多种语言，需要同时考虑 Web、Android、iOS、小程序等平台，而且自行实现了很多底层能力（如媒体处理、网络处理等）。某主流应用程序的技术架构如图 6.2.4 所示。

图 6.2.4　某主流应用程序的技术架构

软件实现上的复杂性，给代码转换带来了不小的挑战。由此引发的转换错误可以说是"不一而全、五花八门"。论文"Lost in Translation: A Study of Bugs Introduced by Large Language Models while Translating Code"较为系统地研究过代码转换的常规错误，并进行了相应分类，如图 6.2.5 所示。

这篇论文同时指出，在面向真实软件项目时，最前沿的 LLM 的转换成功率也非常低。如图 6.2.6 所示，"Commons CLI"和"Click"是作者选取的两个真实的软件项目。从中不难发现，除了 GPT-4 在"Commons CLI"的转换上取得了 13.6% 的"可怜成绩"外，其他大模型全部都"阵亡"了。

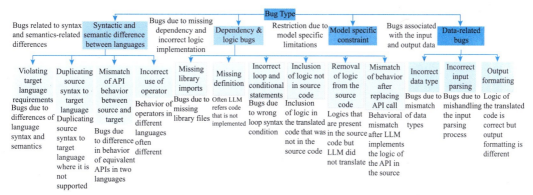

图 6.2.5 代码转换的典型错误分类

Dataset	Source Language	Source Samples	#Tests	Target Language	#Translations	% Successful Translations						
						CodeGen	CodeGeeX	StarCoder	GPT-4	Llama 2	TB-Airoboros	TB-Vicuna
CodeNet [63]	C	200	200	C++, Go, Java, Python	800	23.4%	14.9%	42.0%	83.0%	14.9%	18.8%	4.4%
	C++	200	200	C, Go, Java, Python	800	14.0%	3.6%	39.1%	80.0%	9.5%	8.3%	3.4%
	Go	200	200	C, C++, Java, Python	800	14.3%	5.9%	42.0%	85.5%	16.9%	6.6%	0.9%
	Java	200	200	C, C++, Go, Python	800	21.3%	10.3%	30.3%	81.3%	13.9%	6.5%	0.1%
	Python	200	200	C, C++, Go, Java	800	17.5%	7.3%	33.3%	79.9%	11.0%	6.5%	1.0%
Total/Average (CodeNet)	-	1,000	1,000	-	4,000	18.1%	8.4%	37.3%	82.0%	13.2%	9.3%	2.0%
Avatar [23]	Java	249	6,255	C, C++, Go, Python	996	8.1%	1.8%	11.9%	70.8%	1.8%	5.0%	0.0%
	Python	250		C, C++, Go, Java	1,000	3.8%	1.6%	14.2%	52.2%	4.7%	0.9%	0.9%
Total/Average (Avatar)	-	499	6,255	-	1,996	5.9%	1.7%	13.0%	61.5%	3.2%	3.0%	0.4%
EvalPlus [54]	Python	164	2,682	Java	164	16.5%	3.7%	22.0%	79.3%	1.2%	14.0%	7.9%
Commons CLI [6]	Java	22	310	Python	22	0.0%	0.0%	0.0%	13.6%	0.0%	0.0%	0.0%
Click [10]	Python	15	611	Java	15	0.0%	0.0%	0.0%	0.0%	0.0%	0.0%	0.0%
Total/Average (All)	-	1,700	10,858	-	6,197	8.1%	2.8%	14.5%	47.3%	3.5%	5.3%	2.1%

图 6.2.6 各主流大模型的代码转换表现

由此可见，在面向真实项目时，即便当前最前沿的代码转换技术仍然有很大的改进空间。

挑战 4：理论不足，不可解释。

人类文明的每一次飞跃，背后必定有基础学科的突破，而数学又是众多基础学科中的"基础"，这也就不难解释承载"牛顿三大定律"的旷世巨著名字会是《自然哲学的数学原理》了（图 6.2.7）。

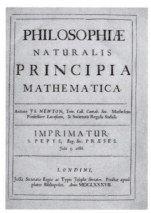

图 6.2.7 《自然哲学的数学原理》著作封面（引自 https://en.wikipedia.org/wiki/Philosophi_Naturalis_Principia_Mathematica）

人工智能也是如此。回顾 AI 从诞生伊始的接近 70 年的时间里（从 1956 年达特茅斯会议开始计算），它经历了多次的"起起落落"（参考本书前面章节的内容），而每次 AI 的"卷土重来"都离不开数学的推动作用。

那么这一轮以深度神经网络，特别是以大模型为代表的 AI 浪潮，其背后的数学本质又是什么呢？

我们直接引用鄂维南院士在 2022 年"世界数学家大会"上主题演讲中的观点来回答上述问题。对于"生成类 AI 任务"，他认为其背后的数学本质是（以人脸生成为例）：

Generating pictures of fake human faces:
Approximating and sampling an unknown probability distribution.

- Random variable: pictures of human faces
- We don't know its probability distribution
- We do have a finite sample: pictures of real human faces
- We can approximate the unknown probability distribution and produce new samples
- These new samples are pictures of fake human faces.

简单理解的话，就是"未知概率分布的采样与逼近"。

换句话说，AI 前沿技术背后的数学支撑是"最优化"理论，而不是"代表 AI 原理的数学公式"的直接求解。

值得一提的是，这种情况在科学界并不少见，它其实体现了"控制论"在面向复杂系统时的核心思想，即"设立目标，然后不断逼近它"。同样的例子也发生在当前深度神经网络的训练过程中，一轮又一轮的迭代训练，其实就是不断逼近"预设目标"的过程。

然而，当前的"数学原理支撑"不是最优的，它既浪费大量的计算资源，又容易让 AI 模型陷入"不可解释"的境地，充其量只能说是人们在当前文明局限下的一个无奈之举罢了。

可以预见，人类在通向通用人工智能的道路上，不久的将来一定还会有若干次数学原理的巨大突破，只有这样才能支撑 AGI 实现"质的飞跃"。

6.3 探索破题

在前面分析的基础上，进一步阐述如何进行有针对性的破题：

挑战 1：知识缺失，数据贫瘠→基于"知识体系"的数据工程建设。

挑战 2：规模量大，工程庞杂→针对被转换对象"庖丁解牛"，既能"一分为二"，又能保障"合二为一"。

挑战 3：场景多样，五花八门→提取典型问题模式，打造关键技术"各个击破"。

挑战 4：理论不足，不可解释→不断优化"反馈回路"，缓解不可解释带来的工程复杂性。

6.3.1 总体思路概述

首先应用系统工程思想来解决复杂的工程问题。系统工程是一门专业性的学科，我们结合几十年的软件项目经验提出了"软件的系统工程"方法，"系统工程五元组"，即"目的、系统、信息、反馈和控制"，如图 6.3.1 所示。

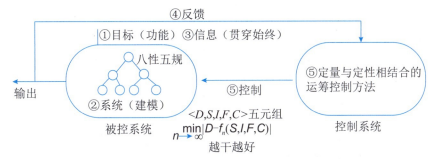

图 6.3.1 软件的"系统工程五元组"示意图

可以把"系统工程五元组"应用到"代码转换"这个工程问题中，为"代码转换"工程建模，并构建一个完整的信息反馈回路，支撑整体工程不断逼近既定目标。其中有两个关键词，即"既定目标"和"反馈回路"。

1. 既定目标

首先，以终为始来看，那自然是最终的工程效果。所以问题又转换为如何衡量"代码转换"的最终效果。业界有多种衡量指标，如代码采纳率、转换准确率等。在我们的探索中不同阶段采用了不同指标，例如，在大模型上线前，以转换准确率等技术指标为主；在运营阶段，代表用户的"代码采纳率"更为关键。

其次，我们的目标也应该综合考虑"反馈回路"的端到端闭环周期。

2. 反馈回路

把反馈回路的端到端周期纳入目标，是因为它会直接影响到用户（开发者）的体验，这是"代码转换"作为辅助工具的重要价值点之一。

基于本节的核心思路得出"代码转换"的总体方案如图 6.3.2 所示。

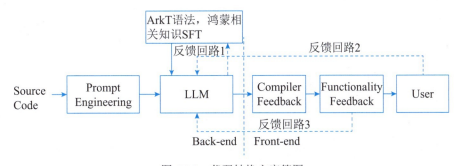

图 6.3.2 代码转换方案简图

这个方案有以下三个重点。

重点1：分为前端和后端两部分。后端关注大模型自身能力的建设，确保大模型的"底子"是好的；前端负责如何更大程度地"引导和激发"大模型的能力，从而从全局层面更好地解决业务问题。

重点2：构建多层级反馈回路。针对工程优化类问题，如何构建高效的反馈回路，支撑问题求解的效率提升是关键。我们在这一方面做了很多探索，后面会做进一步讲解。

重点3：融入了对上述潜在挑战的解决方案的思考。我们都在方案设计时对前面提到的多个潜在挑战做了针对性的思考，以便方案在实施层面是总体可落地的。

6.3.2 基于"知识体系"的数据工程建设

在 Scaling Law 的推动下，大模型的参数量和数据量都在呈指数上升，然而，并不需要很多的数据语料支撑现在的效果。例如，在"Extracting Representative Subset from Extensive Text Data for Training Pre-trained Language Models"中做过一个探索，科学家利用原数据集千分之一的规模量，就让大模型达到了原先的 90% 甚至同等效果，具体如下。

> This paper investigates the existence of a representative subset obtained from a large original dataset that can achieve the same performance level obtained using the entire dataset in the context of training neural language models. We employ the likelihood-based scoring method based on two distinct types of pre-trained language models to select a representative subset. We conduct our experiments on widely used 17 natural language processing datasets with 24 evaluation metrics. The experimental results showed that the representative subset obtained using the likelihood difference score can achieve the 90% performance level even when the size of the dataset is reduced to approximately two to three orders of magnitude smaller than the original dataset. We also compare the performance with the models trained with the same amount of subset selected randomly to show the effectiveness of the representative subset.

类似的探索还有很多，如 Carnegie Mellon University 和 Meta AI Team 联合发表的"LIMA: Less is More for Alignment"等。这充分说明现有大模型的数据集存在大量的"潜在浪费"。换句话说，在构建数据语料时，需要采用什么策略才能逼近"增一分则肥、减一分则瘦"的理想情况呢？

通过大量的业界研究发现，虽然具体方法多种多样，但都有一个共同的关键词"知识"。所以就是基于"知识体系"来做数据工程建设。这其实不难理解，例如，教育行业先有"教学大纲"确定学生需要学习的知识，再围绕"教学大纲"编写相应的"教材"（数据语料）。

在设计"教学大纲"时，有两方面需要注意：

设计要点1：重视"人"和"大模型"学习知识时的"异同点"。

在面向"人"和"大模型"做知识赋能时的相同点：

首先，需要把"知识"映射到目标对象的"理解域"里。更通用地说，就是把信息从 A 高效地传递到 B，这个过程实际上可以归属于广义的信息论。

其次，教材的重要性是不言而喻的。好的教材可以显著提升目标对象的学习效率。国内不少家长会给孩子购买新加坡、美国编写的教材，因为它们相比国内教材更为通俗易懂，既讲理论，又给出为什么需要这些理论。

主要的差异是目标对象学习知识的方式和能力。以平均水平来看，人需要更多次的训练，才能掌握相应的知识；作为对比，大模型的学习能力普遍较高，只要提供 one-shot 或者 few-shot 的数据，就可以帮助它较好地掌握所需知识。

设计要点 2："教学大纲"需要区分不同专业。

不同专业需学习的知识内容存在差异，不可避免地需要区分对待它们的"教学大纲"。例如，清华大学面向软件专业和自动化专业的"教学大纲"就不是同一份，而且出自不同的院系。

当然，不同专业间的"教学大纲"也有公共的部分，如通识教育、科学基础等都是工科领域共同的要求，自然可以考虑"复用"。

综合来讲，需要针对不同专业来设计"教学大纲"，进而确认所需的数据语料。以本节所述的代码转换课题为例，它属于"鸿蒙应用开发"专业。知识体系的构建范例如图 6.3.3 所示。

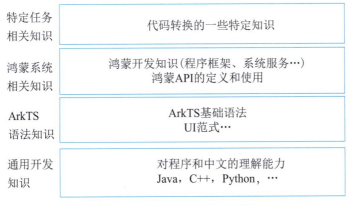

图 6.3.3　知识体系的构建范例

各层级释义如下。

（1）通用开发知识：通常是预训练大模型自带的。需要保留这部分知识，以及它所对应的数据语料。这是因为大模型目前普遍会有"知识遗忘"的问题，即在训练学习新知识时遗忘以往已经存在的老知识。相对有效的一个解决办法是在新知识训练时，加入部分老知识所对应的数据语料，新老数据的最佳"配比"也是当前的研究热点。大家可以自行查阅相关资料，同时结合实际业务场景来做进一步学习。

（2）ArkTS 语法知识：大模型比较擅长学习编程语言，甚至大部分工作可以采用无监督的方式完成，但前提条件是有足够多的数据语料。

除了围绕"知识"来构建这部分语料外，还可以充分利用一个关键的事实来提高效率，即“ArkTS 是基于 TypeScript/JavaScript（TS/JS）的扩展和演进”，如图 6.3.4 所示。

ArkTS更好的生产力与性能

兼容JS/TS生态，高效交互操作，低运行开销

ArkCompiler
TS/JS
ArkTS
ArkUI
DSL
union const
any
let
Symbol
var
import
if
with new
unknown
function
in class
interface
struct
@state
launch
float
int
@concurrent

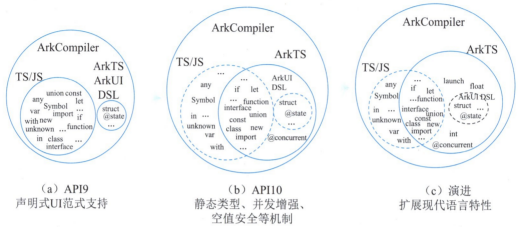

（a）API9
声明式UI范式支持

（b）API10
静态类型、并发增强、
空值安全等机制

（c）演进
扩展现代语言特性

图 6.3.4　ArkTS 与 TS/JS 的关系（https://developer.huawei.com/consumer/cn/arkts/first-know/）

TypeScript 和 JavaScript 经过多年的发展比较成熟，预训练模型基本上已经掌握了针对它们的相关知识。换句话说，只要把“ArkTS 与 TS/JS 之间的差异”这个知识有效地传递给大模型，就有可能帮助它更快地学好这门“新语言”，如图 6.3.5 所示。

规范的代码更好地保证正确性和性能

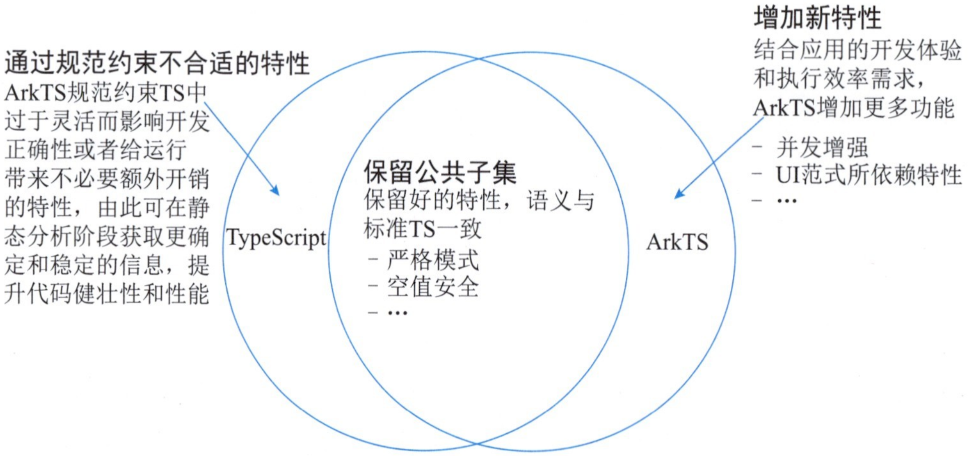

通过规范约束不合适的特性
ArkTS规范约束TS中过于灵活而影响开发正确性或者给运行带来不必要额外开销的特性，由此可在静态分析阶段获取更确定和稳定的信息，提升代码健壮性和性能
增加新特性
结合应用的开发体验和执行效率需求，ArkTS增加更多功能
- 并发增强
- UI范式所依赖特性
- …
保留公共子集
保留好的特性，语义与标准TS一致
- 严格模式
- 空值安全
- …
TypeScript
ArkTS

图 6.3.5　ArkTS 和 TypeScript 的具体差异释义图

鸿蒙官网文档详细给出了 ArkTS 和 TypeScript 两门语言的具体差异，可以参见“https://developer.huawei.com/consumer/cn/arkts/first-know/#ArkTS 相比 TS 特性差异”。这为我们提供了一份潜在的、优秀的文档数据语料。

（3）鸿蒙系统相关知识：鸿蒙系统是面向下一代的操作系统，它的设计理念比较超前，相较其他端侧操作系统也有不少差异化的能力。例如，鸿蒙系统的程序框架、UX 框

架、图形框架,以及其提供的超过 1 万个 API,都与目前市面上的操作系统有一定差异。

这部分数据语料的构建,一方面可以采用多种数据类型,除了可以把源代码纳入重要的数据源,开发者文档、开发者知识问答等都是潜在的优质数据原料;另一方面系统化地梳理出鸿蒙系统相关的知识点,以 API 为例,面向每个 API 建议提供详细的函数签名、功能描述,以及 10 个左右的使用范例。

更为关键的是需要建立一套检验大模型"学习成果"的评测集。这就像学校组织的单元测试一样,通过阶段性的测验以及错题本整理,可以从更细粒度去审视大模型还存在哪些不足,然后有的放矢地加以改进。

(4)特定任务相关知识。

不同类型的 AI 任务总会有些差异化的知识需要学习。例如,针对代码转换任务,两种语言之间的"翻译对"有可能起到较好的促进作用,这就需要特别构建。

而代码测试任务则需要大模型学会相应的测试框架(如 Android 的 Mokitto,Java 的 Junit 等),这些都是在面向特定任务时需要考虑的。

总的来讲,在"知识体系"的基础上,再有针对性地构建数据语料,经实践证明有助于取得"事半功倍"的效果。

6.3.3　针对被转换对象"庖丁解牛"

对于一个复杂的工程问题,首先要"降杂",即通过多层级的"庖丁解牛"把目标对象分割到"可被理解,可被处理"的颗粒度。前面说过,一个真实的源码工程的组成元素是相对混杂的。如果要切第一刀,应该从哪下手呢?

换个角度来思考,这个问题也可以进一步转换为工程项目中有哪些元素更合适聚合在一起呢?

1. 源码类元素

源码类元素(图 6.3.6)是一大类元素,而且是代码转换任务的重点和难点。

图 6.3.6　源码类元素(通常聚合比较集中)

2. 资源类元素

资源类元素也是工程项目中占比最高的一大类元素。以 Android 工程为例,其资源类文件包含了 Animation resources、Color state list resource、Drawable resources、Layout resource、Menu resource、String resources 等多种类型,如图 6.3.7 所示。

Animation resources
Define pre-determined animations.
Tween animations are saved in `res/anim/` and accessed from the `R.anim` class.
Frame animations are saved in `res/drawable/` and accessed from the `R.drawable` class.

Color state list resource
Define a color resource that changes based on the `View` state.
Saved in `res/color/` and accessed from the `R.color` class.

Drawable resources
Define various graphics with bitmaps or XML.
Saved in `res/drawable/` and accessed from the `R.drawable` class.

图 6.3.7　Android 工程中的资源类型(部分)

3. 工程支撑类元素

工程支撑类元素包括工程编译脚本、IDE 框架文件,以及工程所使用的其他工具及支撑性文件等,如图 6.3.8 所示。

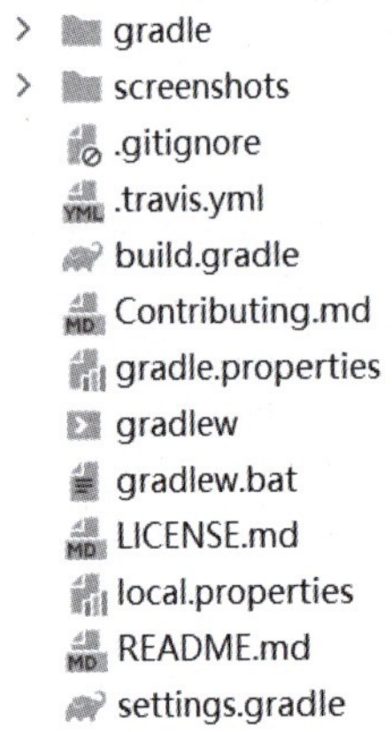

```
> gradle
> screenshots
  .gitignore
  .travis.yml
  build.gradle
  Contributing.md
  gradle.properties
  gradlew
  gradlew.bat
  LICENSE.md
  local.properties
  README.md
  settings.gradle
```

图 6.3.8　工程支撑类元素

把原先纷繁复杂的工程项目先切成了如上三部分。值得一提的是,针对每一部分采用的具体技术可以不同。因为技术只是手段,取得好的转换效果才是目的。例如,资源类元素转换更适用"基于规则"的技术,因为这类元素的转换方式是相对固定的,并不需要太大的"灵活性"。基于 LLM 的转换技术可以为源码类元素的转换带来新的希望(传统基于编译原理和规则的源码转换并不太成功)。

如果要给源码类元素再切一刀,如何下手呢?

我们从大量的工程实践经验中总结出一条策略:"源码类元素"的切割,最好符合"高内聚,低耦合"的性质。

有两个核心原因:

核心原因 1:耦合越多,对 LLM 的转换压力越大。这是因为大模型看到的是"局部"信息,对于超出其知识范畴的外部依赖,它无法做出准确转换倒是可理解的。

核心原因 2:除了"分",还要考虑"合"的问题。很多时候,大量的局部工作合并起来,在全局层面未必就是"最优"的。例如,我们曾尝试把工程项目中的一个个"函数"成功转换到了目标语言,在做"合并"时发现,从整个工程项目的维度来审视,不少函数在"目标语境"中已经没有存在的必要了,换句话说这些工作白做了。

结合如上策略,我们针对 Android 工程尝试了代码行、函数、类、"四大组件"(activity、service、content provider、broadcast receiver)等多种"切割"粒度,最后发现基于"四大组件"的颗粒度是相对合适的,如图 6.3.9 所示。

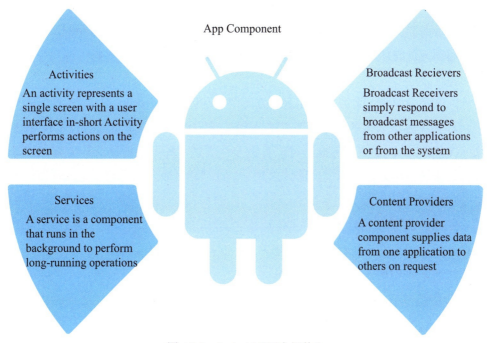

图 6.3.9　Android "四大组件"

6.3.4　提取典型问题模式,利用关键技术"各个击破"

在面向真实的工程项目时,导致转换错误的原因可能多种多样。我们需要从这些错误中提取出若干典型的问题模式,并打造相应的关键技术"各个击破",从而支撑问题不断收敛,最终取得好的转换结果。

业界针对基于 AI 的代码转换的失败原因也做了不少研究。例如,在"Lost in Translation: A Study of Bugs Intruduced by Large Language Models while Translating Code"论

文中，采用的"转换失败原因分析方法"是：第一阶段，先选定一个项目（总共有 31 个项目）作为被转换对象，然后邀请 8 位领域专家分别对该项目的转换失败原因打标签，再将他们的结果综合成一个"失败原因基线"；第二阶段，将 8 位专家分为 4 个小组，采用小组分工的方式来对剩余 30 个项目进行失败原因打标签，如果原先的失败类型不足以解释一个失败原因，就会选择新增一种类型，直到所有的错误处理完成，最终的失败原因分类如图 6.2.5 所示。

上述方法仅供参考，在面向真实项目时转换失败的原因会更加错综复杂，需要结合具体的工程项目特点来做分类。

针对鸿蒙代码转换这个课题，我们在前期提取了大致 6 大类失败原因。其中排名第二的两类释义如下：

（1）差异化导致的转换失败。

语言翻译讲究"信，达，雅"，事实上，做到"信"就已非易事，特别是当两种语言有较大差异时。

鸿蒙系统是面向下一代的操作系统，所以在系统 API、程序框架、编程语言（ArkTS）等多个方面都与现有移动操作系统有不小的差异。这些差异表现在代码转换任务中，就有可能成为各种各样的失败原因。

在处理这类问题时，需要重点注意两方面：一是针对数据语料，围绕差异化部分做全局增强，补齐大模型缺失的知识。具体表现形式上，可以是预训练语料，抑或 SFT 或者 RAG 数据语料，没有统一的标准，可以多做一些尝试，探寻更好的具体方案。二是尽可能选择跨语言转换能力强的模型。可以构建一个选型测试集，以考察各主流预训练模型的"代码转换内功"。

（2）依赖关系复杂导致的转换失败。

根据被转换对象的"颗粒度"，依赖关系不尽相同，大型工程项目的依赖关系通常是异常复杂的（图 6.3.10）。

图 6.3.10　大型工程项目的依赖关系通常是异常复杂的

如果被转换对象是一个函数，那么它可能依赖周边函数、系统 API、第三方库，用户自定义的其他类等。对于大模型而言，它的"视野范围"通常都是局部的，因而这些"盲区"会导致其转换性能大幅下降，漏洞百出。

应对依赖关系导致的转换失败问题，我们的经验如下：

首先，尽量保障被转换对象的切割符合"高内聚，低耦合"的性质。前面也反复强调过这一点，这就从"根源"上缓解了依赖复杂的问题。

其次，可以基于程序分析技术，系统地得到被转换对象的周边依赖关系。在转换过程中，应该优先处理依赖关系更小的模块，循序渐进。

再次，构建 Prompt Engineering 技术，将相关信息（如依赖关系、编译信息等）作为上下文以最佳方式传递给大模型，以支撑它做出更好的判断。

最后，迭代交互也是必需的。大模型在针对复杂问题时一次性做对的概率并不是特别高。通过迭代交互的方式可以不断引导大模型朝着正确的方向输出结果，最后将问题收敛到可以接受的范围内。

6.3.5 不断优化"反馈回路"，缓解工程复杂性

业界对大模型的"不可解释性"讨论由来已久。2018 年，一位 AI 专家在神经信息处理系统（NIPS）大会上公然炮轰深度学习为"炼金术"（alchemy），引起了轩然大波。对此，AI 领域的"三驾马车"之一的 Yann LeCun 予以反击，并提出了他的观点：

My take on Ali Rahimi's "Test of Time" award talk at NIPS.

https://www.youtube.com/watch?v=Qi1Yry33TQE

Ali gave an entertaining and well-delivered talk. But **I fundamentally disagree with the message**. The main message was, in essence, that the current practice in machine learning is akin to "alchemy" (his word). It's insulting, yes. But never mind that: It's wrong!

Ali complained about the lack of (theoretical) understanding of many methods that are currently used in ML, particularly in deep learning.Understanding (theoretical or otherwise) is a good thing. It's the very purpose of many of us in the NIPS community.

But another important goal is inventing new methods, new techniques, and yes, new tricks. **In the history of science and technology, the engineering artifacts have almost always preceded the theoretical understanding: the lens and the telescope preceded optics theory,** the steam engine preceded thermodynamics, the airplane preceded flight aerodynamics, radio and data communication preceded information theory, the computer preceded computer science.

Why? Because theorists will spontaneously study "simple" phenomena, and will not be enticed to study a complex one until there a practical importance to it.

他认为，当前的深度学习实践属于工程学上的探索，且历史上工程实践早于理论的经

典例子屡见不鲜（如望远镜先于光学理论，蒸汽机先于热力学等）。所以不能"一竿子打死"这个领域，而是要在工程实践中去寻找规律，再逐步提炼到理论层面。而现阶段"不可解释性"是复杂系统对象的一个典型特点。那么如何更有效地控制一个"复杂系统对象"呢？

潜在的答案是"系统工程"。限于篇幅，这里不展开讲述系统工程的相关知识，感兴趣的读者可自行查阅。我们的经验和建议是设置好目标，并构建有效的反馈回路，然后通过快速迭代来逼近目标。

两种反馈回路的区别（图6.3.11）：

图6.3.11 两种反馈回路的区别

反馈回路1的特点在于直接通过User来做大模型输出结果的反馈。优点是简单。缺点：首先，用户体验不好。因为最终用户通常情况下想一次性得到最佳的结果，而不是参与到烦琐的中间过程。其次，反馈回路会特别长。依靠这种方式来优化总体方案，迭代周期可能高达数周甚至数月。

反馈回路2增加了自动化环节Compiler Feedback和Functionality Feedback，前者负责编译大模型输出的代码，后者进一步检查转换前后的代码行为的一致性。不难理解，凡是通过这两个检验环节的转换结果的质量，将得到大幅度提升。

Compiler Feedback的实现难点在于如何保障代码段的独立编译。这方面可以参考各操作系统的单元测试框架，例如，Android的Mockito；Functionality Feedback的难点在于如何做代码行为的一致性检查。有多种实现方式可供参考，譬如基于Unit Test或者differential fuzzing，选择何种方案还需要结合准确性、性能等多方面做综合考量。

第 7 章 大语言模型的推理加速

7.1 引言

自 ChatGPT 引发新一轮人工智能热潮以来，1+N（一个基座，多种任务场景）的模式使得通用 AI 技术浮出水面。此外，涌现出众多引人注目的技术，如零样本/少样本学习（zero/few-shot learning）、检索增强生成（RAG）等，极大地降低了人工智能应用的实施门槛。在此背景下，许多团队和业务场景对数据安全和自主可控性提出了要求，因此，模型的私有化部署成为亟待解决的工程问题。在大模型时代，模型参数规模的不断增大导致部署和推理成本增高，使得许多团队望而却步。因此，提高大模型的推理效率成为提升产品竞争力的关键手段。

业界普遍认为，模型推理效率的四个关键指标包括首词元时间（Time to First Token, TTFT）、词元输出时间（Time per Output Token, TPOT）、响应时延（Latency）和吞吐量（Throughput），其中，首词元时间、词元输出时间和响应时延主要用于衡量大模型的推理速度，吞吐量用于衡量推理的并发能力[7]。

在流式应用中，首词元时间是指从 LLM 接收到输入返回第一个词元所需的时间。

词元输出时间或每秒词元数（Token per Second, TPS）或词元间时延（Inter-Token Latency, ITL）衡量的是连续输出词元之间的平均时间。在实际应用中，当 TPOT 不超过 50ms 每词元时，用户通常能够体验到流畅的交互。

时延是指用户从发出请求到接收到完整响应所需的总时间。假设生成的词元总数为 N，则时延与 TTFT 和 TPOT 之间的关系可以表示为

$$\text{Latency} = \text{TTFT} + \text{TPOT} \times (N-1) \qquad (7.1.1)$$

吞吐量表示系统在单位时间内能处理的请求数量。通常采用增加批处理大小（batch size）的方法提高吞吐量，即将用户的请求从串行处理改为并行处理。然而，这可能会在一定程度上增加每个用户的时延。

在实际应用中除了关注上述指标外，还需注意用户输入与 LLM 服务响应输出的词元长度不一致导致用户请求延时分布不均衡的问题。因此，除了关注平均 TTFT 外，还需要关注其分布，如第 50、90、95 和 99 百分位等。对于仅解码的网络结构大模型，通常采用自回归方式逐步生成词元。在每一步中，模型的实际输入包括用户输入和之前所有生

成的词元，随着输入序列的增长，GPU 资源消耗也相应增加。推理过程通常分为两个阶段：冷启动阶段，LLM 根据用户输入生成首个词元，此时推理过程需要从零开始计算输入词元数组中各元素之间的权重（即 KV 对参数），这一步骤在软件层面几乎没有优化空间，对应 TTFT 指标；解码阶段，每生成一个词元，都会将其添加到输入词元数组中作为下一次生成任务的输入，此时更新的输入词元数组中只有最新的词元与之前各词元的关联关系需计算，即键值对参数无须全量更新可复用，从而在计算时间复杂性上有一定的优化空间。因此，推理时延指标将这两阶段分别设计了 TTFT 和 TPOT 两个指标。

在当今技术驱动的商业环境中，程序的执行效率和响应速度是衡量软件和系统性能的关键指标，这一点在大模型应用软件和系统中尤为显著。这些性能指标不仅直接影响用户体验，也是企业运营成本和市场竞争力的决定性因素。

LLM 推理阶段 GPU 资源消耗、延时示意图如图 7.1.1 所示。

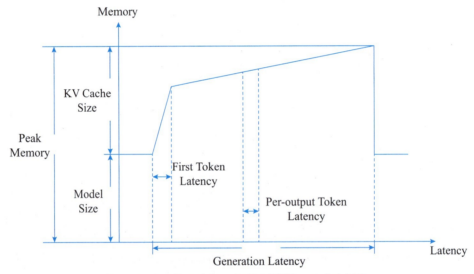

图 7.1.1　LM 推理阶段 GPU 资源消耗、延时示意图

（1）提高用户体验。在交互式应用领域，如在线聊天机器人和实时翻译服务，快速的推理响应能力是提升用户体验的核心。用户对快速、流畅的交互体验有着天然的需求，而这种体验能够显著提高用户满意度和忠诚度，进而赢得市场口碑。

（2）降低运营成本。高效的推理过程意味着在提供相同性能水平的服务时，所需的计算资源消耗更少。这不仅减少了对硬件资源的需求，也降低了能源消耗，从而为企业带来了更高的利润空间和更强的市场议价能力。考虑到 GPU 服务器相较于 CPU 服务器的高成本，提高推理效率在降低运营成本方面尤为重要。

（3）扩大智能化应用场景。大模型推理加速技术的发展，为实时或近实时数据处理的应用场景，如自动驾驶、金融交易、同声传译等，提供了关键支持。这些场景要求系统能够迅速做出决策和响应，推理加速技术的应用显著提升了系统的安全性和效率。

（4）推动智能化能力下沉。随着推理能力的加速，原本受限于技术条件的应用场景变得可行。智能化能力不再局限于云端或服务端，而是可以扩展到移动端和 IoT 边缘设备，使得这些设备能够运行复杂的大模型。这不仅增强了产品的功能属性，也极大地丰富了用户的智能化体验，从而提高了企业的商业竞争力。

（5）促进技术与产业可持续创新。从技术发展的角度来看，大模型推理加速不仅推动了操作系统、数据中心、框架、芯片工艺等领域的科学发展，也加速了相关技术的产业化创新进程。这些技术进步为整个行业带来了可持续发展的动力，促进了计算理论的深化和计算效率的优化。

基于系统工程的角度，影响推理速度的主要因素有硬件、软件以及软件与硬件之间的适配层。

硬件算力是推理速度的物质基础，包括 CPU、NPU、TPU、GPU 等处理器在不同数值表示（双精度 FP64、单精度 FP32、半精度 FP16、专为张量处理单元设计的一种介于 FP32 和 FP16 之间的 BP16，以及最近流行的推理精度 FP8）的算力峰值，存储介质的输入/输出（I/O）速度，内存，网络带宽，以及处理器间的通信速度，特别是 CPU 与 GPU、GPU 多卡之间的数据传输效率。在大模型推理过程中，CPU 与 GPU 之间的协同工作至关重要，而 CPU 则扮演着数据预处理、任务调度、网络通信和后处理的关键角色。CPU 负责将输入数据进行格式转换、归一化，如图像领域的剪枝、缩放和颜色调整等预处理工作。它还承担着管理 GPU 任务队列、维护线程的职责，通过高效的任务调度减少 GPU 在任务切换时的闲置时间，提高多 GPU 间的协作效率。在多线程环境中，CPU 负责线程的创建、销毁和线程间数据同步。在分布式推理场景中，CPU 负责多卡多机之间的数据同步，尽管传统硬件中 GPU 间的通信需要经过 CPU 内存，增加了通信延迟和 CPU 负载，但现代技术如 NVIDIA 的 NvLink、AMD 的 Infinity Fabric 和华为的 HCCS 提供了 GPU 间直连的高速通信解决方案，显著提升了数据传输效率。此外，CPU 还负责对 GPU 返回的数据进行后处理，包括应用阈值、计算最终输出，并将结果输出到外部系统或存储设备。与此同时，GPU 专注于执行模型的前向传播，包括线性和非线性计算，如矩阵乘法、拼接、激活函数等，同时利用其内部的高速内存，如共享闪存和寄存器，加速数据访问和处理，减少延迟和带宽消耗。通过这种分工和协同，CPU 和 GPU 能够充分发挥各自的优势，实现大模型推理的高效执行，显著提升推理速度和整体系统性能。

存储介质的 I/O 操作扮演着至关重要的角色。这些 I/O 操作涵盖了模型参数的加载、数据预处理时 CPU 内存的读写活动、推理过程中 GPU 内存和寄存器的 I/O 交互，以及程序执行期间的日志记录和推理结果的持久化输出。模型参数加载是影响服务部署和启动速度的关键因素，也会影响 TTFT。在分布式多节点部署环境中，参数加载主要影响的是部署时间，采用参数预加载技术后对 TTFT 无影响。数据预处理阶段，尤其是涉及图片和视频等大数据量的处理，对 CPU 内存的高频读写效率要求较高，这可能会对推理速度产生一定的延迟。然而，与模型参数计算相比，日志记录和推理结果的持久化操作通常耗时较少，对整体推理性能的影响可以忽略不计。注意，GPU 内存的读写效率在参数前向传递时对推理速度和吞吐量有着显著影响。因此，优化 GPU 的内存读写策略对于提升整体推理效率至关重要。

图 7.1.2 展示了以 Nvidia 为例，该公司发布的 GPU 定价策略揭示了算力峰值、算力边际成本 TFOD（TFLOPS per dollars），即每美元所能获得的算力峰值、显存、GPU 直连通信带宽的演变。这一指标不仅反映了硬件技术进步对降低成本、计算速度提升的积极影响，也体现了硬件发展在降本增效方面的显著成就。随着芯片设计、制造工艺、测试封装以及电路设计的持续创新，整个产业链的理论与实践均实现了突破，这些进步不仅推动了 AI 领域的大模型训练和推理效率，也为科学计算和其他数字化行业带来了全行业的成本效益优化。硬件技术的突破，尤其是在算力提升和边际成本降低方面，为软件领域的理论研究和工程实践提供了坚实的基础。尽管硬件领域的主要参与者相对有限，主要集中在几家行业巨头，但他们的技术进步具有普适性，影响深远。与此同时，软件领域的参与者更为多元，包括个人开发者、不同规模的团队和企业以及科研机构。软件技术的发展日新月异，但推理领域的进步往往与网络结构的演变紧密相连，存在一定的局限性。例如，随着从深度学习到大模型时代的过渡，某些技术如模型剪枝可能逐渐失去其时效性。此外，软件技术的突破往往与特定的模型结构绑定，随着模型结构的演进，一些技术可能会变得过时或被新的技术取代。

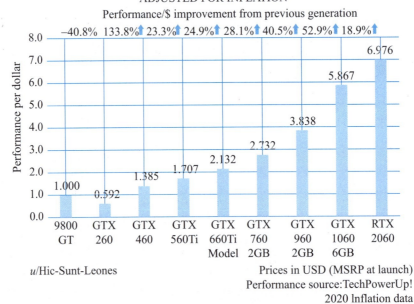

图 7.1.2 Nvidia GPU 与算力峰值的发展趋势

硬件与软件的适配层主要包括运行时环境、操作系统和计算架构。不同的系统架构具有不同的处理能力和特性。例如，现代多核处理器通过并行处理能力显著提升了计算速度。系统内核提供的调度能力，如任务调度、内存管理和 I/O 操作对程序的执行效率至关重要。在硬件适配方面，异构框架，如华为昇腾 NPU 的 CANN、Nvidia GPU 的 CUDA、Google TPU 的 XLA 等，为开发者提供了丰富的工具和库，包括图优化、算子融合、编译器、张量核函数和工具链，这些工具加速了计算密集型应用的开发，尤其是在机器学习和深度学习领域，有利于提升推理效率。

软件层面主要包括模型结构、数值计算以及推理参数前向传递计算过程等。模型网络结构的包括算子类型、网络宽度与深度。硬件、运行时环境相同的情况下，模型结构的复杂性（以参数量来衡量复杂性）与推理速度正相关。硬件对模型参数数值计算的效率也与推理速度正相关，计算过程是否可以并发计算也与推理速度正相关。

7.2 推理加速技术原理

7.2.1 推理计算与显存分析

Decode-only Transformer 的结构如图 7.2.1 所示，主要包括由 input embedding 和 positional encoding 构成的输入序列编码结构、N 个重复性的 Transformer block 特征工程结构以及由 LayerNorm、Linear 和 softmax 构成的对高维特征解码结构。本节以此结构为例，从数学推导上对该结构推理过程中的计算复杂性和显存占用开展深入的分析。

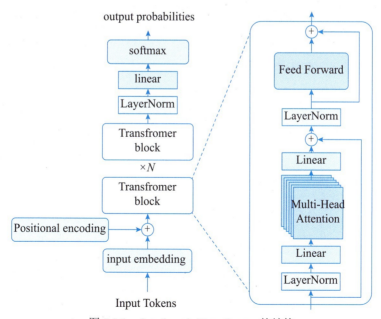

图 7.2.1 decode-only Transformer 的结构

1. 输入嵌入（input embedding，tokenization）

计算过程如式（7.2.1）所示，embedding 将每个 token 经过 one-hot 编码后形成的输入矩阵为 $X \in R^{(b,L,V)}$（暂不考虑稀疏表示，后续均用下标表示矩阵、向量维度），经过 tokenization 后转成长度为 T 的向量（注意，T 也是多头注意力隐含层的维度）。

$$E_{b,L,T}^{o_1} = X_{b,L,V} \cdot W_{V,T} \tag{7.2.1}$$

式中：$E_{b,L,T}$ 为输入向量化的输出，是三维矩阵。整个 embedding 过程是一个很大的矩阵乘法计算，第一步的计算量为

$$c_1 = bLVT(\text{MUL}) \tag{7.2.2}$$

式中：MUL 为乘法指令。

$W_{V,T}$ 为 input embedding 的权重参数，需要常驻显存中，因此，显存占用量为

$$g_1 = V \times T \times p \tag{7.2.3}$$

2. input embedding 和位置编码求和算子

让向量化的输入能够表达出在序列中的相等位置，计算构成如下：

$$E_{b,L,T}^{o_2} = E_{b,L,T}^{o_1} + P_{L,T,1} \cdot I_{1,1,b} \tag{7.2.4}$$

在携带 batchsize 的情况下，位置编码需要复制 b 份再求和。求和算法的计算量如下：

$$c_2 = bLT(\text{ADD}) \tag{7.2.5}$$

计算过程中位置编码的权重需要常驻显存，显存占用量为

$$g_1 = L \times T \times p \tag{7.2.6}$$

3. 随后推理过程中重复 N 个 Transformer block 的计算流程

每个 block 按照前向传递计算分为 LayerNorm、linear、Multi-Head Attention、linear、求和、LayerNorm、Feed Forward、求和 8 个子步骤，因此，所有 Transformer block 的计算量与显存占用量是单个 block 的 N 倍，以其中一个 block 展开深入分析。

1）LayerNorm 算子

应用层归一化算子，对于 $E_{b,L,T}^{2}$，先计算每个 token 在其通道（三维矩阵的第二维）的均值 μ 和标准差 σ，计算公式如下：

$$\begin{cases} \mu_{i,j} = \dfrac{\sum_{k=0}^{T} E_{i,j,T}^{o_2}}{T} \\ \sigma_{i,j} = \sqrt{\dfrac{1}{L}\sum_{k=0}^{T}(E_{i,j,T}^{o_2} - \mu_{i,j})^2} \end{cases} (i \in [0,b], j \in [0,L]) \tag{7.2.7}$$

每个批次中，对每个 token j 计算其通道维度上的均值 $\mu_{i,j}$ 和标准差 $\sigma_{i,j}$，在计算这个 token 的归一化后的参数值时，为了避免标准差为 0，通常分母会有一个极小值常量 ε，一般取 10^{-5}，如下所示：

$$\tilde{E}_{i,j,k}^{o_2} = \dfrac{E_{i,j,k}^{o_2} - \mu_{i,j,k}}{\sigma_{i,j,k} + \varepsilon} \tag{7.2.8}$$

计算并更新所有批次全部 token 通道一切维度的元素之后形成新的矩阵,记为 $\tilde{E}_{B,L,T}^{o_2}$,对应转置矩阵记作 $\hat{E}_{b,L,T}^{o_2}$,然后经过可学习参数 γ 和 β 缩放与平移归一化结果,得到最终输出 $E_{b,L,T}^{o_3}$(参数 γ、β 的特征维度与输入特征维度大小一样),即

$$E_{b,L,T}^{o_{31}} = \gamma_{L,T}^{o_{31}} \cdot \hat{E}_{b,L,T}^{o_2} + \beta_{L,T}^{o_{32}} \tag{7.2.9}$$

这一过程的计算量包括每个通道维度的均值、方差、归一化、缩放与平移等:均值由加法和除法构成,记为

$$B \times L \times T(\text{ADD}) + B \times L(\text{SUB})$$

方差由减法、加法、除法和平方根构成,记为

$$2 \times B \times L \times T(\text{ADD}, \text{SUB}) + B \times L(\text{DIV}, \text{SQRT}) = 2BLT(\text{ADD}, \text{SUB}) + BL(\text{DIV}, \text{SQRT})$$

归一化由减法、加法与除法构成,记为

$$3 \times B \times L \times T(\text{ADD}, \text{SUB}, \text{DIV}) = 3BLT(\text{ADD}, \text{SUB}, \text{DIV})$$

平移与缩放由矩阵乘法、矩阵加法构成,记为

$$B \times L \times T \times T \times L(\text{MUL}) + B \times L \times T(\text{ADD}) = BL^2T^2(\text{MUL}) + BLT(\text{ADD})$$

因此,LayerNorm 的计算量由下式计算:

$$c_{31} = 7BLT(\text{ADD}) + BL(4T+1)(\text{SUB}) + BL(3T+1)(\text{DIV}) + BL(\text{SQL}) + BL^2T^2(\text{MUL}) \tag{7.2.10}$$

整个过程中需要常驻显存的权重参数为 γ、β,显存的占用量可由下式计算:

$$g_{31} = L \times T \times p \tag{7.2.11}$$

2)Multi-Head Attention 算子

在多头注意力机制下,输入按照 token 对应特征维度 T 进行了均分,推理过程中,算子的输入经过线性变换计算(不考虑偏置)得到每个头的 Q^i、K^i、V^i,$i \in [1,2,\cdots,h]$,h 为 head 数。这一过程从数学上描述是将原始较大的输入矩阵按照 head 数做了拆分。这样做的好处:降低计算量,分块矩阵的乘法计算量远小于大矩阵乘法,多头也利于并行计算,不同头可以关注原始向量不同维度的特征,特征融合的信息更丰富。

$$\begin{cases} Q_{B,L,\frac{T}{h}}^{i} = E_{b,L,\frac{T}{h}}^{o_{31}} W_{\frac{T}{h},\frac{T}{h}}^{Q,i} \\ K_{B,L,\frac{T}{h}}^{i} = E_{b,L,\frac{T}{h}}^{o_{31}} W_{\frac{T}{h},\frac{T}{h}}^{K,i} \\ V_{B,L,\frac{T}{h}}^{i} = E_{b,L,\frac{T}{h}}^{o_{31}} W_{\frac{T}{h},\frac{T}{h}}^{V,i} \end{cases} \tag{7.2.12}$$

计算注意力权重:

$$\text{Attention}_{B,L,\frac{T}{h}}^{i} = \text{softmax}\left(\frac{Q_{B,L,\frac{T}{h}}^{i} \times K_{L,\frac{T}{h}}^{i\text{T}}}{\sqrt{\frac{T}{h}}}\right) V_{L,\frac{T}{h}}^{i} \tag{7.2.13}$$

最终合并所有头的 Attention 输出,通过一个权重参数做一个线性映射来生成最终的输出,公式如下:

$$E_{b,L,T}^{o_{32}} = \text{Concat}(\text{Attention}^1_{B,L,\frac{T}{h}}, \text{Attention}^2_{B,L,\frac{T}{h}}, \cdots, \text{Attention}^h_{B,L,\frac{T}{h}})W^o + E_{b,L,T}^{o_{31}} \quad (7.2.14)$$

整个算子在推理过程的矩阵分解、拼接耗时忽略不计。线性变换包含矩阵乘法,计算量为

$$3 \times h \times B \times L \times \frac{T}{h} \times \frac{T}{h} \times \frac{T}{h}(\text{MUL}) = 3BL\frac{T^3}{h^2}(\text{MUL})$$

可见采用多头机制的计算量相较于单头计算量降低了 $\frac{1}{h^2}$($h=8$ 的情况下这一步的计算量理论上降低 $\frac{1}{64}$)。Attention 层包含矩阵乘法、除法、softmax 等,计算量为

$$h \times \left(B \times L \times \frac{T}{h} \times \frac{T}{h} \times L(\text{MUL}) + B \times L \times L(\text{SUB}) + B \times L \times L(\text{EXP},\text{ADD},\text{SUB}) \right) + B \times L \times L \times$$
$$\frac{T}{h}(\text{MUL}) + B \times L \times T(\text{ADD}) = \frac{2BL^3T^2}{h}(\text{MUL}) + 2hBL^2(\text{SUB}) + hBL^2(\text{ADD}) + hBL^2(\text{EXP})$$

输出线性变换只包含矩阵乘法,计算量为

$$B \times L \times T \times T \times T(\text{MUL}) = BLT^3(\text{MUL})$$

因此,Multi-Head Attention 算子的整体计算量如下:

$$c_{32} = BLT^2\left(\frac{3T}{h^2} + \frac{2L^2}{h}\right)(\text{MUL}) + 2hBL^2(\text{SUB}) + BL\left(T + \frac{L}{h}\right)(\text{ADD}) + hBL^2(\text{EXP}) \quad (7.2.15)$$

(3) LaryerNorm 算子。

重复 (1) 的过程,计算量和显存占比参考 (1)。

(4) Feed Forward 算子。

Feed Forward 由线性变换、非线性激活(ReLU)、dropout 和线性变换构成,在通过残差链接合并参数作为下一个 Transformer block 的输入。

第一个线性变换计算如下所示:

$$Y_{b,L,T}^{F1} = E_{b,L,T}^{o_{32}} W_{T,T}^{F1} \quad (7.2.16)$$

ReLU 是一个非线性算子,计算量可以忽略不计,dropout 是一个掩码矩阵和输入的逐元素乘法计算,计算量为 BLT。第二个线性变换重复上述,因此,Feed Forward 的整体计算量为

$$c_{34} = 2BLT^3(\text{MUL}) + BLT(\text{MUL}) \quad (7.2.17)$$

网络结构中有 N 个 Transformer block,最后再接了一个 LayerNorm、linear、softmax 算子,因此推理过程中端到端的计算量可用下式表示:

$$c = c_1 + c_2 + N(2c_{31} + c_{32} + c_{34}) + c_{32} + BLT^3(\text{MUL}) + BL^2(\text{EXP},\text{ADD},\text{SUB})$$
$$= \left[BLVT + 2(2N+1)BLT^2\left(\frac{3T}{h^2} + \frac{2L}{h}\right) + (4N+3)BLT^3 + (2N+1)BL^2T^2 + 2NBLT \right](\text{MUL}) +$$
$$\left[\left(14N + 9 + \frac{L}{h} + \frac{L}{T}\right)BLT \right](\text{ADD}) + \left[((4T+1)(2N+1) + (2Nh+1))BL \right](\text{SUB}) +$$
$$(2N+1)BL(\text{SQRT}) + (N+1)hBL^2(\text{EXP}) + (2N+1)(3T+1)BL(\text{DIV}) \quad (7.2.18)$$

开源大模型涉及推理性能的核心参数大小如表 7.2.1 所示。

表 7.2.1　开源大模型涉及推理性能的核心参数大小

模　　型	词汇表大小 V	上下文长度 L	embedding/隐含层维度 T	Transformer block 数 N	注意力头数 h
GPT-2	50257	1024	1600	12/48	160
Llama2-70B	—	4096	—	80	64
GLM3-6B-128K	65024	2048	4096	28	32
BLOOM-176B	250680	2048	14336	70	112
Falcon	65024	2048	14848	80	64

考虑到参数的大小，上述计算量可以近似为

$$c = (8N+4)\frac{BL^2T^2}{h} \qquad (7.2.19)$$

推理效率中涉及的推理速度和显存占用均与式（7.2.19）相关，从原理上来说，参数精度、参数大小、计算形式、步骤、算子融合、内存 I/O 等渠道均存在很多优化加速的空间，主要通过数学推导原理、工程技术手段、空间换时间等思路来降低整体推理速度。本章将重点介绍软件层面大模型推理加速的主要思路包含模型压缩（对应公式中参数的精度，N、L、T 的大小的优化）、计算加速、工程技巧以及目前业界成熟的推理框架。

7.2.2　模型压缩

与以前的语言模型相比，LLM（如 ChatGPT、Llama、Claude）在处理未见过的数据时展现出了更强的泛化能力，甚至展现出了许多小型模型不具备的能力（涌现能力），如多步推理和遵循指令的能力。这些进展展示了 LLM 的巨大潜力。然而，推理过程中内存和计算预算也阻碍了 LLM 的部署。例如，具有 float32 权重的 100 亿参数模型会消耗 37GB 内存，更不用说推理内存成本会随着序列长度的平方速度增加。为了在资源受限的设备上，甚至在移动设备上部署模型，许多 LLM 采用了模型压缩方法（如量化），以减少推理内存和计算成本。深度学习模型的模型压缩是比 LLM 出现更早的领域。它假设已经有一个预定义的（甚至是预训练的）模型。模型压缩致力于减少模型在推理过程中的内存和计算成本，以便模型能够在各种资源受限的设备上运行。了解模型压缩技术之前，需要先了解参数的浮点型表示、参数精度，从而更好地模型压缩的系列优化技术[9]。

1. 浮点型概述

IEEE 754[10] 定义了浮点型参数的技术标准，包含半精度浮点数（half-precision floating point，FP16）、单精度浮点数（single precision floating point，FP32）、双精度浮点数（double precision floating point，FP64），为了权衡人工智能领域的浮点型精度和计算速度，Google Brain 团队提出了一种新的半精度浮点数（brain floating point，BP16）。浮点型参数表示由

符号位（sign bit）、指数（exponent）和尾数（fraction）三部分组成，其中 sign 表示浮点的正负号。二进制 bit 位转十进制公式如下：

$$\begin{cases} v_s = -1^{\text{sign}} \times \left(1 + \sum_{i=1}^{M} b_{M-i} 2^{-i}\right) \times 2^{(2^E - 1)} \\ v_{\text{no}_s} = -1^{\text{sign}} \times \left(0 + \sum_{i=1}^{M} b_{M-i} 2^{-i}\right) \times 2^{(2^E - 2)} \end{cases} \qquad (7.2.20)$$

式中：v_s 为规约形式下浮点数的值；v_{no_s} 为非规约形式下浮点数的值；sign 为符号位；M 为尾数部分的长度；E 为指数部分的 bit 数。

FP16 的浮点型表示如图 7.2.2 所示。

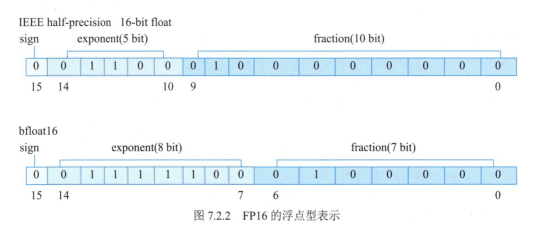

图 7.2.2 FP16 的浮点型表示

各种浮点表示对应的规约数与非规约数的极值如表 7.2.2 所示，其中浮点型二进制精度由指数 E 决定，对应十进制精度由公式可以计算，在同时支持 FP32、FP16、BP16 的三种浮点型格式的硬件中，FP16 的峰值算力是 FP32 的十几倍，而十进制精度却有所不足，仅能保证 3 位的有效精度，BP16 能够很好地兼顾浮点型精度和计算速度，在目前大模型训练推理中越来越被广泛使用，如 Qwen、Llama3、Yi 等主流开元大模型都使用这种浮点型表示。

$$\text{precision} = [\lg 2^E] \qquad (7.2.21)$$

表 7.2.2 各浮点表示关键极值情况

浮点表示	FP64	FP32	FP16	BP16
E	11	8	5	8
M	52	23	10	7
最大规约数	1.80×10^{308}	3.40×10^{38}	65504	3.39×10^{38}
最小规约数	2.23×10^{-308}	1.18×10^{-38}	6.10×10^{-5}	1.18×10^{-38}
最大非规约数	2.23×10^{-308}	1.18×10^{-38}	6.10×10^{-5}	1.18×10^{-38}
最小非规约数	4.94×10^{-324}	1.40×10^{-45}	5.96×10^{-8}	9.18×10^{-41}
十进制精度	16	7	3	7

为了防止在训练过程中一阶导数和二阶导数的微小差异导致梯度消失，通常采用高精度的 FP32 数据格式。这种格式确保了即使两个非常接近的浮点数值也能保持差异性，有利于模型训练的收敛。然而，在推理阶段不涉及求导计算，对数据精度的要求相对宽松，FP16 数据格式已足够。由于从 FP32 转换到 FP16 在大模型的多层级和非线性网络结构中可能会引入参数近似误差，并在推理过程中累积和放大，导致推理结果与训练结果出现偏差，业界普遍采用混合精度训练来平衡这一问题。具体而言，模型的前向计算使用 FP16 以提高显存使用率和推理速度，反向梯度计算使用 FP32 以保持精度。虽然这种策略通过增加显存的方式增加了训练成本，但能够做到训练推理性能无损一致的同时显著降低推理成本。

从表 7.2.3 给出了 Nvidia 近年来推出的 V100、T4、A10、A100、H100 五代显卡的算力峰值来看，使用 FP16 或 BF16 的数据格式，算力峰值可达 FP32 的 16 倍；使用 TF32 时，算力峰值是 FP32 的 2 倍；使用 INT8 数据格式，算力峰值可达 FP32 的 32 倍。这些数据表明，适当降低推理过程中的数值精度，可以在不牺牲太多精度的情况下显著提升推理效率。

表 7.2.3　Nvidia 近年来发布 GPU 卡在不同数值表示下的算力峰值

单位：Tflops

GPU 型号	FP64	FP32	BF16	FP16	FP8	INT8	INT4
V100 PCIe	7	14	—	28	—	56	112
V100 SXM2	7.8	15.7	—	31.4	—	62.8	125.6
V100S PCIe	8.2	16.4	—	28	—	56	112
T4	0.254	8.1	—	65	—	130	260
A10	0.976	31.2	125	125	—	250	500
A100 PCIe	9.7	19.5	312	312	—	624	1248
A100 SXM	9.7	19.5	624	624	—	1248	2096
H100 PCIe	24	48	800	1600	3200	3200	6400
H100 SXM	30	60	1000	2000	4000	4000	8000

2. 参数量化

模型量化的本质是在推理阶段通过模型参数的位宽来降低显存占比，提升推理速度，采用更低精度的整形/浮点型来表示，重点在于分析模型结构参数中哪些参数被量化，以及如何选择量化的近似缩放因子。目前主流的研究依据量化介入阶段可以将大模型量化分为训练时在线量化（Quantization Aware Training，QAT）、训练后离线量化（Post Train Quantization，PTQ），作用于线性算子的权重（Weights）、非线性算子的权重（Activates）以及注意力位置参数（KV Cache）等。训练时量化的常见方法混合精度训练，实时量化感知（Real-Time Quantization Aware）；离线量化常见的方法有激活层感知量化（Activation Aware Quantization，AWQ）、SmoothQuant、GPTQ、GGUF 等；依据量化介入位置可以将量化分为权重参数量化、激活参数量化与注意力层 KV 参数量化，量化的目标精度分为 FP16、INT8 和 INT4，量化对象有权重参数（W）、激活层参数（A）与注意力层 KV（K）参数，业界习惯用（$W4A16$）来表示权重参数精度为 INT4，对应激活层参数为 FP16，同理（$W8A8$）表示权重和激活层参数精度都为 INT8。

1）训练时在线量化

训练时量化在参数较小的模型中有一定的使用，参数量大的情况下训练时在线量化的成本较高。通常模型使用 32 位浮点数进行训练和推理。然而，在实际应用中，尤其是在边缘设备和移动设备上，使用低精度表示（如 8 位整数）可以显著减少模型的存储需求和计算开销。

QAT 的核心思想是在训练过程中模拟量化的影响，以便模型能够适应低精度表示。具体步骤如下：

（1）模拟量化。在 QAT 中，训练过程中会引入量化操作的模拟。具体来说，模型的前向传播过程中会将浮点数权重和激活值量化为低精度表示。通常使用以下步骤进行模拟：

① 量化函数：使用量化函数将浮点数转换为整数，常见的量化方法包括线性量化和对称量化。

② 反量化函数：在计算损失时，通常需要将量化后的值反量化回浮点数，以便进行梯度计算。

（2）反向传播。在反向传播过程中，QAT 会计算梯度并更新权重。由于量化操作是非平滑的，因此在计算梯度时通常会使用"直通估计"（Straight-Through Estimator, STE）来近似梯度。这意味着，在反向传播时，量化操作的梯度被视为 1，从而允许梯度正常传播。

（3）训练过程。通过在训练过程中引入量化的影响，模型能够学习到在低精度表示下仍然能够保持较高的准确性。QAT 通常需要更多的训练时间和更复杂的训练策略，但最终得到的模型在量化后性能更好。

2）训练后离线量化

AWQ 是一种针对大型深度学习模型的量化技术，旨在减少模型的内存占用、用低精度的参数来提升推理速度，同时尽量保持模型性能，经参数数据分析得知，占比 1% 的显著权重都受到激活层参数控制。该方案基于通道级别的尺度缩放来保护显著的权重，即通过观察激活层参数而非权重本身来确定每个通道的缩放因子，可以有效的保留显著特征的精度，支持 INT8、INT4 的目标精度，在同等运行时环境下，AWQ（$W4A16$）的 TOPT 是 FP16 的 2～3 倍。

SmoothQuant 也观察到激活层参数存在异常值，且值域很广，而权重的值域相对比较集中，对激活层和权重采用统一量化缩放会导致激活层的异常值有效量化位数非常低。由于 $Y = X \cdot W$（X 为激活层参数，W 为权重参数），对激活层每个通道 j 引入一个平滑因子 s_j，激活参数和权重参数同等缩放处理：

$$\begin{cases} \hat{X} = X \cdot \mathrm{diag}(s)^{-1} \\ \hat{W} = \mathrm{diag}(s) \cdot W \end{cases} \quad (7.2.22)$$

X 被缩小而 W 被放大，同时，保持了原始线性层输出的数学等价性，即

$$\hat{Y} = \hat{X} \cdot \hat{W} = X \cdot \mathrm{diag}(s)^{-1} \cdot \mathrm{diag}(s) \cdot W = X \cdot W = Y \quad (7.2.23)$$

该方案还提出了一个平滑因子的经验估算公式：

$$s_j = \frac{\max(|X_j|)^{\alpha}}{\max(|W_j|)^{1-\alpha}} \quad (7.2.24)$$

式中：α 为超参数，取值范围为 $[0,1]$。

经对比实验可知，在 $W8A8$ 的量化目标精度下，推理的时延较 FP16 降低了 $\frac{1}{3}$，显存占用降低了一半。

GPTQ 的目标是求解量化权重 $\hat{W}$，为最小化量化权重与原始权重之间误差的二阶范数，即

$$\hat{W} = \mathrm{argmin}_{\hat{W}} \| W - \hat{W} \|_F^2 \quad (7.2.25)$$

它采用了一种基于贪心策略的方法，其中每次量化一个权重时，都会更新剩余的权重以补偿量化引起的误差。量化过程中，Hessian 矩阵 H 的逆矩阵 H^{-1} 用于指导权重的更新，更新公式可以表示为

$$\delta F = -(w - \mathrm{quant}(w)) H^{-1} \quad (7.2.26)$$

式中：F 为剩余的全精度权重集合；δF 为 F 的更新量。

GPTQ 采用了一种贪心策略来选择量化顺序，即每次选择当前量化误差最小的权重进行量化。这种方法可以保证量化过程逐步逼近最小化总误差的目标。同时，GPTQ 通过更新全精度权重来补偿这些误差，以保持模型的总体性能。GPTQ 将 FP16 量化到 INT4，推理速度可以提升 3 倍，显存占用可以减少约 80%。

GGML（Georgi Gerganov Machine Learning）是由开源项 llama.cpp 创建者 Georgi Gerganov 开发的一个张量库，编程采用 C 语言，集成了量化技术（FP16 压缩成 INT8、INT6 精度）和分布式大模型二进制文件编码技术。

LLM.int8() 量化的目标更倾向于降低 GPU 显存的占比。LLM.int8() 综合考虑了权重参数 W 与激活层参数 X 的极端异常值，使用了混合精度分解的思想，将异常值特征的维度分离出来，对应的分块矩阵分别为 W_{F16}、X_{F16}，用 FP16 的精度进行乘法，而其他维度对应的分块矩阵为 W_{i8}，W_{i8} 使用 INT8 的精度乘法。非异常值子矩阵量化在不同通道数的量

化归一化常数记为 C_W 和 C_X，量化过程对应如下所示：

$$\begin{cases} \boldsymbol{W}_{i8} = \boldsymbol{W}_{F16} \cdot \left(\dfrac{127}{C_W}\right) \\ \boldsymbol{X}_{i8} = \boldsymbol{X}_{F16} \cdot \left(\dfrac{127}{C_X}\right) \end{cases} \quad (7.2.27)$$

异常值子矩阵经过乘法后的输出记为

$$\text{out1}_{F16} = \boldsymbol{X}_{F16} \cdot \boldsymbol{W}_{F16} \quad (7.2.28)$$

将非异常值子矩阵量化后的 INT8 做乘法，再将结果矩阵转换成 FP16 形态

$$\text{out2}_{F16} = \dfrac{\boldsymbol{X}_{i8} \cdot \boldsymbol{W}_{i8} \cdot (C_X \otimes C_W)}{127 \times 127} \quad (7.2.29)$$

将 out1_{F16} 和 out2_{F16} 拼接后所得矩阵记为本次矩阵计算的最终结果。LLM.int8( ) 在计算过程中同时对 99% 以上的非异常值采用了量化，但在实际推理中也增加了反量化的计算步骤，对推理速度的提升不够明显。相关研究表明，LLM.int8( ) 的方法在 175B 的模型推理速度是 FP16 的基线速度的 2 倍。LLM.int8( ) 模型量化压缩算法原型图如图 7.2.3 所示。

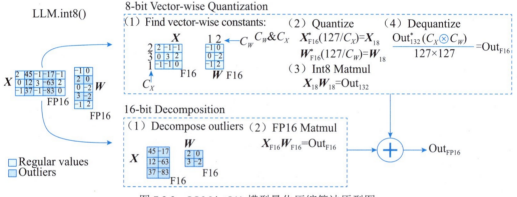

图 7.2.3　LLM.int8( ) 模型量化压缩算法原型图

ZeroQuant-FP 的核心思想是探索在 LLM 中使用浮点数量化格式，特别是 FP8 和 FP4，作为 PTQ 的解决方案，以提高计算效率并保持模型质量。与整数量化（如 INT8 或 INT4）相比，浮点量化可以提供更细粒度的数值表示，这有助于在量化过程中保留更多的信息。针对激活层参数量化，使用 FP8 通常优于 INT8，特别是在参数量超过 10 亿的模型中 FP8 的优势更加明显，对于权重量化，FP4 表现出与 INT4 相当甚至更优的性能，这简化了在支持 FP 硬件（如 NVIDIA H100）上的部署。解决权重（FP4）和激活（FP8）之间精度对齐导致的开销问题有两种量化约束方法：一是缩放因子映射到最近的 2 的幂次方值；二是收集缩放因子形成一个向量，取向量中的最大值，然后通过 2 的幂次方来近似其他元素。量化方法上使用了 GPTQ，减少量化误差的策略上采用了低秩补偿（Low Rank Compensation, LoRC），通过低秩矩阵分解来近似量化过程中的误差，然后将这个近似加到量化权重上，以获得对原始权重更精确的估计。通过在不同规模的 Llama 和 OPT

模型对比分析可知，FP8 和 FP4 量化权重和激活 PPL 比 INT8 和 INT4 分别下降了 0.4 和 0.25。

3. 剪枝

模型剪枝的出发点并不是所有预先设计的模型结构对应的所有权重参数，激活参数对模型最终的推理是有作用的，找出非必要的参数可以简化整个模型的大小，实现推理加速。大语言模型的剪枝与卷积神经网络（CNN）或循环神经网络（RNN）中采用的剪枝方法有所不同。一是语言模型的参数数量远超 CNN 或 RNN。例如，BERT-large 模型包含 3.35 亿参数，而典型的 RNN 参数在千万量级 [99]。参数数量的增加放大了微调阶段的时间和计算需求，因此，语言模型修剪需要解决大量参数带来的收敛性、性能评估等挑战。二是语言模型经过微调后可适用于多种下游任务，预训练修剪方法能否保留基座多任务通用求解能力有待科学地验证。三是基于 Transformer 的语言模型网络结构与深度学习有所不同，某些结构化修剪方法可能需要重新配置以适应模型的结构。总之，存在专门针对语言模型的独特特性而设计的修剪方法，这些方法与传统修剪方法不同。

考虑到剪枝方法的基本特征（即确定剪枝什么，以及如何剪枝），下面按照修剪单元和指标的顺序介绍这些剪枝方法。首先将剪枝方法分为无结构和结构化两个主要组成部分；然后根据修剪标准的顺序分别介绍基于幅度（参数值大小）的剪枝、基于损失的剪枝和正则化三种剪枝方法。结构化剪枝和非结构化剪枝的主要区别在于剪枝目标和由此产生的网络结构。结构化剪枝根据特定规则删除连接或层结构，同时保留整体网络结构。非结构化剪枝方法的核心思想是在没有任何特定约束的情况下将非必要的权重置零，是一种局部剪枝策略，不依赖全局参数信息，同时是一种离线一次性剪枝方法，直接剪枝成稀疏目标。

1）结构化剪枝

结构化剪枝通常包括滤波器剪枝（Filter Pruning）、阶段级别剪枝（Stage-level Pruning）和块级别剪枝（Block-level Pruning）。滤波器剪枝是结构化剪枝中的一种基本方法，如图 7.2.4（b）所示，它的核心思想是移除深度神经网络中的整个滤波器（也称为卷积核或特征提取器），而不是单个权重，滤波器剪枝以卷积层中的滤波器为基本剪枝单元。一个滤波器通常包含多个权重，负责从输入特征图中提取特定的特征。这种方法保持了网络的原始结构，因此剪枝后的模型更容易在现有的硬件和软件平台上部署和加速。阶段级别剪枝是结构化剪枝的一种形式，如图 7.2.4（c）所示，它专注于减少深度学习模型中的残差网络结构中的阶段（Stage）数量。这种方法特别适用于具有多个层次或阶段的网络，如 ResNet 系列。阶段级别剪枝的目标是移除整个阶段，而不仅是单个滤波器或通道。这样可以在保持网络结构的同时，减少模型的深度和复杂度。块级别剪枝是一种更为激进的结构化剪枝方法，如图 7.2.4（d）所示，它涉及在深度神经网络中移除整个卷积块或残差块，而不仅是单个滤波器或通道，由于移除了整个块，块级别剪枝可以显著减少网络的深度和宽度。这种方法旨在大幅减少模型的深度和宽度，从而获得更轻量级的网络模型，尤其适用于需要极小模型大小和极少计算量的应用场景。值得注意的是，对模型结构深度和宽度的剪枝，剪枝越激进，剪枝后的模型精度下滑越严重。因此，在结构化剪枝后需要做好评测工作，通常还会在剪枝后的模型做一些微调，以恢复和提升剪枝后模型的性能。

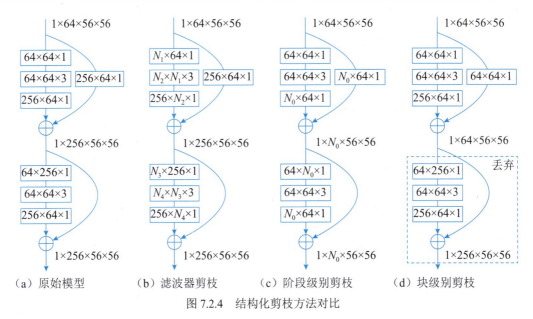

图 7.2.4　结构化剪枝方法对比

2）非结构化剪枝

Wanda（Pruning by Weights and activations）是一种典型的基于幅度剪枝的方法，核心思想是权重的重要性不应仅通过其大小来评估，而应结合其对应的激活层参数值来综合考量。这意味着，即使一个权重的绝对值很小，但如果它与一个高激活值相关联，可能仍然是重要的。用一个新颖的剪枝指标，该指标是权重的绝对值与其对应激活值的 L_2 范数的乘积。对于一个全连接层中的权重 W_{ij}，其重要性得分定义为

$$S_{ij} = |W_{ij}| \cdot \|X_j\|_2 \tag{7.2.30}$$

式中：$\|X_j\|_2$ 为在所有 $N \times L$ 不同的 token 上聚合的第 j 个特征的 L_2 范数。在计算了所有权重的重要性得分后，低于某个阈值的权重将被视为不重要并被剪枝。

RIA（Relative Importance and Activations）考虑了权重的重要性不仅与自身大小以及其对应激活层参数值大小等有关，还与权重所在参数矩阵行、列的权重绝对值综合相关，即权重分布不均衡导致的偏置。首先计算每个权重 W_{ij} 所在行列的绝对值之和，利用占比来确定权重的相对重要性，即

$$RI_{ij} = \frac{|W_{ij}|}{\sum_{k \in \text{row}(i)} |W_{kj}| + \sum_{k = \text{col}(j)} |W_{ik}|} \tag{7.2.31}$$

再结合对应激活层参数值 A_{ij} 来表示每个权重参数的最终得分，即

$$S_{ij} = RI_{ij} \cdot A_{ij} \tag{7.2.32}$$

确定一个剪枝阈值，权重的剪枝指标低于此阈值的将被认为是不重要的。

SparseGPT 核心是将剪枝问题简化为一系列大规模的稀疏回归问题，并通过一个新的近似稀疏回归求解器来解决这些问题。这个过程是高效的，可以在几小时内完成对公开可用的 GPT-3 模型（175B 参数）的剪枝。给定一个预训练好的模型，目标是获得一个压缩版本（如稀疏和 / 或量化）的模型，同时最小化精度损失。在剪枝过程中，根据某些标准（参考 Wanda 或者 RIA，综合考虑权重大小、对应激活层参数大小以及权重的行列偏置等）选定一些需要剪枝的权重 W_m，通过引入值为 0 的掩码实现剪枝。但 SparseGPT 不同于 Wanda 或者 RIA，每个权重矩阵参数剪枝后会引入误差，Sparse 提出了采用 OBS（Optimal Brain Surgeon）更新公式来更新剩余部分权重参数，以最小化本次剪枝所引入的误差。持续迭代上述过程，以实现全局剪枝。

OBS 假设损失函数在当前权重附近是二次可近似的。这意味着可以通过 Hessian 矩阵（二阶导数矩阵）来近似损失函数的局部曲率。Hessian 矩阵 H 用于表示损失函数对权重的二阶偏导数，可以提供权重相对于损失函数的局部信息。对于被剪枝的权重 W_m，OBS 提供了一种更新剩余权重的方法，以最小化由于剪枝引入的误差。更新公式如下：

$$\delta_m = -W_m \frac{[\boldsymbol{H}^{-1}]_{mm}}{[\boldsymbol{H}]_{mm}} \tag{7.2.33}$$

式中：δ_m 为第 m 个权重的更新量；H^{-1} 为 Hessian 矩阵的逆，$[H^{-1}]_{mm}$ 对应 m 行 m 列的元素。OBS 更新的目的是通过调整剩余权重来补偿剪枝掉的权重所引入的误差。虽然计算 Hessian 矩阵及其逆可能在计算上非常昂贵，尤其是在大规模模型中，但它仍特别适用于大规模模型（因为它提供了一种有效的方式来近似剪枝后权重的最优解）。

与无结构化剪枝（仅关注单个权重）不同，结构化剪枝关注整个权重矩阵的行或列，这使得剪枝后的模型更易于在通用硬件上实现加速，并且可以减少模型参数和推理时间。

非结构化剪枝的颗粒度较小，每次只针对单个权重进行剪枝，剪枝后模型的网络结构有可能发生变化，权重的分布可能不再均匀；结构化剪枝的颗粒度较大，每次针对整个结构组件，如神经元、通道或者整层，整体的网络结构保持不变，适合减少模型显存的占用，提升运行效率，同时尽可能地保持模型性能。

GUM（Globally Unique Movement）提出了两个神经元的冗余度的衡量指标，分别为敏感性（sensitivity）和独特性（unique）。如果一个神经元的输出对模型的最终输出贡献很小或者在优化下游任务时梯度很小，就认为该神经元不显著（敏感性低）；如果一个神经元的输出可以通过其他神经元输出的线性组合完全重建，就认为该神经元不是独特的。低敏感性和非独特性的神经元是冗余的，可以被裁剪。神经元的敏感性可以通过下式计算：

$$\text{sensitivity} = E\left[\left|h_i(X) \cdot \frac{\partial L}{\partial h_i(X)}\right|\right] \tag{7.2.34}$$

式中：$h_i(X)$ 为第 i 个神经元对输入 X 的输出；L 为损失函数；E 为期望，这里用来衡量在所有输入上的平均影响。

神经元的独特性可以通过下式计算：

$$\text{uniqueness} = \{h_i(X) \in \text{span}\{h_j(X) \mid j \neq i\}\} \tag{7.2.35}$$

即对所有的输入 X，若输出 $h_i(X)$ 可以由其他 $h_j(X)$ 线性组合完全重建，则该神经元不是独特的。在实际应用中，因为需要考虑所有神经元输出的线性组合，独特性的计算可能非常复杂，因此可以将求解过程转换成，若在其他神经元输出 $h_j(X)$ 中存在与原神经元 $h_i(X)$ 在向量空间相似，则 $h_i(X)$ 不是独特的神经元。将原求解方案转换成对应的必要不充分求解方案，可以极大地降低求解复杂度。

计算神经元输出在向量空间相似性可以参考下式：

$$\text{sim}(h_i(X), h_j(X)) = \frac{h_i(X) \cdot h_j(X)}{\|h_i(X)\|_2 \|h_j(X)\|_2} \tag{7.2.36}$$

若余弦相似性高，则说明神经元对同一个输入在响应和功能上是相似的，即其中一个神经元是冗余的。

采用敏感性评估每个神经元在整个网络中的活跃程度与重要性，归一化分数记作全局运动得分。采用独特性来评估每个神经元在其同一层中相对其他神经元是否冗余，归一化分数称作局部独特性得分。结合两个分数对模型网络结构进行剪枝，全局运动剪枝的结果可能会对模型的架构和性能产生显著影响。通过去除不重要的组件，可以减少模型的内存占用和推理时间，同时还会降低模型的过拟合风险。然而，剪枝过程需要谨慎进行，以避免过度剪枝导致性能下降。

在实际应用中全局运动剪枝是一个动态和迭代的过程，需要结合多种技术和策略来实现最优的剪枝效果。

4. 知识蒸馏

知识蒸馏的核心思想是将一个大型的教师模型（Teacher Model）中的知识迁移到一个小型的学生模型（Student Model）中，教师模型复杂的结构和强大的学习能力，能够捕捉到数据中的丰富信息，通过适当的方法，这些知识可以传递给学生模型，增强其泛化能力，以此来提高学生模型的性能；同时保持模型的轻量化，便于在资源受限的设备上部署，降低推理成本提升推理速度。

训练阶段，教师模型首先在一个大型数据集上进行训练，以达到较高的准确率，学生模型使用相同的数据集训练，由于模型结构简单，学生模型通常性能低于教师模型。

蒸馏阶段，学生模型不仅学习原始数据标签，还学习教师模型的输出，通常是模型最后一层（如 softmax）的概率分布，通过这种方式，学生模型可以学习到教师模型的一些高维度特征。学生模型的损失函数由两部分构成：一部分是传统的损失函数（如交叉熵），用于衡量学生模型在有监督数据集下真实标签与预测标签的误差；另一部分是衡量学生模型输出与教师模型输出的差异性，通常采用 KL（Kullback-Leibler）散度来衡量两个概率分布之间的差异。

假设数据样本正式标签为 y，采用 one-hot 编码，记教师模型输出的概率分布为 p_{teacher}，学生模型的输出为 p_{student}。

交叉熵损失函数计算公式如下：

$$L_{\text{CE}} = -\mathrm{argmin}\sum_{c=1}^{M} y_{o,c}\log(p_{\text{student},c}) \tag{7.2.37}$$

式中：o 为样本编号；$y_{o,c}$ 为样本对于输出向量第 c 维的概率；M 为模型输出向量的维度大小。

KL 散度的计算公式如下：

$$L_{\text{KL}} = \mathrm{argmin}\sum_{c=1}^{M} p_{\text{teacher},c}\log\left(\frac{p_{\text{teacher},c}}{p_{\text{student},c}}\right) \tag{7.2.38}$$

知识蒸馏的损失函数由两者线性组合，由超参数 λ 调节，如下所示：

$$L_{\text{KD}} = \lambda L_{\text{CE}} + (1-\lambda)L_{\text{KL}} \tag{7.2.39}$$

训练过程中，在最小化 L_{KD} 的同时优化学生模型对真实标签的预测和对教师模型输出的模仿。知识蒸馏的效果很大程度上取决于教师模型的质量。超参数 λ 的取值对最终性能有显著影响。

大模型知识蒸馏领域的研究分为白盒知识蒸馏与黑盒知识蒸馏。对于白盒知识蒸馏，学生模型可以访问教师模型的所有内部结构与参数信息，可以同时利用教师模型的中间特征（如注意力层的参数）和输出层的概率信息来指导学生模型的训练。对于黑盒知识蒸馏，只利用教师模型的最终输出来指导学生模型的训练，如果适用于教师模型是商用模型，权重就无法获取的场景，如以 ChatGPT、文心一言作为教师模型。

1）白盒知识蒸馏

白盒知识蒸馏依赖需要访问教师模型内部数据的方法，利用教师模型可访问的内部信息。2015 年 Hinton 等提出的基于 Logit 的 KD 方法是一种经典的白盒知识蒸馏方法，蒸馏的目标是最小化学生网络的逻辑与教师网络的逻辑之间的均方误差损失。该方法已经在三个任务上进行了句子分类和句子匹配测试。实验结果表明，基于浅层 BiLSTM 的模型实现了与 ELMo 语言模型（Peters 等，2018）相当的性能，但参数减少为 1%，推理速度提高了 15 倍。类似地，DistillBERT（Sanh 等，2019）使用教师的参数初始化较浅的学生模型，并最小化教师和学生之间软目标概率的差异，这种技术称为单词级知识蒸馏。它引入了三重损失，结合了语言建模、蒸馏和余弦距离损失，以利用预训练模型学到的归纳偏差。DistilBERT 在九项任务中取得了相当于或超过 ELMo 基线的性能。与 BERT 相比，DistilBERT 保持了 97% 的性能，同时减少了 40% 的参数数量。MixKD（Liang 等，2020）通过使用示例对的线性插值来扩展鼓励学生模仿教师 Logits 的概念。它通过使用数据增强从可用的特定于任务的数据创建额外的样本来提高知识蒸馏的有效性。这种方法反映了学生通过提出进一步的问题来深入探索他们的答案和概念，从而更有效地向教师学习，为学生模型提供更多数据，以从大语言模型中提取见解。六个数据集的评估结果表明，MixKD 在压缩大语言模型方面显著优于传统知识蒸馏和之前的方法。ReAugKD（Zhang 等，2023b）包括推理阶段和训练阶段。在推理阶段，它聚合了教师生成的与学生嵌入非常相似的软标签。在训练阶段，使用一种新颖的关系 KD 损失来最小化师生嵌入及其分布之间的差异。对六个数据集的评估结果表明，ReAugKD 与基线相比取得了优异的性能，延迟开销不到基线的 3%，这凸显了集成检索信息可以显著提高泛化能力。Turc 等（2019）提出了一种预训练蒸馏（PD）方法，这是一种用于构建紧凑模型的通用且简单的算法。它由三个标准训练操作序列组成，可应用于任何架构选择。该方法还探索使用传统的基于 Logits 的 KD 从大型微调模型中转移任务知识，并在六个数据集上评估其性能。平均而言，这种预训练蒸馏方法表现最好，甚至超越了相应的教师模型。以上蒸馏算法均以 BERT 为教师模型，GLUE 为评估基准。随着模型规模的不断增大，现有的蒸馏算法和评价标准已经不能满足要求。

基于特征的知识蒸馏方法（Sun 等，2019；Hou 等，2020）从嵌入空间、Transformer 层和预测层中提取知识，使学生模型能够学习教师示范全面。例如，Sun 等（2019）提出了一种患者知识蒸馏（Patient Knowledge Distillation，PKD）方法，旨在将大规模教师模型压缩为同样有效的模型轻量级学生模型。他们提出了两种蒸馏策略：一是 PKD-Last，学生模型从教师模型的最后 k 层学习，基于顶层包含最多信息知识的假设；二是 PKD-Skip，学生从教师的每个 k 层学习，这表明较低层也包含在蒸馏过程中应逐渐转移的基本信息。在情感分类、释义相似性匹配、自然语言推理和机器阅读理解这四项任务的七个数据集上进行的实验表明，PKD 方法优于标准知识蒸馏方法，它实现了卓越的性能和更好的泛化能力，显著提高了训练效率并降低了存储需求，同时保持了与原始大规模模型相当的精度。MetaDistill（Zhou 等，2022）通过在训练过程中保持教师模型固定，为传统 KD 方法提供了一种简单高效的替代方案。在元学习框架内，教师网络通过提取学生表现的反馈来增强向学生网络的知识转移。此外，还引入了试点更新机制，以提高内部学习者和元学习者之间的一致性，重点是提高内部学习者的表现。大量的实验验证了该方法在文本和图像分类任务中的有效性和多功能性。此外，GLUE 基准测试表明，MetaDistill 的性能显著优于传统知识蒸馏，实现了最先进的性能压缩。AD-KD（Wu 等，2023a）解决了现有知识蒸馏方法的两个关键局限性：首先，学生模型通常只是模仿老师的行为，而没有发展自己的推理能力；其次，这些方法通常侧重于传递特定于复杂模型的知识，而忽略特定于数据的知识。为了克服这些问题，AD-KD 引入了一种创新的归因驱动的知识蒸馏方法，该方法使用基于梯度的归因方法来计算每个输入词符的重要性得分（Sundararajan 等，2017）。为了最大限度地减少教师输入嵌入中不太重要的维度的影响，top-K 策略会过滤掉归因分数较低的维度，剩余的分数被汇总并标准化以反映各个标记的重要性。此外，该方法提取所有潜在的预测归因知识，而不仅是最高概率的预测。为了提高推理和泛化的知识迁移，AD-KD 探索了教师做出的所有潜在决策的多视图归因蒸馏。GLUE 基准测试的实验结果表明，该方法在性能上超越了几种最先进的方法。

2）黑盒知识蒸馏

MiniLLM 是一种典型的大模型黑盒知识蒸馏的方法，它将传统的 KL 损失函数进行了优化，使用反转 KL 散度可以鼓励学生模型学习教师模型分布的概率分布置信区间高的区域，同时忽略在教师模型中概率较低的区域，如图 7.2.5 所示。

$$\text{reverse}L_{\text{KL}} = \operatorname{argmin} \sum_{c=1}^{M} p_{\text{student},c} \log\left(\frac{p_{\text{student},c}}{p_{\text{teacher},c}}\right) \quad (7.2.40)$$

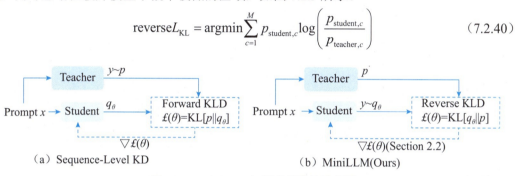

图 7.2.5　MiniLLM 知识蒸馏算法示意图

LaMini-LM 是另一种典型的大模型黑盒知识蒸馏的方法，思路是对相同的指令数据集先有教师模型（gpt-3.5-turbo）生成响应，再用带响应标签的指令数据集微调学生模型，以对齐教师模型的能力。黑盒模式下，教师模型不直接参与训练，介入方式是通过离线生产文本序列作为训练集，供学生模型训练使用。

知识蒸馏是一种强大的技术，可以在不牺牲太多性能的情况下，降低大模型部署的成本，提升推理效率。随着研究的进展，也出现了很多新的理论方法，如强化学习、生成对抗网络等技术来改进知识蒸馏的过程。

7.2.3　计算加速

计算加速与 GPU 的结构强相关，了解 GPU 的结构才能更好地深入理解如何减少内存访问、降低计算步骤、突破带宽限制，从而提升推理效率。

1. GPU 结构模型

流式多处理器（Streaming Multiprocessor，SM）：GPU 架构中的一种关键组件，它类似 CPU 中的一个核心，但专注于提供并行处理能力，以适应图形和计算密集型任务。每个 SM 能够同时处理多个线程，这是通过将多个执行单元组织在一起实现的，这些执行单元可以同时工作于不同的数据。在 Nvidia 的 GPU 架构中（图 7.2.6），一个 SM 包含多个 CUDA 核心（CUDA Cores），这些核心负责执行实际的计算任务。随着 GPU 架构的演进，每个新一代的 SM 都可能包含更多数量的 CUDA 核心，这种设计有利于执行成千上万的线程，这些线程可以来自同一个或不同的任务，利用 GPU 的并行架构来提高效率。随着技术的发展，SM 中还集成了特殊功能单元，如张量核心（Tensor Cores）和 RT 核心（用于实时光线追踪），这些专门设计的硬件加速器可以大幅提升特定类型的计算性能（科学计算、图形学等）。每个 SM 都有自己的内存资源，包括寄存器、L1 缓存和共享内存（Shared Memory），以及对更高层次内存（如 L2 缓存和全局内存）的访问路径。内部设计有专门的调度器，负责管理线程的执行，确保硬件资源得到充分利用，并隐藏内存访问等操作的延迟。Nvidia 的 GPU 包含多个 SM，通过堆叠 SM 的数量来提升 GPU 的整体计算能力。

图 7.2.6　Nvidia GPU 的结构

HBM2（High Bandwidth Memory 2.0）和 L2 Cache：Nvidia A100 有 40GB 的 HBM2 的内存，带宽 1.555TB/s，主要通过 3D 堆叠的方式实现高带宽，可以实现高效率的 I/O 操作，同时提供 40MB 的 L2 缓存。

多实例管理与调度：Giga Thread Engine with MIG（Multi-Instance GPU）Control 是负责协同 CPU 做多线程任务调度的模块。从 2017 年 Nvidia 发布的 V100 开始，硬件架构上引入了 MPS（Multi Process Server），可以允许多个 GPU 应用在同一块 GPU 的不同可执行单元（即流式多处理器）中同时运行，从而提高 GPU 整体的利用率，在 A100 中，MIG 将单个 GPU 分割成 7 个实例，每个实例的 SM 都拥有整个内存的独立访问路径，每个 L2 缓存、内存控制器、DRAM 地址总线等都被唯一分配给单独的实例。利用这一功能，MIG 可以将可用的 GPU 计算资源分割，为不同的客户端（如虚拟机、容器、进程等）提供定义的服务品质（QoS）和故障隔离。它允许在单个物理 A100 GPU 上并行运行多个 GPU 实例。MIG 还保持 CUDA 编程模型不变，以最小化编程工作量。

第三代 NvLink：提供了更高的 GPU-GPU 通信带宽，并改善了错误检测和恢复功能，数据速率为每对信号 50GB/s（单方向 25GB/s）。

第四代 PCIe：带宽为 31.5GB/s，更快的速度特别有利于 A100 GPU 连接到支持 PCIe 4.0 的 CPU，以及支持快速网络接口。

L1 缓存（SRAM 或共享内存）：每个 SM 通常包含寄存器、L1 缓存，以及可选的 CUDA 核心和张量核心，其中张量核心是用于矩阵运算的专用硬件。例如，Nvidia A100 包含 108 个流式多处理器，如图 7.2.7 所示。

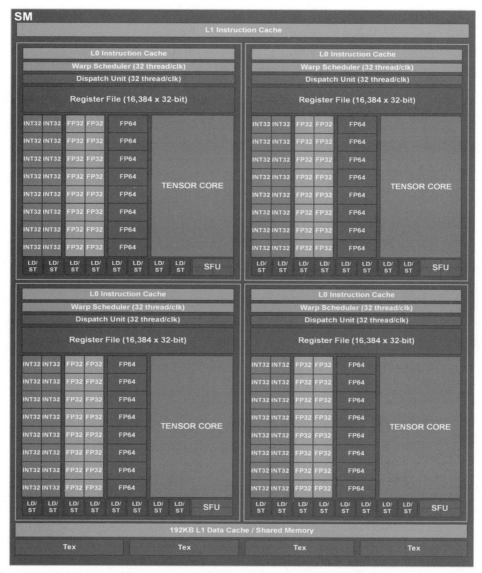

图 7.2.7　Nvidia A100 Hooper 架构 GPU SM 结构

张量核心：张量核心是为加速矩阵乘法而设计的专用硬件组件。它们非常快速，即使在复杂的计算过程中，也可能有相当一部分时间处于空闲状态。

以 Nvidia A100（Hopper 架构）为例，GPU 内存层次结构如图 7.2.8 所示。

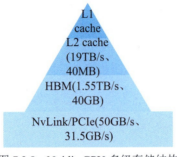

图 7.2.8　Nvidia GPU 多级存储结构

2. 算子融合

算子融合的本质是将若干计算操作步骤等价地合并成更少的操作步骤。具体的实施有：一是减少内存访问，通过融合，规避或降低数据在计算单元与 GPU 内存结构中 HBM 的读写 I/O，在 GPU 显存受限的情况下收益明显，能够提升计算效率；二是一些硬件架构、系统框架可能支持或者限制一些融合策略，取决于实现细节。

本节以 Multi-Head Attention 中 linear 算子融合、矩阵乘法与 softmax 算子融合为例，展开深入的分析。

1）linear 算子与 ReLU 算子融合

在 Transformer block 中，有非常多 linear 算子和 ReLU 算子串行结构，正常的执行步骤如图 7.2.9 所示，linear 算子包含输入参数加载、离线权重加载、计算、结果参数存储，ReLU 算子包括输入参数加载、计算、结果参数存储。在推理启动时，CPU 会从外部存储（如 CBS）将权重参数加载到 GPU 的 HBM，推理过程同计算过程，每一步结果会写入 GPU 的 HBM 暂存，后续多个节点再从 HBM 中读取暂存的参数到用于下一步计算，计算可以并行处理，由 MIG 负责协同调度，从 HBM 读取的参数会放进对应实例 SM 模块中利用 cuda 张量核心进行计算，计算结果再会写入 GPU 的 HBM。融合前分为四步：

（1）X_l、W_l 为 linear 算子的输入和权重，从 HBM 读参数 X_l、W_l 到参与计算 linear 算子实例 SM 模块的 registers 和 SRAM。

（2）SM tensor core 计算，结果记 X_{temp}。

（3）X_{temp} 写入 HBM。

（4）从 HBM 读 X_{temp} 到参与计算 ReLU 算子实例 SM 模块的 registers 和 SRAM。

其中，X_{temp} 写入 HBM 并继续从 HBM 中读是一个多余的浪费的操作，linear 和 ReLU 算子融合后，整个步骤可以简化为两步：

（1）X_l、W_l 为 linear 算子的输入和权重，从 HBM 读参数 X_l、W_l 到参与计算 linear 算子实例 SM 模块的 registers 和 SRAM。

（2）SM tensor core 利用核函数直接完成 linear 和 ReLU 计算。

从分析上看，linear 和 ReLU 算子融合将一个 GPU HBM I/O 密集型的任务转成了 GPU SM tensor core 计算密集型的任务。业界通常用算数强度（Arithmetic Intensity，单位为 Ops/B）来衡量，公式如下：

$$\text{Arithmetic Indensity} = \frac{\text{FLOP}}{\text{Bytes Accessed}} \quad (7.2.41)$$

式中：FLOP 为每秒浮点运算次数，用来衡量计算量；Bytes Accessed 是在执行计算任务时访问的数据量，通常包括读和写操作。

Arithmetic Indensity 高说明计算资源利用率高，系统性能受限于计算能力；Arithmetic Indensity 低说明计算资源利用率低，系统性能受限于内存带宽。图 7.2.10 展示了 GPU 在 linear 和 ReLU 算子融合前后内存带宽（HBM）与计算带宽（L2cache）Arithmetic Indensity 分布，在融合前，Arithmetic Indensity 受限于 HBM 的带宽影响，无法充分利用 GPU 的计算能力，在融合后，Arithmetic Indensity 提升了 3.5 倍，充分利用了 GPU 的计算能力，提升了整个过程的计算效率。

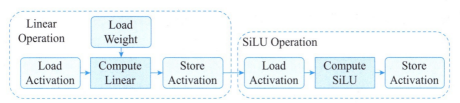

（a）Linear operation and SiLU Operation

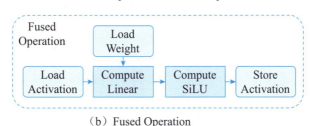

（b）Fused Operation

图 7.2.9　Linear 算子和 SiLU 算子的融合图示

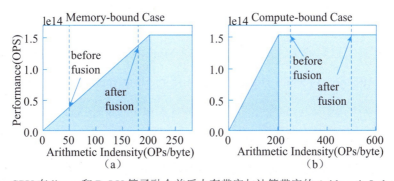

图 7.2.10　GPU 在 linear 和 ReLU 算子融合前后内存带宽与计算带宽的 Arithmetic Indensity 分布

2）Attention 算子融合

大模型推理过程中计算效率约等于 Multi-Head Attention 的计算效率，Multi-Head

Attention 的多头结构本质是将输入的 token 对应的特征通道向量维度按照 h 拆分成小矩阵进行 Attention 计算,再对结果进行拼接。拆分后的小矩阵的 Attention 计算可以采用并行计算策略加速,这里不予以展开分析。因此,单个 Attention 计算的效率直接决定大模型的推理效率。

标准的 Attention 中,Q、K、$V \in \mathbf{R}^{L \times \frac{T}{h}}$ 作为输入,计算中需要存储中间值和结果 S、P、$O \in \mathbf{R}^{L \times L}$ 到 GPU 的 HBM 中。

$$\begin{cases} S = QK^T \\ P = \text{softmax}(S) \\ O = PV \end{cases} \quad (7.2.42)$$

整个过程由以下步骤构成:

(1) 从 GPU HBM 中加载 Q、K 权重到 SM 的 registers,计算 $S = QK^T$,将 S 写入 HBM。

(2) 从 GPU HBM 中加载 S,计算 $P = \text{softmax}(S)$,将 P 写入 HBM。

(3) 从 GPU HBM 中加载 P,计算 $O = PV$,将 O 写入 HBM。

FlashAttention 提出了一种新的计算思路,融合了 Attention 计算中的一些算子,其核心的思想借鉴了 Multi-Head Attention 从 token 通道维度按照 head 数拆分输入矩阵以降低整个计算复杂度的思路,继续从 token 的序列长度维度按照特定的参数继续拆分输入矩阵,以降低计算复杂度。整个过程如图 7.2.11 所示。

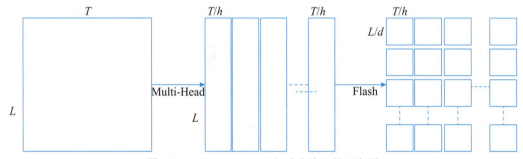

图 7.2.11 FlashAttention 矩阵分块计算示意图

大矩阵的拆分可以降低整体的计算量,相对 Multi-Head Attention 准方案,整体的计算量下降 $\frac{1}{d}$。从 Attention 到 Multi-Head Attention 再到 FlashAttention,另一个明显的驱动和收益就是将 I/O 密集型转为计算密集型,充分弱化 HBM 的带宽瓶颈,降低了 GPU 的显存(HBM 的内存占用下降 $\frac{1}{d}$),提升 GPU 的计算饱和度,最大化利用 GPU 的算力。因为对序列进行了分块,FlashAttention 使用了 softmax tilling 的方法,这里介绍如何利用 token 序列维度分块矩阵来计算原矩阵的 softmax 的数学等价推导过程,即 token 序列维度的原始矩阵 $X_{L, \frac{T}{h}}$,按照 L 维度分割为 L_1、L_2,可以用如下公式表达:

$$X_{L,\frac{T}{h}} = \begin{bmatrix} X_{L_1,\frac{T}{h}} \\ X_{L_2,\frac{T}{h}} \end{bmatrix} \tag{7.2.43}$$

则 softmax 可由下式计算：

$$\text{softmax}\left(X_{L,\frac{T}{h}}\right) = \frac{e^{X_{L_1,\frac{T}{h}}} + e^{X_{L_2,\frac{T}{h}}}}{\sum_i e^{X_{L_i,\frac{T}{h}}}} \tag{7.2.44}$$

对上述公式进行分解，可得

$$\text{softmax}\left(X_{L,\frac{T}{h}}\right) = \frac{e^{X_{L_1,\frac{T}{h}}} + e^{X_{L_2,\frac{T}{h}}}}{e^{\max\left(e^{X_{L_1,\frac{T}{h}}},e^{X_{L_2,\frac{T}{h}}}\right)} \sum_i e^{X_{L_i,\frac{T}{h}}} - \max\left(e^{X_{L_1,\frac{T}{h}}},e^{X_{L_2,\frac{T}{h}}}\right)} \tag{7.2.45}$$

记

$$m(x) = \max\left(e^{X_{L_1,\frac{T}{h}}},e^{X_{L_2,\frac{T}{h}}}\right),\quad \ell(x) = \sum_i e^{X_{L_i,\frac{T}{h}}} - m(x)$$

则 softmax 可以写为

$$\text{softmax}\left(X_{L,\frac{T}{h}}\right) = \frac{e^{X_{L_1,\frac{T}{h}}-m(x)} + e^{X_{L_2,\frac{T}{h}}-m(x)}}{\ell(x)} \tag{7.2.46}$$

这样可以逐步计算每个块的 softmax，并将结果累加到最终输出中。这种方法避免了一次性计算整个矩阵的 softmax，从而减少了内存访问次数。整个过程转换为求最大值和计算指数的操作，而求解最大值可以增量做，空间复杂度也可以做到 $O(1)$，即一个子矩阵 $\left(\frac{L}{d} \times \frac{T}{h}\right)$ 的显存占用量，考虑到 GPU 的结构，假设 GPU 的 l2cache 大小为 M，FlashAttention 的具体实现步骤如下：

（1）参数预定义。

Q 的 token 序列切割后的 block 数量记为 $\min\left(\left\lceil\frac{M}{4T}\right\rceil,\frac{T}{L}\right)$，每个 block 的序列长度为 $l_1 = \dfrac{L}{\min\left(\left\lceil\frac{M}{4T}\right\rceil,\frac{T}{L}\right)}$，$K$、$V$ 的 token 序列切割后的 block 数量记为 $\dfrac{ML}{4T}$，每个 block 的序列长度 $l_2 = \dfrac{4T}{M}$。

（2）矩阵分块。

将 Q、K、V 在 token 序列切割，获得 $Q_1, Q_2, Q_3, \cdots, Q_d \in \mathbf{R}^{l_1,\frac{T}{h}}$，$K_1, K_2, K_3, \cdots, K_d \in \mathbf{R}^{l_2,\frac{T}{h}}$，

$V_1, V_2, V_3, \cdots, V_d \in \mathbf{R}^{l_2, \frac{T}{h}}$。在 GPU HBM 初始化结果与过程变量 $\boldsymbol{O}$、$\boldsymbol{\ell}$、$\boldsymbol{m}$ 切割后的子矩阵 $\boldsymbol{O}_1, \boldsymbol{O}_2, \boldsymbol{O}_3, \cdots, \boldsymbol{O}_d \in \mathbf{R}^{l_1, \frac{T}{h}}$、$\ell_1, \ell_2, \ell_3, \cdots, \ell_d \in \mathbf{R}^{l_1, \frac{T}{h}}$、$\boldsymbol{m}_1, \boldsymbol{m}_2, \boldsymbol{m}_3, \cdots, \boldsymbol{m}_d \in \mathbf{R}^{l_1, \frac{T}{h}}$。

（3）显存复用。

从 HBM 中读取参数到 SM registers 中利用 tensor core 计算,并将结果写入 HBM。

$$\text{for } 1 \leq j \leq l_1 \text{ do}$$

从 HBM 读取 $\boldsymbol{K}_j$、$\boldsymbol{V}_j$

$$\text{for } 1 \leq i \leq l_2 \text{ do}$$

从 HBM 读取 $\boldsymbol{Q}_i$、$\boldsymbol{O}_i$、ℓ_i、$\boldsymbol{m}_i$ 到 SM 的 registers 中。

在 SM tensor cores 中

计算:

$$\boldsymbol{S}_{ij} = \boldsymbol{Q}_i \boldsymbol{K}_j^{\mathrm{T}} \in \mathbf{R}^{l_1, l_2}$$

计算 block 中序列维度的最大值和指数结果:

$$\tilde{\boldsymbol{m}}_{ij} = \text{rowmax}(\boldsymbol{S}_{ij}) \in \mathbf{R}^{l_1}, \ \tilde{\boldsymbol{P}}_{ij} = \exp(\boldsymbol{S}_{ij} - \tilde{\boldsymbol{m}}_{ij}) \in \mathbf{R}^{l_1, l_2}, \ \tilde{\ell}_{ij} = \text{rowsum}(\tilde{\boldsymbol{P}}_{ij}) \in \mathbf{R}^{l_1}$$

计算累计的序列维度最大值和指数结果:

$$\boldsymbol{m}_i^{\text{new}} = \max(\boldsymbol{m}_{\text{temp}}, \tilde{\boldsymbol{m}}_{ij}) \in \mathbf{R}^{l_1}, \ \ell_i^{\text{new}} = e^{\boldsymbol{m}_{\text{temp}} - \boldsymbol{m}_i^{\text{new}}} \ell_{\text{temp}} + e^{\tilde{\boldsymbol{m}}_{ij} - \boldsymbol{m}_i^{\text{new}}} \tilde{\ell}_{ij} \in \mathbf{R}^{l_1}$$

计算结果写入 HBM:

$$\boldsymbol{O}_i \leftarrow \text{diag}(\ell_i^{\text{new}})^{-1}(\text{diag}(\ell_{\text{temp}}) e^{\boldsymbol{m}_{\text{temp}} - \boldsymbol{m}_i^{\text{new}}} \boldsymbol{O}_{\text{temp}} + e^{\tilde{\boldsymbol{m}}_{ij} - \boldsymbol{m}_i^{\text{new}}} \tilde{\boldsymbol{P}}_{ij} \boldsymbol{V}_j)$$

更新临时变量:

$$\boldsymbol{m}_{\text{temp}} \leftarrow \boldsymbol{m}_i^{\text{new}}, \ \ell_{\text{temp}} \leftarrow \ell_i^{\text{new}}, \ \boldsymbol{O}_{\text{temp}} \leftarrow \boldsymbol{O}_i$$

FlashAttention V2 进一步对一些算子进行了等价融合,降低计算复杂度,提升推理过程的 Arithmetic Indensity,本书不予以详细介绍,读者可参见相关文献。

3. 显存优化

相关研究显示,OPT-13B 模型在推理时 GPU 的占比分布分别为模型原始权重参数占比 65%,KV 缓存占比约 30%,其他参数占比约 5%,其中 KV 缓存存放的是与请求相关的动态参数。对于单个 token,KV 缓存占比约为

2(key 和 value 向量)×5120(embedding 维度,也是 token 通道维度)×40(Transfomer blocks)× 2bytes(FP16) = 800KB

如果 OPT-13B 上下文支持 2048 个 token,则 KVcache 的缓存约占比 1.6GB。在不考虑显存碎片、其他参数占用的情况下,即便 A100(40GB)全部被利用,理论上推理的并发量也不到 20 个。

$$\frac{40\text{GB} - 13\text{B} \times 2\text{bytes}}{1.6\text{GB}} = 15 \tag{7.2.47}$$

而 A100 的计算峰值(Flops)在推理时没法充分利用,显然,GPU 显存在推理中越

来越是瓶颈。而在正常推理过程中，输入序列往往是固定长度的，有大量的无效/无意义的 token 需要计算 KV 缓存造成显存浪费，内存碎片也会造成显存浪费。常见的有预留 token（如 eos）、外部显存碎片以及补全最长序列的填充 token 占据的内部显存碎片，如图 7.2.12 所示。由于碎片化和过度预留，现有的系统浪费了 60%～80% 的内存。

图 7.2.12　显存碎片化示意图

PagedAttention 提出了一种高效的显存管理、共享方法，灵感来自操作系统中虚拟内存和分页的经典思想，它可以允许在非连续空间里存储连续的 KV 张量，如图 7.2.13 所示。具体来说，PagedAttention 把每个序列的 KV 缓存进行了分块，每个块包含固定长度的 token，而在计算 attention 时可以高效地找到并获取那些块。

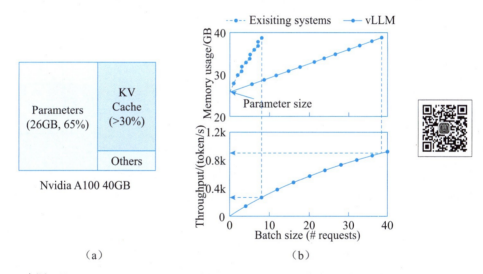

图 7.2.13　来源 Efficient Memory Management for Large Language Model Serving with PagedAttention

（a）在 Nvidia A100 上部署一个具有 130 亿参数的 LLM 时的内存布局。参数（灰色）在服务期间持续存在于 GPU 内存中。KV 缓存（红色）的内存是按照服务请求进行分配和释放的。一小部分内存（黄色）被临时用于激活。（b）vLLM 平整了现有系统中看到的 KV 缓存内存快速增长曲线，从而显著提高了服务吞吐量

操作系统虚拟内存将内存划分为多个固定大小的页，并将用户程序的逻辑页映射到物理页，连续的逻辑页可以对应非连续的物理内存页，所以用户在访问内存时看起来就像连续的一样。此外，物理内存空间不需要提前完全预留，使操作系统能够根据需求动态分配物理页。

PagedAttention 参考上述思想，将 KV 大矩阵乘法优化成小矩阵乘法，从而划分出一些 KV 块，vLLM 利用虚拟内存机制将 KV 缓存表示为一系列逻辑 KV 块，并在生成新 token 及 KV 缓存时，从左到右进行填充；最后一个 KV 块的未填充位置预留给后续生成操作。同时，缓存调度管理器还负责维护块表（block table）逻辑显存和物理显存之间的映射。这一设计无须预先将保留内存给 KV 缓存，即用即申请，极大降低了显存的碎片化，消除了现有系统中的大多数显存浪费。

在图 7.2.14 中，请求（request）可理解为操作系统中的一个进程；逻辑内存（logical KV blocks）可理解为操作系统中的虚拟内存，每个 block 类比于虚拟内存中的一个 page。每个 block 的大小是固定的，在 vLLM 中默认大小为 16，即可装 16 个 token 的 KV 值块表（block table）可理解为操作系统中的虚拟内存到物理内存的映射表；物理内存（physical KV blocks）可理解为操作系统中的物理内存，物理块在 GPU 显存上，每个 block 类比于虚拟内存中的一个 page。

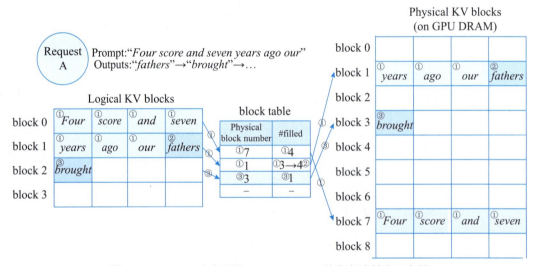

图 7.2.14 vLLM 中实现的 PagedAttention 的内存映射表示意图

PagedAttention 推理过程分为以下两个阶段：

（1）prefilling 阶段。

划分逻辑块：vLLM 拿到这条 Prompt，先按照设定好的 block 大小 B（本例中 B=4），为 Prompt 划分逻辑块（Logical KV blocks）。由于 Prompt 中有 7 个 token，所以 vLLM 用 2 个逻辑块（block 0，block 1）来装它们的 KV 值。其中，在逻辑块 1 中目前只装了 years、ago、our 这 3 个 token 的 KV 值，有 1 个位置是空余的。这个位置就称为保留位（reservation）。

划分物理块：划分好逻辑块后，就可以将其映射到物理块中。物理块是实际存放 KV 值的地方。通过一张 block table 来记录逻辑块和物理块的映射关系，block table 的主要内容包括：逻辑块和物理块的映射关系（physical block number），如逻辑块 0 对应物理块 7；每个物理块上被填满的槽位（filled），如在 prefill 阶段，对物理块 7，其 4 个槽位都被填满；对物理块 1，其 3 个槽位被填满正常计算 Prompt 的 KV 值，并通过划分好的关系填入物理块中。

（2）decode 阶段。

使用 KV cache 计算 attention，生成第 1 个词 fathers。不难发现，在计算时，使用的是逻辑块，即形式上这些 token 都是连续的。与此同时，vLLM 后台会通过 block table 这个映射关系，从物理块上获取数据做实际计算。通过这种方式，每个 request 都会认为自己在一个连续且充足的存储空间上操作，尽管物理上这些数据的存储并不是连续的。

基于新生成的词，更新逻辑块、物理块和 block table。对于 block table，vLLM 将它 filled 字段由 3 更新至 4。

分配新的逻辑块和物理块。当 fathers 更新进去后，逻辑块已装满。所以 vLLM 将开辟新的逻辑块 2，并同时更新对应的 block table 和物理块。

在并行推理时，PagedAttention 采用了共享内存机制来提高吞吐量，如图 7.2.15 所示。假定发给模型 1 个 request，这个 request 中包含 2 个 Prompt/sample，记为 Sample A1 和 Sample A2，这两个 Prompt 完全一致，都为 Four score and seven years ago our，我们希望模型对这两个 Prompt 分别做续写任务。

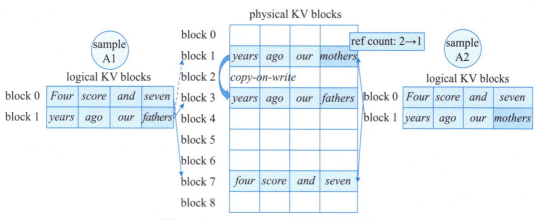

图 7.2.15 PagedAttention 并行采样示意图

prefilling 阶段：vLLM 拿到 Sample A1 和 Sample A2，根据其中的文字内容，为其分配逻辑块和物理块。

（1）分配逻辑块：对于 A1，vLLM 为其分配逻辑块 block 0 和 block 1；对于 A2，vLLM 为其分配逻辑块 block 0 和 block 1。注意，A1 的逻辑块和 A2 的逻辑块是独立的（尽管它们都叫 block 0 和 block 1），可以将 A1 和 A2 视作操作系统中两个独立运行的进程。

（2）分配物理块：对于 A1 和 A2，虽然逻辑块独立，但因为它们的文字完全相同，所以可以在物理内存上共享相同的空间。A1 的逻辑块 block 0/1 分别指向物理块 block 7/1；

A2 的逻辑块 block 0/1 分别指向物理块 block 7/1。假设每个物理块下映射的逻辑块数量为 ref count，所以对物理块 block 7/1 来说，它们的 ref count 都为 2。

decode 阶段：A1 和 A2 各自做推理，得到第一个 token，分别为 fathers 和 mothers。

（1）将生成的 token 装入逻辑块：对于 A1 和 A2 来说，将其生成的 token 装入各自的逻辑块 block 1。

（2）触发物理块 copy-on-write 机制：由于 fathers/mothers 是两个完全不同的 token，因此对物理块 block 1 触发复制机制，即在物理内存上新开辟一块空间。此时物理块 block 1 只和 A2 的逻辑块 block 1 映射，将其 ref count 减去 1；物理块 block 3 只和 A1 的逻辑块 block 1 映射，将其 ref count 设为 1。

总结起来，vLLM 节省 KV cache 显存的核心思想是，对于相同数据对应的 KV cache，能复用则尽量复用，无法复用时再考虑开辟新的物理空间。

从右往左来看图 7.2.16。虚线位置表示"当前 decoding 时刻"，beam width = 4。图中所有的 block 皆为逻辑块。

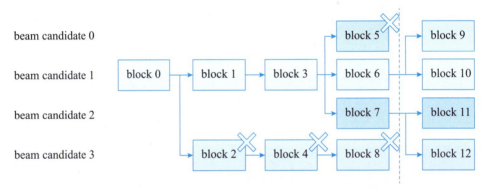

图 7.2.16　PagedAttention Beam search 采样过程示意图

因为 beam width = 4，这意味着根据 beam search 算法，在当前阶段生成了 top 4 个概率最大的 token（记这 4 个 token 为 beam candidate 0/1/2/3），它们分别装在 block 5、block 6、block 7 和 block 8 中。

现在继续使用 beam search 算法做 decoding，继续找出 top 4 个最可能的 next token。经过计算，这 top 4 next token，有 2 个来自 beam candidate 1，有 2 个来自 beam candidate 2。因此，在 block 6 中引出 block 9 和 block 10，用于装其中两个 top 2 next token；对 block 7 也是同理。

现在，block 9/10/11/12 中装的 top 4 next token，就成为新的 beam candidates，可以按照和上述一样的方式继续做 beam search 算法。而对于 block 5 和 block 8，它们已经在 beam search 的搜索算法中被淘汰了，后续生成的 token 也不会和它们产生关系，所以可以清除掉这两个逻辑块，并释放它们对应的物理块的内存空间。

继续往左边来看图 7.2.16。block 3 引出 block 5/6/7，block 4 引出 block 8，这意味着

当前这 4 个 top 4 token，是上一个 timestep 下 candidate1 和 candidate3 相关序列生成的（candidate 0 和 2 的 block 没有画出，是因为它们所在的序列被 beam search 算法淘汰了，因此没有画出的必要）。由于 block 8 已经被淘汰，所以 block 4 也相继被淘汰，并释放对应的物理内存空间。由此往左一路推，直到 block 0 为止（block 0 代表着 Prompt，因此被 beam search 中所有的序列共享）。在这一过程中，我们都根据最新时刻的 beam search decoding 结果，释放掉不再被需要的逻辑块和对应的物理内存空间，达到节省显存的目的。

FlashAttention、PagedAttention 分别是算子融合和显存优化、共享的经典方法，此外，还有诸多出色前沿的研究成果尚未进行深入讨论，如 Contiounus Batching 等，读者有兴趣可以阅读相关文章。计算复杂性优化和显存管理是一个理论与工程实践结合性较强的分支，这个方向的研究成果在工业界大规模地推广与应用，成熟的成果会被迅速集成到相关开源推理框架，积极地促进了 AI 产业的发展。

4. 并行计算

并行计算是一种计算方法，它允许多个计算任务同时进行，以提高处理速度和效率。这种计算方式通常应用于需要大量计算资源的问题。并行计算的一些关键概念和特点：多处理器，并行计算可以利用这些处理器同时处理不同的任务或任务的不同部分；分布式计算，在分布式计算中，任务被分配到网络上的多个节点，这些节点可以是物理上分散的，但通过网络连接协同工作；并行算法，为了实现并行计算，需要设计能够在多个处理器上同时运行的算法，这些算法需要考虑数据的分割、任务的分配以及结果的合并；并行编程模型，并行编程模型提供了一种方式来组织和控制并行任务的执行，常见的模型包括共享内存模型（如 OpenMP）、消息传递模型（如 MPI）和数据并行模型（如 CUDA）；同步与通信，在并行计算中，不同的处理器或计算节点需要同步它们的操作，并且可能需要交换数据，这通常通过特定的同步机制和通信协议来实现；负载均衡，为了最大化并行计算的效率，需要合理分配任务，以避免某些处理器过载而其他处理器空闲的情况。

考虑到 GPU 的物理结构，在 Nvidia V100 之后，Nvidia 的 GPU 提供了多实例的机制，每个 GPU 都可以被划分为具有独立处理能力的实例。GPU 具备了多核的能力，同时，随着现在大模型的参数量、网络结构（Multi-Head Attention）的尺寸足够大，推理时单卡的显存难以满足性能要求。并行计算以空间和成本来换取性能的方式也越来越常见。不同于预训练的并行加速技术，在推理阶段，少了梯度优化环节，推理阶段的并行加速技术原理性上更加简单易懂。

1）张量并行

Transformer 中的主要部件是全连接层和注意力机制，其核心都是矩阵乘法。张量并行的核心就是将矩阵乘法进行拆分，从而降低模型对单卡的显存需求，如图 7.2.17 所示。

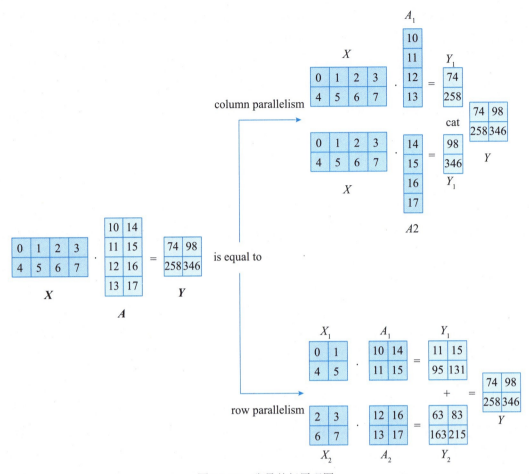

图 7.2.17 张量并行原理图

本节以全 $Y = \text{ReLU}(XW)$ 为例介绍张量并行,其中,X 和 Y 分别是输入和输出矩阵,$W \in R\left(\dfrac{T}{h}, \dfrac{T}{h}\right)$ 是权重矩阵,ReLU 是非线性激活函数。张量并行可以分为列并行和行并行(以权重矩阵的分割方式命名),图 7.2.17 展示了两种并行方式。

从矩阵乘法的角度,列并行将矩阵进行列划分为 $n(T\,|\,nh)$ 份(不一定必须相等大小),可以表示为 $XW = X\begin{bmatrix} W_1 & W_2 & \cdots & W_n \end{bmatrix}$,矩阵乘法表示为

$$XW = \begin{bmatrix} XW_1 & XW_2 & \cdots & XW_n \end{bmatrix} \tag{7.2.48}$$

行并行同时对输入矩阵和权重矩阵也进行划分。假设要将 W 水平划分为 n 份,则输入矩阵 X 必须垂直划分为 n 份,矩阵乘法表示为

$$XW = \begin{bmatrix} X_1 & X_2 & \cdots & X_n \end{bmatrix} \begin{bmatrix} W_1 \\ W_2 \\ \vdots \\ W_n \end{bmatrix} = X_1 W_1 + X_2 W_2 + X_3 W_3 + \cdots + X_n W_n \tag{7.2.49}$$

无论是行并行还是列并行,都只需要在各个部分计算完后进行一次通信,只不过列并行将通信的结果进行拼接,而行并行则是对通信结果相加。

增加 ReLU 非线性算子后,列并行可由下式表示:

$$Y = \text{ReLU}(XW) = \text{ReLU}([XW_1 \quad XW_2 \quad \cdots \quad XW_n])$$
$$= [\text{ReLU}(XW_1) \quad \text{ReLU}(XW_2) \quad \cdots \quad \text{ReLU}(XW_n)] \quad (7.2.50)$$

因此,列并行可以在每个 GPU 实例中独立计算 ReLU 算子,再进行实例间通信拼接获得完整的输出 Y。

增加 ReLU 非线性算子后,行并行可由下式表示:

$$Y = \text{ReLU}(XW) = \text{ReLU}(X_1W_1 + X_2W_2 + X_3W_3 + \ldots + X_nW_n)$$
$$\neq \text{ReLU}(X_1W_1) + \text{ReLU}(X_2W_2) + \cdots + \text{ReLU}(X_nW_n) \quad (7.2.51)$$

因此,行并行不能在每个 GPU 实例中独立计算 ReLU 算子。在权重计算完之后通信相加得到矩阵乘法的结果,再在其中一个 GPU 实例中计算 ReLU 算子,最终将输出 Y 进行拆分通信同步到各个 GPU 实例中,作为下一次张量并行计算的输入。

综合考虑 GPU 实例的数量和 GPU 实例之间的通信效率,张量并行技术衍生出了 2D 张量并行技术和 2.5D 张量并行技术。

假设 GPU 实例的个数为 $q \times q$ 个,则输入矩阵和权重矩阵均可以由分块矩阵表示。以 $q = 2$ 为例:

$$Y = XW = \begin{bmatrix} X_{00} & X_{01} \\ X_{10} & X_{11} \end{bmatrix} \begin{bmatrix} W_{00} & W_{01} \\ W_{10} & W_{11} \end{bmatrix}$$
$$= \begin{bmatrix} X_{00}W_{00} + X_{01}W_{10} & X_{00}W_{01} + X_{01}W_{11} \\ X_{10}W_{00} + X_{11}W_{10} & X_{10}W_{01} + X_{11}W_{11} \end{bmatrix} \quad (7.2.52)$$
$$= \begin{bmatrix} X_{00}W_{00} & X_{00}W_{01} \\ X_{10}W_{00} & X_{10}W_{01} \end{bmatrix} + \begin{bmatrix} X_{01}W_{10} & X_{01}W_{11} \\ X_{11}W_{10} & X_{11}W_{11} \end{bmatrix}$$

基于上面的矩阵乘法的变化,可以发现 $Y = XW$ 可以分解为两个矩阵相加。具体来说,两个矩阵的结果仍然需要串行地计算。但是,单个矩阵中的 4 个子矩阵可以使用 2×2 的处理器来并行计算,具体如下:

$t = 1$,对 $\begin{bmatrix} X_{00} \\ X_{01} \end{bmatrix}$ 和 $\begin{bmatrix} W_{00} & W_{01} \end{bmatrix}$ 进行广播,所有 2×2 的处理器均拥有这 4 个子矩阵,然后分别执行 $X_{00}W_{00}$、$X_{00}W_{01}$、$X_{10}W_{00}$、$X_{10}W_{01}$,经过这一步后就得到了第一个矩阵的结果。

$t = 2$,对 $\begin{bmatrix} X_{01} \\ X_{11} \end{bmatrix}$ 和 $\begin{bmatrix} W_{10} & W_{11} \end{bmatrix}$ 进行广播,各个处理器再分别计算 $X_{01}W_{10}$、$X_{01}W_{11}$、$X_{10}W_{10}$、$X_{11}W_{11}$,最终得到第二个矩阵的结果。

将两个矩阵的结果相加。

假设 GPU 的实例个数为 $q \times q \times d$,将输入矩阵 X 划分为 $d \times q$ 行和 q 列。以 $q = d = 2$

为例展开说明：

$$Y = XW = \begin{bmatrix} X_{00} & X_{01} \\ X_{10} & X_{11} \\ X_{20} & X_{21} \\ X_{30} & X_{31} \end{bmatrix} \begin{bmatrix} W_{00} & W_{01} \\ W_{10} & W_{11} \end{bmatrix} = \begin{bmatrix} \begin{bmatrix} X_{00} & X_{01} \\ X_{10} & X_{11} \end{bmatrix} \begin{bmatrix} W_{00} & W_{01} \\ W_{10} & W_{11} \end{bmatrix} \\ \begin{bmatrix} X_{20} & X_{21} \\ X_{30} & X_{31} \end{bmatrix} \begin{bmatrix} W_{00} & W_{01} \\ W_{10} & W_{11} \end{bmatrix} \end{bmatrix} \quad (7.2.53)$$

式中：$\begin{bmatrix} X_{00} & X_{01} \\ X_{10} & X_{11} \end{bmatrix}\begin{bmatrix} W_{00} & W_{01} \\ W_{10} & W_{11} \end{bmatrix}$ 和 $\begin{bmatrix} X_{20} & X_{21} \\ X_{30} & X_{31} \end{bmatrix}\begin{bmatrix} W_{00} & W_{01} \\ W_{10} & W_{11} \end{bmatrix}$ 就是前面所讲的 2D 并行，所以，总计有 $2 \times 2 \times 2 = 8$ 个 GPU 实例，每 $2 \times 2 = 4$ 个处理器使用 2D 张量并行来处理对应的矩阵乘法。最后，将两个 2D 张量并行的结果进行拼接即可。

Colossal-AI 框架中，2D 张量并行的代码示例如下：

```
1.import colossalai
2.import colossalai.nn as col_nn
3.import torch
4.from colossalai.utils import print_rank_0
5.from colossalai.context import ParallelMode
6.from colossalai.core import global_context as gpc
7.from colossalai.utils import get_current_device
8.
9.# 并行设置
10.CONFIG = dict(parallel=dict(
11.    data=1,
12.    pipeline=1,
13.    tensor=dict(size=4, mode='2d'),
14.))
15.
16.parser = colossalai.get_default_parser()
17.    colossalai.launch(config=CONFIG,
18.    rank=args.rank,
19.    world_size=args.world_size,
20.    local_rank=args.local_rank,
21.    host=args.host,
22.    port=args.port)
23.
24.class MLP(torch.nn.Module):
25.    def __init__(self, dim: int = 256):
```

```
26.        super().__init__()
27.        intermediate_dim = dim * 4
28.        self.dense_1 = col_nn.Linear(dim, intermediate_dim)
29.        print_rank_0(f'Weight of the first linear layer: {self.
           dense_1.weight.shape}')
30.        self.activation = torch.nn.GELU()
31.        self.dense_2 = col_nn.Linear(intermediate_dim, dim)
32.        print_rank_0(f'Weight of the second linear layer: {self.
           dense_2.weight.shape}')
33.        self.dropout = col_nn.Dropout(0.1)
34.
35.    def forward(self, x):
36.        x = self.dense_1(x)
37.        print_rank_0(f'Output of the first linear layer: {x.
           shape}')
38.        x = self.activation(x)
39.        x = self.dense_2(x)
40.        print_rank_0(f'Output of the second linear layer: {x.
           shape}')
41.        x = self.dropout(x)
42.        return x
43.
44.# 创建模型
45.m = MLP()
46.
47.# 随机输入一些数据来运行这个模型
48.x = torch.randn((16, 256), device=get_current_device())
49.
50.# partition input
51.torch.distributed.broadcast(x, src=0)
52.x = torch.chunk(x, 2, dim=0)[gpc.get_local_rank(ParallelMode.PARALLEL_2D_COL)]
53.x = torch.chunk(x, 2, dim=-1)[gpc.get_local_rank(ParallelMode.PARALLEL_2D_ROW)]
```

```
54.print_rank_0(f'Input: {x.shape}')
55.
56.x = m(x)
```

2）流水线并行

流水线并行与张量并行一样，均是模型并行的不同实现方式。张量并行为层内并行，对模型 Transformer 层内进行分割、流水线为层间并行，对模型不同的 Transformer 层间进行分割。由于模型太大，无法将整个模型放置到单张 GPU 卡中，因此，将模型的不同层放置到不同的计算设备，降低单个计算设备的显存消耗，从而实现超大规模模型推理。

7.2.4 技术总览

大语言模型的推理优化技术路线如图 7.2.18 所示，包含硬件结构、架构的升级带来的推理性能提升和推理成本的降低，还有在相同的硬件平台下，通过量化、剪枝、知识蒸

图 7.2.18 大语言模型的推理优化技术路线

馏、因子分解、计算融合、并行计算、虚拟显存分页、显存调度等方面在不损失或者轻微损失模型推理准确率的前提下，提升推理速度，降低推理成本。读者可以根据实际业务场景，选择合适的推理优化技术来帮助自己的产品更好地落地，满足用户的体验需求。

7.3 推理加速框架

7.3.1 vLLM

vLLM 是伯克利大学 LMSYS 组织开源的大语言模型高速推理框架，旨在极大地提升实时场景下的语言模型服务的吞吐与内存使用效率。vLLM 是一个快速且易于使用的库，用于 LLM 推理和服务，可以和 Hugging Face 无缝集成。vLLM 利用了全新的注意力算法 PagedAttention，有效地管理 GPU 的内存，它集成了如下加速推理速度和推理吞吐量的技术：

（1）使用 PagedAttention 对 KV cache 的有效管理。

（2）支持 Continuous Batching，Continuous Batching 是一种用于提升 LLM 部署吞吐量的优化技术。它也被称作动态批处理或基于迭代级的批处理，能够显著提高 LLM 推理的性能和效率。与传统的静态批处理不同，Continuous Batching 允许在推理过程中动态地调整批处理的大小，使得当一个序列在批处理中完成生成后，可以立即用新的序列替代它，从而提高 GPU 的利用率。

在传统的批处理中，一批请求必须全部完成才能进行下一批处理，这导致如果批处理中的某些请求比其他请求更长，GPU 将在等待这些较长请求完成时出现空闲，造成资源浪费。而 Continuous Batching 通过迭代级别调度解决了这一问题，它在每次迭代中根据需要确定批次的大小，一旦某个序列完成生成，就可以立即开始处理下一个序列，减少了 GPU 的空闲时间，从而提高了吞吐量。此外，Continuous Batching 框架通过超参数进行管理，例如，使用 waiting_served_ratio 来平衡预填充阶段和生成阶段的请求比例，以最大化 GPU 的利用率。Hugging Face 在其文本生成推理 LLM 推理服务器中实现了 Continuous Batching，并且通过特定的内存优化，使用 Continuous Batching 可以显著提高吞吐量，降低延迟。

（3）高性能 CUDA/HIP 图算法优化模型执行。

（4）集成了 GPTQ、AWQ 等模型压缩算法，支持 INT4、INT8、FP8 等参数精度。

（5）优化了 CUDA 的核函数，集成了 FlashAttention 和 FlashInfer。FlashInfer 是一个高性能的 GPU 内核库，专为 LLM 服务和推理而设计。它通过实现多种优化算法，如 FlashAttention、PagedAttention 和 LoRA，显著提升了自注意力机制的性能，尤其关注了不同格式的键值缓存（KV cache）。

（6）FlashInfer 支持多种注意力核，包括单请求和批处理模式下的预填充（Prefill）、解码（Decode）和追加（Append）操作，同时支持不同的 KV cache 格式，如填充张量、稀疏张量和页表。

（7）有各种 Decoder 算法的高吞吐量服务，包括 parallel sampling 和 beam search 等。

（8）支持推理性解码，一种用于加速 LLM 推理过程的技术。它的核心思想是在每个解码步骤中，先由一个小型的草稿模型（或称为"推测模型"）高效地预测多个可能的 token，然后由目标大语言模型（target LLM）并行验证这些 token。如果推测足够准确，这种方法可以在单个解码步骤中并行生成多个 token，从而显著提高推理速度，同时理论上保证解码结果与 target LLM 自回归解码结果完全一致，不损失解码质量。

（9）支持 Chunk Prefill 技术，Chunk Prefill 是一种用于提高 LLM 推理性能的技术。它主要解决的问题是在 LLM 推理过程中存在 Prefill 阶段和 Decode 阶段。这两个阶段对资源的需求和性能瓶颈不同，Prefill 阶段是计算密集型的，而 Decode 阶段是内存密集型的。在 Prefill 阶段，模型处理用户的输入并计算出对应的 KV cache，这一阶段可以充分利用 GPU 的并行计算能力。Decode 阶段是顺序生成 token 的过程，每次只计算一个 token，对算力的要求不大，但主要受内存带宽的限制。为了解决这两个阶段的效率问题，SplitWise 提出将 Prefill 和 Decode 阶段分离，并针对它们的不同特点进行优化。例如，Prefill 阶段应该限制 Batch size 以避免影响性能，而 Decode 阶段应该增大 Batch size 以提高吞吐量。此外，SplitWise 还提出了一种 Layer-wise 的 KV 缓存传输优化方法，以减少在 Prefill 阶段和 Decode 阶段之间传输 KV 缓存的开销。vLLM 支持一种实验性特性，称为 chunked prefill，它允许将大的 prefill 任务分解成更小的 chunk，并与 decode 请求一起批处理。这种方法可以改善 ITL 和生成解码性能，同时帮助实现更好的 GPU 利用率。

（10）支持张量并行和流水线并行分布式推理。

（11）支持流式输出。

（12）提供类似并兼容 OpenAI API 能力的推理接口。

（13）支持 Multi-lora 适配器。

vLLM 对硬件具有非常好的兼容性：支持 Nvidia 的 GPU、AMD 的 CPU 和 GPU、PowerPC CPU、TPU 和 AWS 的 Neuron，国内华为昇腾也在积极适配 vLLM 框架。vLLM 支持绝大部分在 Huggingface 平台开源的模型，如 Transformer 结构的 Llama，混合专家结构的 Mixtral，embedding 模型 E5-Mistral，多模态模型 LLaVA。vLLM 官方支持的开源模型可参考 https://docs.vllm.ai/en/latest/models/supported_models.html。

工程实例：

（1）推理性解码。

推理性解码是一种提高内存受限，降低大语言模型推理中间时延的技术。下面代码给出了采用 facebook/opt-125m 的小模型来做 next-5 token 辅助推理性解码的例子。

```
1.from vllm import LLM, SamplingParams
2.
3.prompts = [
4.    "The future of AI is",
5.]
6.sampling_params = SamplingParams(temperature=0.8, top_p=0.95)
7.
8.## speculative_model 指定了推理性解码的小模型，小模型对 next token 的预测 ## 为 5 步。
9.llm = LLM(
10.    model="facebook/opt-6.7b",
11.    tensor_parallel_size=1,
12.    speculative_model="facebook/opt-125m",
13.    num_speculative_tokens=5,
14.    use_v2_block_manager=True,
15.)
16.outputs = llm.generate(prompts, sampling_params)
17.
18.for output in outputs:
19.    prompt = output.prompt
20.    generated_text = output.outputs[0].text
21.    print(f"Prompt: {prompt!r}, Generated text: {generated_text!r}")
```

（2）Multi-Lora 适配器。

使用 LoRA 适配器优化 LLM 在垂类场景中的表现。通常，适配器必须加载在 LLM 之上，在一个基座 + N 种场景的低成本技术架构上，一个基座 + N 个适配器是一种较好的解决方案，因此，推理框架集成 Multi-Lora 适配器能够让 LLM 几乎无时延地在各个适配器中切换，提供不同的垂类场景能力。例如，一个适配器可以执行函数调用，另一个适配器可以执行分类、翻译或其他语言生成任务。

通常，标准推理框架须先卸载当前适配器，再加载新适配器。这个卸载 / 加载序列需要几秒，会降低用户体验。vLLM 可以同时运行和服务多个 LoRA 适配器，两个不同适配器之间没有明显的时间间隔。下面的代码示例是 vLLM 官方使用 LoRA 适配器增强模型性能的特定任务（如 SQL 查询生成）的场景。它展示了如何管理多个请求、使用不同的采样策略以及使用 LoRA 配置优化资源使用的高级使用模式。

```python
"""
This example shows how to use the multi-LoRA functionality
for offline inference.

Requires HuggingFace credentials for access to Llama2.
"""

from typing import List, Optional, Tuple

from huggingface_hub import snapshot_download

from vllm import EngineArgs, LLMEngine, RequestOutput, SamplingParams
from vllm.lora.request import LoRARequest


def create_test_prompts(
        lora_path: str
) -> List[Tuple[str, SamplingParams, Optional[LoRARequest]]]:
    """Create a list of test prompts with their sampling
    parameters.

    2 requests for base model, 4 requests for the LoRA. We
    define 2
    different LoRA adapters (using the same model for demo
    purposes).
    Since we also set `max_loras=1`, the expectation is that the
    requests
    with the second LoRA adapter will be ran after all requests
    with the
    first adapter have finished.
    """
    return [
        ("A robot may not injure a human being",
```

```
            SamplingParams(temperature=0.0,
                           logprobs=1,
                           prompt_logprobs=1,
                           max_tokens=128), None),
        ("To be or not to be,",
            SamplingParams(temperature=0.8,
                           top_k=5,
                           presence_penalty=0.2,
                           max_tokens=128), None),
        (
            "[user] Write a SQL query to answer the question based on the table schema.\n\n context: CREATE TABLE table_name_74 (icao VARCHAR, airport VARCHAR)\n\n question: Name the ICAO for lilongwe international airport [/user] [assistant]",  # noqa: E501
            SamplingParams(temperature=0.0,
                           logprobs=1,
                           prompt_logprobs=1,
                           max_tokens=128,
                           stop_token_ids=[32003]),
            LoRARequest("sql-lora", 1, lora_path)),
        (
            "[user] Write a SQL query to answer the question based on the table schema.\n\n context: CREATE TABLE table_name_11 (nationality VARCHAR, elector VARCHAR)\n\n question: When Anchero Pantaleone was the elector what is under nationality? [/user] [assistant]",  # noqa: E501
            SamplingParams(n=3,
                           best_of=3,
                           use_beam_search=True,
                           temperature=0,
                           max_tokens=128,
                           stop_token_ids=[32003]),
            LoRARequest("sql-lora", 1, lora_path)),
        (
```

```python
        "[user] Write a SQL query to answer the question based 
on the table schema.\n\n context: CREATE TABLE table_name_74 (icao 
VARCHAR, airport VARCHAR)\n\n question: Name the ICAO for lilongwe 
international airport [/user] [assistant]",  # noqa: E501
        SamplingParams(temperature=0.0,
                       logprobs=1,
                       prompt_logprobs=1,
                       max_tokens=128,
                       stop_token_ids=[32003]),
        LoRARequest("sql-lora2", 2, lora_path)),
    (
        "[user] Write a SQL query to answer the question based on 
the table schema.\n\n context: CREATE TABLE table_name_11 (nationality 
VARCHAR, elector VARCHAR)\n\n question: When Anchero Pantaleone 
was the elector what is under nationality? [/user] [assistant]", 
# noqa: E501
        SamplingParams(n=3,
                       best_of=3,
                       use_beam_search=True,
                       temperature=0,
                       max_tokens=128,
                       stop_token_ids=[32003]),
        LoRARequest("sql-lora", 1, lora_path)),
]


def process_requests(engine: LLMEngine,
                     test_prompts: List[Tuple[str,SamplingParams,
                                        Optional[LoRARequest]]]):
    """Continuously process a list of prompts and handle the outputs."""
    request_id = 0

    while test_prompts or engine.has_unfinished_requests():
        if test_prompts:
```

```python
        prompt, sampling_params, lora_request = test_prompts.
        pop(0)
        engine.add_request(str(request_id),
                            prompt,
                            sampling_params,
                            lora_request=lora_request)
        request_id += 1

    request_outputs: List[RequestOutput] = engine.step()

    for request_output in request_outputs:
        if request_output.finished:
            print(request_output)
def initialize_engine() -> LLMEngine:
    """Initialize the LLMEngine."""
    # max_loras: controls the number of LoRAs that can be used in the same
    #   batch. Larger numbers will cause higher memory usage, as each LoRA
    #   slot requires its own preallocated tensor.
    # max_lora_rank: controls the maximum supported rank of all LoRAs. Larger
    #   numbers will cause higher memory usage. If you know that all LoRAs will
    #   use the same rank, it is recommended to set this as low as possible.
    # max_cpu_loras: controls the size of the CPU LoRA cache.
    engine_args = EngineArgs(model="meta-llama/Llama-2-7b-hf",
                            enable_lora=True,
                            max_loras=1,
                            max_lora_rank=8,
                            max_cpu_loras=2,
                            max_num_seqs=256)
    return LLMEngine.from_engine_args(engine_args)
```

```python
def main():
    """Main function that sets up and runs the prompt processing."""
    engine = initialize_engine()
    lora_path = snapshot_download(repo_id="yard1/llama-2-7b-sql-lora-test")
    test_prompts = create_test_prompts(lora_path)
    process_requests(engine, test_prompts)

if __name__ == '__main__':
    main()
```

使用 LoRA 适配器，可以将 LLM 专门化用于特定的任务或域。这些适配器需要加载在 LLM 之上进行推理。vLLM 可以同时为多个适配器提供服务，而不会出现明显的延迟，从而允许无缝使用多个 LoRA 适配器。最后需要注意的是，如果在使用 bitsandbytes（即使用 QLoRA）量化的模型之上对适配器进行微调，则在启动 vLLM 时需要使用 bitsandbytes 量化模型。理论上，vLLM 在量化模型之上支持 bitsandbytes 和加载适配器。这种支持是最近才添加的，没有完全优化或应用于 vLLM 支持的所有模型，是否可用还需要实际测试。

7.3.2 TGI

TGI（Text Generation Inference）是专为 LLM 设计的高性能文本生成推理服务，由 Huggingface 开发，使用 Rust 和 Python 编写，支持多种流行的开源 LLM，如 Llama2、Falcon、StarCoder、BLOOM、GPT-NeoX 和 T5 等。TGI 利用张量并行技术和动态批处理技术优化了模型的推理性能，同时减少了资源消耗。TGI 框架集成了非常多的推理加速技术，也集成了大量生产运维等领域的能力。

（1）极简的启动，适用于大多数流行的大语言模型。

（2）工业级生产部署，支持 Open Telemetry 分布式日志，trace 染色等能力，支持 Prometheus 告警监控等。

（3）支持张量并行加速推理。

（4）支持 Continuous Batching 来提升吞吐量。

（5）对主流的网络结构支持 PagedAttention 和 FlashAttention 的加速和显存管理技术。

（6）支持 bits 和 bytes 级别的量化，GPTQ 等参数量化技术。

（7）支持 safetensors 的参数加载。

（8）支持水印，在模型生成的文本中嵌入一种对人类不可见但能被算法检测的信号。这种水印技术旨在减轻大语言模型可能带来的潜在危害，被用于恶意目的，如社交工程、选举操纵、制造假新闻和网络内容，以及在学术写作和编程作业中作弊等。

（9）支持 Logits Warper，调整大语言模型输出概率分布，以改善模型声称文本的质量和多样性，如 Temperature Scaling、Top-p、Top-k 以及 Repetition Penalty 等。

（10）支持针对特定领域和垂类场景进行 fine-tune，提升精度。

（11）支持结构化输出，按照用户指定的 schema 输出，如 JSON、XML、YAML 等。

TGI 对行业常见的硬件资源也具有良好的兼容性，不同于 vLLM 对 GPU 和 CPU 都做了适配，TGI 主要面向 GPU 做了适配，支持了 Nvidia 的 GPU，AMD 的 GPU、Intel 的 Gaudi/GPU、AWS 的 inferentia 等。

TGI 的完整能力主要适配了 Nvidia 的 H100、A100、A10 和 T4 等显卡，并且要求 cuda 驱动版本在 12.2 以上。对于其他显卡，TGI 提供的 Continuous Batching 等能力仍可以使用，但是 PagedAttention 和 FlashAttention 等推理加速和显存管理、调度等没法被使用，因为其他显卡的底层架构和近年来主流显卡的架构不同，PagedAttention 和 FlashAttention 的适配投入产出比不高。Nvidia 的显卡可以通过如下 Docker 命令来使用 TGI：

```
model=teknium/OpenHermes-2.5-Mistral-7B
volume=$PWD/data # share a volume with the Docker container to avoid downloading weights every run
docker run --gpus all --shm-size 64g -p 8080:80 -v $volume:/data \ghcr.io/huggingface/text-generation-inference:2.2.0 \ --model-id $model
```

TGI 的完整能力主要适配了 AMD 的 MI210、MI250、MI300 等 GPU。可以通过如下 Docker 命令使用 TGI，可以通过 --env ROCM_USE_FLASH_ATTN_V2_TRITON="0" 来启动 FlashAttention Triton。

```
model=teknium/OpenHermes-2.5-Mistral-7B
volume=$PWD/data # share a volume with the Docker container to avoid downloading weights every run

docker run --rm -it --cap-add=SYS_PTRACE --security-opt seccomp=unconfined --device=/dev/kfd --device=/dev/dri --group-add video --ipc=host --shm-size 256g --net host -v $volume:/dataghcr.io/huggingface/text-generation-inference:2.2.0-rocm --model-id $model
```

TGI 主要适配了 Intel 数据中心 GPU Max1100 和 Max1550，推荐使用 Docker 的方式来使用，命令如下：

```
model=teknium/OpenHermes-2.5-Mistral-7B
volume=$PWD/data # share a volume with the Docker container to avoid downloading weights every run
```

```
docker run --rm --privileged --cap-add=sys_nice --device=/dev/
dri --ipc=host --shm-size 1g --net host -v $volume:dataghcr.io/
huggingface/text-generation-inference:2.2.0-intel -model-id $model
--cuda-graphs 0
```

TGI 的系统框架如图 7.3.1 所示，由 Router、Model Server 和 Launcher 三个组件构成，其中 Router 是一个 Rust 编写的网络服务器二进制程序，它使用自定义的 HTTP API 以及 OpenAI 的 Messages API 来接受 HTTP 请求。路由器接收 API 调用并处理批请求。它采用不同的策略来减少请求和响应之间的延迟，特别是针对解码延迟。它将使用队列、调度器和块分配器来实现这一点，并产生批量请求，然后将这些请求发送到模型服务器。Model Server 是一个 Python 服务器，能够启动一个等待 gRPC 请求的服务器，加载指定的模型，执行分片并提供张量并行，并在等待新请求时保持运行。模型服务器支持使用 Pytorch 实例化的模型，并且主要针对在 CUDA/ROCM 上进行推理进行了优化。TGI 官方通过 cli 的方式支持一些能力。

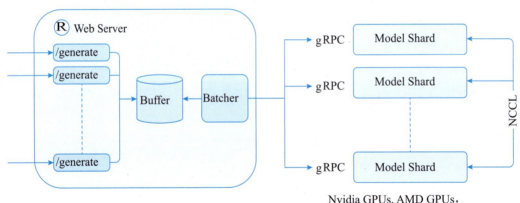

图 7.3.1　TGI 的系统框架

（1）--download-weights，从 hub 中下载权重。

（2）--quantize，对模型参数进行量化，支持一些列主流的参数精度。

（3）--serve，启动已经加载好模型的服务，接受 Router 层通过 gRPC 协议传过来的请求，并按照给定格式输出模型推理响应。

TGI cli 命令行如图 7.3.2 所示。

```
Usage: cli.py serve [OPTIONS] MODEL_ID

┌─ Arguments ──────────────────────────────────────────────────────────────────┐
│ *    model_id      TEXT  [default: None] [required]                          │
└──────────────────────────────────────────────────────────────────────────────┘
┌─ Options ────────────────────────────────────────────────────────────────────┐
│ --revision                                TEXT                    [default: None]             │
│ --sharded               --no-sharded                              [default: no-sharded]       │
│ --quantize                                [bitsandbytes|bitsandbytes  [default: None]         │
│                                           -nf4|bitsandbytes-fp4|gptq                          │
│                                           |awq|eetq|exl2|fp8]                                 │
│ --speculate                               INTEGER                 [default: None]             │
│ --dtype                                   [float16|bfloat16]      [default: None]             │
│ --trust-remote-code     --no-trust-remote-code                    [default:                   │
│                                                                   no-trust-remote-code]       │
│ --uds-path                                PATH                    [default:                   │
│                                                                   /tmp/text-generation-serve  │
│ --logger-level                            TEXT                    [default: INFO]             │
│ --json-output           --no-json-output                          [default: no-json-output]   │
│ --otlp-endpoint                           TEXT                    [default: None]             │
│ --otlp-service-name                       TEXT                    [default:                   │
│                                                                   text-generation-inference.  │
│ --help                                                            Show this message and exit │
└──────────────────────────────────────────────────────────────────────────────┘
```

图 7.3.2　TGI cli 命令行

7.4　推理加速工程实践

7.4.1　Llama3 在 vLLM 框架上的推理

vLLM 是一个快速、易于使用的开源服务引擎，用于大语言模型。vLLM 支持超过 40 种类型的开源 LLM，一系列多样化的硬件平台（Nvidia GPU、AMD GPU、AWS Inferentia、Google TPU、Intel CPU、GPU、Gaudi 等）以及各种推理优化。

对于新的 Llama3.1 系列，vLLM 可以运行具有完整 128K 上下文窗口的模型。为了支持大上下文窗口，vLLM 自动启用分块预填充。分块预填充不仅能够控制显存使用，还减少了长时间提示处理对正在进行的请求的中断。用户可以通过运行以下命令或使用官方 Docker 镜像（vllm/vllm-openai）来安装 vLLM：

```
pip install -U vllm
```

对于大型的 Llama 405B 模型，vLLM 支持以下方法：

（1）FP8：vLLM 在 8xA100 或 8xH100 上原生运行官方的 FP8 量化模型。

（2）流水线并行：vLLM 通过在不同节点上放置模型的不同层来运行官方的 BF16 版本。

（3）张量并行：vLLM 也可以通过在多个节点上分片模型，并在节点内的多个 GPU 上运行。

（4）AMD MI300x 或 NVIDIA H200：vLLM 可以在单个 8xMI300x 或 8xH200 机器上运行模型，其中每个 GPU 分别有 192GB 和 141GB 内存。

（5）CPU 卸载：作为最后的手段，vLLM 可以在执行前向传递时将部分权重卸载到 CPU，允许用户在有限的 GPU 内存上以全精度运行大型模型。

在所有方法中，推荐单节点使用 FP8，多节点使用流水线并行。目前，vLLM 支持通过 FBGEMM 利用 MLP 层的每通道量化来量化官方 Meta Llama3.1 405B FP8 模型。具体来说，up/gate/down 投影的每个通道都被量化，并乘以一个静态缩放因子。结合跳过第一层和最后一层的量化，以及静态上限，这种方法对模型的准确性影响最小。用户可以使用以下命令在单个 8xH100 或 8xA100 上运行最新版本的 vLLM 模型：

```
vllm serve meta-llama/Meta-Llama-3.1-405B-Instruct-FP8 --tensor-parallel-size 8
```

使用 FP8 量化模型处理请求，平均输入长度为 1024 个 token，平均输出长度为 128 个 token，服务器能够以 QPS 2.82 的速度持续运行。相应的服务吞吐量分别是每秒 2884.86 个输入 token 和每秒 291.53 个输出 token。

vLLM 支持结合流水线并行和张量并行。例如，在两个节点上的 16 个 GPU 上，用户可以使用 2 路流水线并行和 8 路张量并行来优化硬件使用。这种配置将模型的一半映射到每个节点，使用 NVLink 在所有减少操作中将每层划分到 8 个 GPU 上。用户可以使用以下命令运行 Llama3.1 405B 模型：

```
vllm serve meta-llama/Meta-Llama-3.1-405B-Instruct --tensor-parallel-size 8 --pipeline-parallel-size 2
```

如果用户拥有像 InfiniBand 这样的高速互连设备，可以使用 16 路张量并行：

```
vllm serve meta-llama/Meta-Llama-3.1-405B-Instruct --tensor-parallel-size 16
```

从 vLLM 官方的实测吞吐量（图 7.4.1）来看，流水线并行的吞吐量大于张量并行，因为张量并行存在大量的参数传递，带宽是瓶颈，当节点不是通过 InfiniBand 连接时，流水线并行是必不可少的。与 16 路张量并行相比，将 2 路流水线并行与 8 路张量并行相结合，可以带来 6.6 倍的性能提升。另外，在有 InfiniBand 的情况下，两种配置的性能相似。

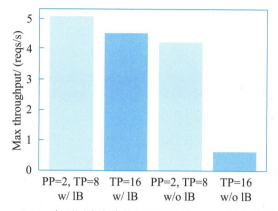

图 7.4.1　vLLM 在不同流水线并行和张量并行下的吞吐量提升对比

7.4.2　Llama3 在TGI框架上的推理

TGI 也支持 Llama3.1-405B，具有以下推理优化技术，即参数精度支持 FP8，支持 Continuous Batching，支持流式 token、张量并行 / 流水线并行，支持 AWQ/GPTQ 等量化技术。既可以在 8x Nvidia H100 上部署 FP8 参数的 llama3.1-405B-Instruct-FP8 模型，也可以在 8x Nvidia A100 上部署 AWQ/GPTQ 的量化模型。

推理代码如下：

```
from huggingface_hub import InferenceClient

# Initialize the client, pointing it to one of the available models
client = InferenceClient(
    base_url="<ENDPOINT_URL>",
)

# Create a chat completion
chat_completion = client.chat.completions.create(
    model="ENDPOINT",
    messages=[
        {"role": "system", "content": "You are a helpful an honest programming assistant."},
        {"role": "user", "content": "Is Rust better than Python?"},
    ],
    stream=True,
```

```
        max_tokens=500
)

# iterate and print stream
for message in chat_completion:
    print(message.choices[0].delta.content, end="")
```

7.4.3 推理测试

不同推理框架在推理优化技术和侧重点上有所不同,对不同的硬件支持水平也各有所好。对推理优化技术、GPU 硬件平台和推理框架原理性上的了解有利于初期快速地做出技术选型和技术决策,后续持续迭代中精细化和持续性运营仍需要基于科学量化的思路。推理过程核心的性能指标是 TTFT、ITL、Latency 和 Throughput,此外,还有 Prefill Time、Queuing Time 等指标。本节主要介绍四个核心指标的测试方法。

1. 推理速度测试

下面是一个简单的 Python 代码示例,用于测试大语言模型的推理速度。这个示例使用了 Hugging Face 的 transformers 库来加载一个预训练的语言模型,并测量其推理时间。

首先,确保已经安装了 transformers 库和 torch 库。如果还没有安装,可以使用以下命令:

```
pip install transformers torch
```

然后,使用以下代码进行推理速度测试:

```python
import time
import torch
from transformers import AutoModelForCausalLM, AutoTokenizer
# 加载模型和分词器
model_name = "gpt2"   # 可以选择其他模型,如 "gpt2", "distilgpt2",
                      "EleutherAI/gpt-neo-125M" 等
tokenizer = AutoTokenizer.from_pretrained(model_name)
model = AutoModelForCausalLM.from_pretrained(model_name)

# 将模型设置为评估模式
model.eval()

# 输入文本
input_text = "Once upon a time in a land far, far away"
```

```python
input_ids = tokenizer.encode(input_text, return_tensors='pt')

# 测试推理速度
num_iterations = 100  # 设置测试的迭代次数
start_time = time.time()
with torch.no_grad():  # 禁用梯度计算以加快推理速度
    for _ in range(num_iterations):
        outputs = model(input_ids)
end_time = time.time()

# 计算平均推理时间
average_time = (end_time - start_time) / num_iterations
print(f"Average inference time over {num_iterations} iterations: {average_time:.6f} seconds")
```

vLLM 等框架还将推理速度做了更多的细化，推理过程包含几个极端，如测试 prefix cache 阶段的推理速度，vLLM 的官方源码如下：

```python
import dataclasses
import json
import random
import time
from typing import List, Optional, Tuple

from transformers import PreTrainedTokenizerBase

from vllm import LLM, SamplingParams
from vllm.engine.arg_utils import EngineArgs
from vllm.utils import FlexibleArgumentParser

try:
    from vllm.transformers_utils.tokenizer import get_tokenizer
except ImportError:
    from backend_request_func import get_tokenizer

PROMPT = "You are a helpful assistant in recognizes the content
```

of tables in markdown format. Here is a table as fellows. You need to answer my question about the table.\n# Table\n|Opening|Opening|Sl. No.|Film|Cast|Director|Music Director|Notes|\n|----|----|----|----|----|----|----|----|\n|J A N|9|1|Agni Pushpam|Jayabharathi, Kamalahasan|Jeassy|M. K. Arjunan||\n|J A N|16|2|Priyamvada|Mohan Sharma, Lakshmi, KPAC Lalitha|K. S. Sethumadhavan|V. Dakshinamoorthy||\n|J A N|23|3|Yakshagaanam|Madhu, Sheela|Sheela|M. S. Viswanathan||\n|J A N|30|4|Paalkkadal|Sheela, Sharada|T. K. Prasad|A. T. Ummer||\n|F E B|5|5|Amma|Madhu, Srividya|M. Krishnan Nair|M. K. Arjunan||\n|F E B|13|6|Appooppan|Thikkurissi Sukumaran Nair, Kamal Haasan|P. Bhaskaran|M. S. Baburaj||\n|F E B|20|7|Srishti|Chowalloor Krishnankutty, Ravi Alummoodu|K. T. Muhammad|M. S. Baburaj||\n|F E B|20|8|Vanadevatha|Prem Nazir, Madhubala|Yusufali Kechery|G. Devarajan||\n|F E B|27|9|Samasya|Madhu, Kamalahaasan|K. Thankappan|Shyam||\n|F E B|27|10|Yudhabhoomi|K. P. Ummer, Vidhubala|Crossbelt Mani|R. K. Shekhar||\n|M A R|5|11|Seemantha Puthran|Prem Nazir, Jayabharathi|A. B. Raj|M. K. Arjunan||\n|M A R|12|12|Swapnadanam|Rani Chandra, Dr. Mohandas|K. G. George|Bhaskar Chandavarkar||\n|M A R|19|13|Thulavarsham|Prem Nazir, sreedevi, Sudheer|N. Sankaran Nair|V. Dakshinamoorthy||\n|M A R|20|14|Aruthu|Kaviyoor Ponnamma, Kamalahasan|Ravi|G. Devarajan||\n|M A R|26|15|Swimming Pool|Kamal Haasan, M. G. Soman|J. Sasikumar|M. K. Arjunan||\n\n# Question\nWhat's the content in the (1,1) cells\n"
noqa: E501

```python
def test_prefix(llm=None, sampling_params=None, prompts=None):
    start_time = time.time()

    llm.generate(prompts, sampling_params=sampling_params)

    end_time = time.time()
    print(f"cost time {end_time - start_time}")
```

```python
def sample_requests(
    dataset_path: str,
    num_requests: int,
    tokenizer: PreTrainedTokenizerBase,
    input_length_range: Tuple[int, int],
    fixed_output_len: Optional[int],
) -> List[Tuple[str, int, int]]:
    if fixed_output_len is not None and fixed_output_len < 4:
        raise ValueError("output_len too small")

    # Load the dataset.
    with open(dataset_path) as f:
        dataset = json.load(f)
    # Filter out the conversations with less than 2 turns.
    dataset = [data for data in dataset if len(data["conversations"]) >= 2]
    # Only keep the first two turns of each conversation.
    dataset = [(data["conversations"][0]["value"],
                data["conversations"][1]["value"]) for data in dataset]

    # Shuffle the dataset.
    random.shuffle(dataset)

    min_len, max_len = input_length_range

    # Filter out sequences that are too long or too short
    filtered_dataset: List[Tuple[str, int, int]] = []
    for i in range(len(dataset)):
        if len(filtered_dataset) == num_requests:
            break

        # Tokenize the prompts and completions.
```

```python
        prompt = dataset[i][0]
        prompt_token_ids = tokenizer(prompt).input_ids
        completion = dataset[i][1]
        completion_token_ids = tokenizer(completion).input_ids
        prompt_len = len(prompt_token_ids)
        output_len = len(completion_token_ids
                    ) if fixed_output_len is None else fixed_output_len
        if prompt_len < 4 or output_len < 4:
            # Prune too short sequences.
            continue
        if min_len <= prompt_len <= max_len:
            filtered_dataset.append((prompt, prompt_len, output_len))

    return filtered_dataset


def repeat_and_sort_requests(requests: List[Tuple[str, int, int]],
                             repeat_count: int,
                             sort: bool = False) -> List[str]:
    repeated_requests = requests * repeat_count
    if sort:
        repeated_requests.sort(key=lambda x: x[1])
    else:
        random.shuffle(repeated_requests)
    return [req[0] for req in repeated_requests]


def main(args):
    tokenizer = get_tokenizer(args.model, trust_remote_code=True)
    input_length_range = tuple(map(int, args.input_length_range.split(':')))
    random.seed(args.seed)
```

```python
    if args.dataset_path is not None:
        print(f"Start to sample {args.num_prompts} prompts"
              "from {args.dataset_path}")
        filtered_datasets = sample_requests(
            dataset_path=args.dataset_path,
            num_requests=args.num_prompts,
            tokenizer=tokenizer,
            input_length_range=input_length_range,
            fixed_output_len=args.output_len,
        )
    else:
        prompt_len = len(tokenizer(PROMPT).input_ids)
        filtered_datasets = [(PROMPT, prompt_len, args.output_len)
                             ] * args.num_prompts

    engine_args = EngineArgs.from_cli_args(args)

    llm = LLM(**dataclasses.asdict(engine_args))

    sampling_params = SamplingParams(temperature=0, max_
tokens=args.output_len)

    print("Testing filtered datasets")
    prompts = repeat_and_sort_requests(filtered_datasets,
                                       repeat_count=args.repeat_
                                       count,
                                       sort=args.sort)

    print("------warm up------")
    test_prefix(
        llm=llm,
        prompts=prompts,
        sampling_params=sampling_params,
    )
```

```python
    print("------start generating------")
    test_prefix(
        llm=llm,
        prompts=prompts,
        sampling_params=sampling_params,
    )


if __name__ == "__main__":
    parser = FlexibleArgumentParser(
        description=
        'Benchmark the performance with or without automatic '
        'prefix caching.')
    parser.add_argument("--dataset-path",
                        type=str,
                        default=None,
                        help="Path to the dataset.")
    parser.add_argument('--output-len', type=int, default=10)
    parser.add_argument('--num-prompts',
                        type=int,
                        default=1,
                        help="Number of the prompts sampled from "
                        "dataset")
    parser.add_argument('--repeat-count',
                        type=int,
                        default=100,
                        help='Number of times to repeat each '
                        'prompt')
    parser.add_argument('--sort',
                        action='store_true',
                        help='Sort prompts by input length')
    parser.add_argument('--input-length-range',
                        type=str,
```

```
                        default='128:256',
                        help='Range of input lengths for sampling prompts,'
                        'specified as "min:max" (e.g., "128:256").')

    parser = EngineArgs.add_cli_args(parser)
    args = parser.parse_args()
    main(args)
```

在一些应用场景中，如 RAG 应用，用户体验和系统端到端的响应时间相关，而 LLM 的推理耗时仅是系统响应时间的一部分，端到端地测试整个系统的响应耗时，并注明每个环节的耗时明细，对优化系统的性能尤为重要。

以 RAG 问答为例，核心模块由检索（含召回排序）和生成两部分构成，系统两部分的耗时测试代码如下：

```
import time

# 模拟检索模块
def retrieval_module(query):
    # 模拟检索过程
    time.sleep(0.5)  # 假设检索耗时 0.5s
    retrieved_docs = ["doc1", "doc2", "doc3"]  # 模拟检索到的文档
    return retrieved_docs

# 模拟生成模块
def generation_module(retrieved_docs):
    # 模拟生成过程
    time.sleep(1.0)  # 假设生成耗时 1.0s
    answer = "这是生成的答案。"  # 模拟生成的答案
    return answer

# 主函数
def main(query):
    start_time = time.time()
```

```python
# 1. 检索模块
retrieval_start = time.time()
retrieved_docs = retrieval_module(query)
retrieval_time = time.time() - retrieval_start
print(f"检索模块耗时：{retrieval_time:.2f} s")

# 2. 生成模块
generation_start = time.time()
answer = generation_module(retrieved_docs)
generation_time = time.time() - generation_start
print(f"生成模块耗时：{generation_time:.2f} s")

total_time = time.time() - start_time
print(f"总耗时：{total_time:.2f} s")
print(f"生成的答案：{answer}")

# 测试
if __name__ == "__main__":
    query = "什么是 RAG？"
    main(query)
```

2. 推理吞吐量测试

大模型推理吞吐量测试是评估深度学习模型在特定硬件上处理请求的能力，通常以每秒处理的请求数（如每秒推理次数（IPS））来衡量。吞吐量测试的主要目的是了解模型在实际应用场景中的性能表现，帮助开发者优化模型和硬件配置。

吞吐量测试原理包含：

（1）请求生成：模拟实际应用中的请求，通常是输入数据的批量形式。

（2）推理执行：将输入数据传递给模型进行推理，记录推理开始和结束的时间。

（3）结果收集：统计在一定时间内完成的推理次数，计算吞吐量。

（4）性能评估：根据测试结果评估模型的性能，可能还会考虑延迟等其他指标。

下面是一段 GPT-4o-mini 生成的吞吐量测试的代码：

```python
import torch
import time
import numpy as np
```

```python
# 假设有一个预训练的模型
class SimpleModel(torch.nn.Module):
    def __init__(self):
        super(SimpleModel, self).__init__()
        self.fc = torch.nn.Linear(1000, 100)

    def forward(self, x):
        return self.fc(x)

# 初始化模型
model = SimpleModel()
model.eval()   # 设置为评估模式

# 生成随机输入数据
def generate_input(batch_size):
    return torch.randn(batch_size, 1000)

# 吞吐量测试函数
def throughput_test(model, batch_size, num_iterations):
    # 将模型移动到 GPU（如果可用）
    device = 'cuda' if torch.cuda.is_available() else 'cpu'
    model.to(device)

    # 生成输入数据
    inputs = generate_input(batch_size).to(device)

    # 记录开始时间
    start_time = time.time()

    for _ in range(num_iterations):
        with torch.no_grad():   # 不需要计算梯度
            model(inputs)

    # 记录结束时间
```

```
    end_time = time.time()

    # 计算总时间和吞吐量
    total_time = end_time - start_time
    throughput = num_iterations / total_time  # 每秒推理次数

    return throughput

# 设置参数
batch_size = 32
num_iterations = 1000

# 进行吞吐量测试
throughput = throughput_test(model, batch_size, num_iterations)
print(f'Throughput: {throughput:.2f} inferences per second with batch size {batch_size}')
```

在研发过程中，技术选型和 POC 阶段，这些性能测试工作通常是以脚本的形式出现并作为技术选型和系统预期性能的依据，但长期看这种脚本形式的方式不易于维护和长期观测。目前，一些针对生产阶段的研发、运维框架，如 LangSmith，提供端到端的性能监控，对上线系统的长期迭代、优化提供了高效的运维工具，关于 LangSmith 框架的介绍将在第 8 章进行详细的阐述。

本章介绍了一系列大模型推理优化技术的背后原理以及工程实践方法。以主流 decode-only Transformer 结构为例介绍了大模型推理过程中的计算复杂度和显存占用量，主要涉及推理输入序列的最大长度 L、token 的通道维度 T（也是 KV 权重矩阵的维度）、多头注意力的 head 数 h、Transformer block 数 N 以及批请求 Size 大小 B 等核心参数。7.2 节分别从模型压缩、计算优化和并行计算三个角度介绍了相关推理速度和推理吞吐量优化的经典方法：模型压缩涉及参数精度、量化、剪枝、蒸馏等方法；计算优化涉及算子融合、显存管理和共享、矩阵拆分并行计算、虚拟显存和调度、continuous batching、early-stop 等方法；并行计算涉及张量并行、流水线并行等技术。7.3 节介绍了目前开源社区两个主流的大模型推理框架 vLLM 和 TGI，包括框架所集成的推理优化技术，框架的用法等。7.4 节介绍了两个主流推理框架下的系列工程实践案例，包括推理代码以及推理性能测试，最后评估了一些典型的推理优化技术对端到端推理性能（速度和吞吐量）的贡献与提升。本章旨在帮助读者更好地系统性厘清大模型推理的优化技术，各项技术的优缺点，使得读者在实际工程落地时能够更好地针对系统的瓶颈进行优化升级。

第 8 章 大语言模型的运维与持续优化

8.1 运维背景

诸如大模型 RAG 服务的链路较为复杂,涉及召回、Prompt、推理、用户反馈、联网搜索等环节,agent/tools 模式下还会涉及工具链的调用。传统软件开发过程中,对复杂链路系统的运维、监控是十分必要的,能帮助系统开发者和相关运维者快速、准确地定位到系统的缺陷,了解系统的运行状况。传统软件的运维主要集中在代码缺陷、运行时性能瓶颈等,在大模型领域,运维的侧重点有所不同,考虑到很多模块的输出具有随机性,导致系统性能存在一定概率不符合预期,它比传统软件的运维、监控等生命周期的管理更为复杂,线上问题不仅是代码缺陷导致,更多的是算法性能不及预期,这类问题的排查周期长、修复困难,极大影响了大模型的应用落地。因此,急需一个大模型从开发、调试、协作、部署、测试、监控、日志追踪等一站式的平台,加速大模型应用的实践效率。

LangSmith 是一款优秀的开发一站式平台,适用于大语言模型的应用程序生命周期的每一个环节。注意,LangSmith 是一款企业级商用的产品,提供 SDK 供客户端接入,意味着这是一款收费产品,且后台服务对客户并不可见。本章主要以案例的方式介绍 LangSmith 用于大模型实践开发的一些核心功能模块,同时思考如果企业自研类似 LangSmith 平台的一些思考。

LangSmith 的核心价值模块主要包括:

(1)日志追踪。提供调用链的可视化,并支持用户自定义标签元数据对日志进行过滤,同时支持常规的日志采样频率设置等,LangSmith 开源的 SDK 支持用户通过注释的方式引入日志追踪功能,但是日志信息序列化后上报到后台服务,以及后台服务对日志数据的持久化存储都是 LangSmith 的企业级管理中台,对数据安全有诉求的场景,需要自研实现后台的相关日志解析、存储的功能,并将 SDK 中数据上报的 endpoint 切换成自研的后台系统。

(2)数据集管理与评测。LangSmith 的企业级商用后台系统提供数据集管理功能。输入形态为 csv 格式文件,提供数据集版本管理机制,支持 key-value、chat 和 LLM 推理三种类型的数据集,并提供基于数据集的一键评测功能,供开发者测试不同数据集、不同 Prompt、不同 LLM 基座下的性能对比。LangSmith 的这块能力没有在开源的 SDK 中,如果有企业对该场景有需求并且对数据安全有担忧，那么需要自研实现这块的后台逻辑。

（3）测试用例管理。LangSmith 提供了单元测试和集成测试框架、用例托管、执行过程数据和结果数据、测试报告以及版本管理等能力。其中开源的 SDK 提供了用例框架，而用例托管、过程结果数据持久化存储、报告等数据均在其企业级商用后台实现，均未开源。

（4）Prompts 版本管理。LangSmith 提供了企业级的 Prompt 管理系统，支持用户自定义 Prompt 中的核心关键参数，也提供 Agent/Tools 标准化引用的模板。

（5）监控告警。LangSmith 企业级后台增加了需要基于持久化日志的服务，如日志过滤、标签筛选与监控告警看板，提供一站式运维的能力。

（6）配合 k8s 提供企业生产环境部署、自动扩缩容。LangSmith 也支持了 k8s，提供大模型服务的自动化部署、自动化扩缩容能力，容器节点的关键运行指标监控能力，实现生产环境可监控、可维护。

（7）用户反馈。LangSmith 也建立线上人工反馈标注管理系统，服务在上线之前可以灰度流量进行标注，相关数据会持久化管理。

（8）数据看板。LangSmith 提供多维度多视角的数据看板，涉及召回、评测、人工反馈、推理耗时、生产环境监控指标等，透视 LLM 服务关键环节关键能力，全方面服务系统的迭代优化、运营运维。

8.2 链路追踪

LangSmithSDK 提供多种链路追踪实现方式，可以通过设置在执行机器的环境变量 LANGCHAIN_TRACING_V2 来决定是否开启链路上报功能，开启时默认上报到 LangSmith 的后台系统中，通过 LangSmith 的管理后台可以实现链路的可视化，关闭时链路数据默认存储在本地执行机器。

1. 使用注解 @traceable

@traceable 注解由 LangSmithpython SDK 定义，可以在 Python 代码任何函数之前通过该注解的方式实现函数调用链的追踪，可以根据自定义标签，获得运行时函数相关的指标数据，如函数执行时间等。如下是一个代码示例，入口函数是 run_pipeline，所有被调函数通过添加 @traceable 从而获取完整的调用链信息，如果这种用法中开启链路上报，LANGCHAIN_TRACING_V2 这个环境变量值必须设置为 true。

```
from LangSmithimport traceable
from openai import Client
```

```python
openai = Client()


@traceable
def format_prompt(subject):
    return [
        {
            "role": "system",
            "content": "You are a helpful assistant.",
        },
        {
            "role": "user",
            "content": f"What's a good name for a store that sells {subject}?"
        }
    ]


@traceable(run_type="llm")
def invoke_llm(messages):
    return openai.chat.completions.create(
        messages=messages, model="gpt-3.5-turbo", temperature=0
    )


@traceable
def parse_output(response):
    return response.choices[0].message.content


@traceable
def run_pipeline():
    messages = format_prompt("colorful socks")

response = invoke_llm(messages)
return parse_output(response)
```

```
run_pipeline()
```

2. 使用 RunTree API

另一种更明确的方法是通过 RunTree API 将追踪记录到 LangSmith。这个 API 允许用户对追踪有更多的控制，可以手动创建运行和子运行来组装用户的追踪。这种用法不需要 LANGCHAIN_TRACING_V2。如下代码示例给出了这种方式的用法：

```
import openai
from langsmith.run_trees import RunTree

# This can be a user input to your app
question = "Can you summarize this morning's meetings?"
# Create a top-level run
pipeline = RunTree(
    name="Chat Pipeline",
    run_type="chain",
    inputs={"question": question}
)
# This can be retrieved in a retrieval step
context = "During this morning's meeting, we solved all world conflict."
messages = [
    {"role": "system",
     "content": "You are a helpful assistant. Please respond to the user's request only based on the given context."},
    {"role": "user", "content": f"Question: {question}\nContext: {context}"}
]
# Create a child run
child_llm_run = pipeline.create_child(
    name="OpenAI Call",
    run_type="llm",
    inputs={"messages": messages},
)
# Generate a completion
client = openai.Client()
```

```python
chat_completion = client.chat.completions.create(
    model="gpt-3.5-turbo", messages=messages
)
# End the runs and log them
child_llm_run.end(outputs=chat_completion)
child_llm_run.postRun()
pipeline.end(outputs={"answer": chat_completion.choices[0].message.content})
pipeline.postRun()
```

3. 自定义注解

根据 traceable 类实现自己自定义的注解,从而可以直接对类(非函数级别)级别进行链路追踪。以下是自定义注解的实现代码示例:

```python
from typing import Any, Callable, Type, TypeVar


T = TypeVar("T")


def traceable_cls(cls: Type[T]) -> Type[T]:
    """Instrument all public methods in a class."""

    def wrap_method(name: str, method: Any) -> Any:
        if callable(method) and not name.startswith("__"):
            return traceable(name=f"{cls.__name__}.{name}")(method)
        return method

    # Handle __dict__ case
    for name in dir(cls):
        if not name.startswith("_"):
            try:
                method = getattr(cls, name)
                setattr(cls, name, wrap_method(name, method))
            except AttributeError:
                # Skip attributes that can't be set (e.g., some descriptors)
```

```
            pass

    # Handle __slots__ case
    if hasattr(cls, "__slots__"):
        for slot in cls.__slots__:  # type: ignore[attr-defined]
            if not slot.startswith("__"):
                try:
                    method = getattr(cls, slot)
                    setattr(cls, slot, wrap_method(slot, method))
                except AttributeError:
                    # Skip slots that don't have a value yet
                    pass

    return cls

@traceable_cls
class MyClass:
    def __init__(self, some_val: int):
        self.some_val = some_val

    def combine(self, other_val: int):
        return self.some_val + other_val


# See trace: https://smith.langchain.com/public/882f9ecf-5057-426a-ae98-0edf84fdcaf9/r
MyClass(13).combine(29)
```

默认情况下，所有追踪都会被记录到 LangSmith，过于频繁的插桩和数据上报，将影响线上程序执行耗时，进而影响服务的性能。要减少记录到 LangSmith 的追踪数量，可以将 LANGCHAIN_TRACING_SAMPLING_RATE 环境变量设置为 0（无追踪）到 1（所有追踪）之间的任何浮点数。例如，设置以下环境变量将记录 75% 的追踪，这对上述提及的三种方式均有效：

```
export LANGCHAIN_TRACING_SAMPLING_RATE=0.75
```

LangSmith 支持在追踪中发送任意的元数据和标签。标签是可以用来分类或标记追踪的字符串。元数据是键值对的字典，可以用来存储有关追踪的额外信息。两者都有助于将额外信息与追踪关联起来，如执行它的环境、发起它的用户或内部关联 ID。有关标签和元数据的更多信息参见概念页面。有关如何通过元数据和标签查询追踪和运行的信息参见应用程序页面中的"过滤追踪"部分。

静态标签与元数据，用户可以在使用 traceable 注解时进行静态申明，如下代码所示：

```
import LangSmith as ls
# You can set metadata & tags **statically** when decorating a function
# Use the @traceable decorator with tags and metadata
# Ensure that the LANGCHAIN_TRACING_V2 environment variables are set for @traceable to work

@ls.traceable(
    run_type="llm",
    name="OpenAI Call Decorator",
    tags=["my-tag"],
    metadata={"my-key": "my-value"}
)
```

动态标签与元数据，用户可以在函数的 body 中动态添加标签与元数据，如下代码所示：

```
import openai
import LangSmith as ls

client = openai.Client()

def call_openai(
        messages: list[dict], model: str = "gpt-3.5-turbo"
) -> str:

    # You can also dynamically set metadata on the parent run:
    rt = ls.get_current_run_tree()
    rt.metadata["some-conditional-key"] = "some-val"
    rt.tags.extend(["another-tag"])
    return client.chat.completions.create(
        model=model,
```

```
        messages=messages,
).choices[0].message.content
```

用户也可以通过 context_manager、wrapped client 等通过静态或者动态的方式给链路添加标签或者元数据，这里不一一赘述。

有时，用户需要在多个服务之间追踪一个请求。LangSmith 原生支持分布式追踪，使用上下文传播头（langsmith-trace 和可选的用于元数据/标签）在服务之间链接追踪内的运行。下面分别给出在服务端和客户端实现分布式链路追踪的代码示例：

```
# server.py
from LangSmithimport traceable
from langsmith.run_helpers import tracing_context
from fastapi import FastAPI, Request


@traceable
async def my_application():
    ...


app = FastAPI()  # Or Flask, Django, or any other framework


@app.post("/my-route")
async def fake_route(request: Request):

# request.headers: {"langsmith-trace": "..."}
# as well as optional metadata/tags in `baggage`
with tracing_context(parent=request.headers):
    return await my_application()
```

上述示例使用 tracing_context 上下文管理器。用户也可以直接在用 @traceable 装饰的方法的 langsmith_extra 参数中指定父运行上下文。

```
# client.py
from langsmith.run_helpers import get_current_run_tree, traceable
import httpx


@traceable
async def my_client_function():
    headers = {}
```

```
async with httpx.AsyncClient(base_url="...") as client:
    if run_tree := get_current_run_tree():
# add langsmith-id to headers
headers.update(run_tree.to_headers())
return await client.post("/my-route", headers=headers)
```

在某些情况下，用户可能需要在被追踪的函数内部访问当前的运行（跨度）。这对于从当前运行中提取 UUID、标签或其他信息非常有用。用户可以通过在 Python SDK 中分别调用 get_current_run_tree/getCurrentRunTree 函数来访问当前运行。RunTree 对象的属性完整列表参见 https://docs.smith.langchain.com/reference/data_formats/run_data_format。

```
from LangSmithimport traceable
from langsmith.run_helpers import get_current_run_tree
from openai import Client

openai = Client()

@traceable
def format_prompt(subject):
    run = get_current_run_tree()
    print(f"format_prompt Run Id: {run.id}")
    print(f"format_prompt Trace Id: {run.trace_id}")
    print(f"format_prompt Parent Run Id: {run.parent_run.id}")
    return [
        {
            "role": "system",
            "content": "You are a helpful assistant.",
        },
        {
            "role": "user",
            "content": f"What's a good name for a store that sells {subject}?"
        }
    ]
```

默认情况下，LangSmith 使用 TikToken 计算 token 数量。许多模型已经在响应中包含了令牌计数。可以通过在响应中提供 usage_metadata 字段将这些令牌计数发送给 LangSmith。如果将令牌信息传递给 LangSmith，那么系统将使用这些信息而不是使用 TikToken。

用户可以在函数的响应中添加一个 usage_metadata 键，其中包含一个字典，键为 input_tokens、output_tokens 和 total_tokens。如果使用 LangChain 或 OpenAI 包装器，这些字段将自动正确填充。

```
@traceable(
    run_type="llm",
    metadata={"ls_provider": "my_provider", "ls_model_name": "my_model"}
)
def hello_llm(prompt: str):
    return {
        "choices": [
            {"text": "Hello, " + prompt}
        ],
        "usage_metadata": {
            "input_tokens": 4,
            "output_tokens": 5,
            "total_tokens": 9,
        },
    }

hello_llm("polly the parrot\n")
```

对应 LangSmith 的链路可视化如图 8.2.1 所示。

图 8.2.1　LangSmith 链路可视化示意图（源自 LangSmith 官网）

有时涉及一些敏感数据,如账号、密码、证件等信息不想在链路中出现,LangSmith 也提供了一套数据脱敏机制。要掩盖输入和输出中的特定数据,用户可以使用 create_anonymizer/createAnonymizer 函数,并在实例化客户端时传递新创建的匿名化器。匿名化器可以由正则表达式模式列表和替换值构建,也可以由接受并返回字符串值的函数构建。

若设置 LANGCHAIN_HIDE_INPUTS=true,则会跳过输入的匿名化处理。对于输出,若设置 LANGCHAIN_HIDE_OUTPUTS=true,则同样适用。

然而,若要将输入或输出发送给客户端,则匿名化方法将优先于 hide_inputs 和 hide_outputs 中找到的函数。默认情况下,create_anonymizer 只会查看最多 10 层嵌套深度,这可以通过 max_depth 参数进行配置。

```
from langsmith.anonymizer import create_anonymizer
from LangSmithimport Client, traceable


# create anonymizer from list of regex patterns and replacement values
anonymizer = create_anonymizer([
    {"pattern": r"[a-zA-Z0-9._%+-]+@[a-zA-Z0-9.-]+.[a-zA-Z]{2,}", "replace": "<email>"},
    {"pattern": r"[0-9a-fA-F]{8}-[0-9a-fA-F]{4}-[0-9a-fA-F]{4}-[0-9a-fA-F]{4}-[0-9a-fA-F]{12}", "replace": "<uuid>"}
])

# or create anonymizer from a function
anonymizer = create_anonymizer(lambda text: r"...".sub("[value]", text))


client = Client(anonymizer=anonymizer)

@traceable(client=client)
def main(inputs: dict) -> dict:
```

脱敏后对应链路可视化视图如图 8.2.2 所示,如用户 ID 和 E-mail 地址等敏感字段进行了匿名处理。

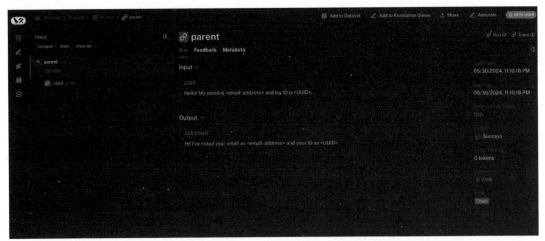

图 8.2.2 LangSmith 链路追踪对用户 ID 和 E-mail 等敏感信息匿名处理的效果图

LangSmith 控制台也支持链路记录的权限管理，私有或者公开，还有不同的 trace 对比等，如图 8.2.3 所示。

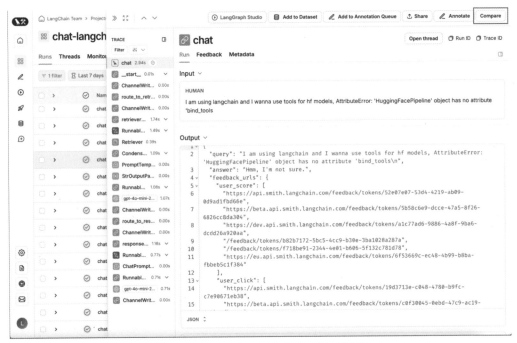

图 8.2.3 LangSmith 多个链路对比效果图

LangSmith 还支持模型计费管理，通过在 trace 中统计推理消耗的 token，统计一些推理的关键指标，如首 token 耗时等，更方便开发者直观了解大模型服务的详细成本和运行时细节，如图 8.2.4 所示。

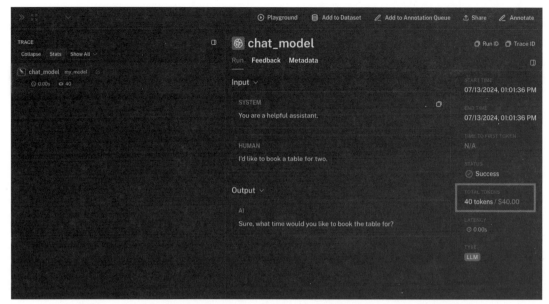

图 8.2.4　LangSmith 链路带成本、Latency、时间戳等自定义标签的效果示意图

分布式追踪（Distributed Tracing）是一种用于监控和诊断分布式系统中请求的方法。它通过请求在系统的不同组件之间传递时插入跟踪信息来工作，从而允许开发者跟踪请求的路径和性能。分布式追踪的主要价值和用途如下：

（1）性能监控：追踪可以帮助识别系统中的性能瓶颈。通过测量请求在各个模块、服务中的处理时间，可以发现响应时延的原因，同时自定义的标签和元数据有助于开发者了解模型运行的细节，如成本等。

（2）故障诊断：当系统出现问题时，追踪提供了一种方法来查看请求的完整路径，从而快速定位问题发生的服务或组件。

（3）服务依赖性映射：追踪可以显示服务之间的调用关系，帮助开发者理解系统的架构和组件之间的依赖性。

（4）用户分析：通过追踪用户请求的完整路径，可以分析用户体验，了解用户在系统中的行为模式。

（5）资源优化：通过追踪可以了解不同服务的资源使用情况，从而进行资源分配和优化。

（6）业务决策支持：追踪数据可以用于业务分析，帮助企业做出更明智的业务决策，如服务的扩展、缩减或重新设计。

分布式追踪是现代云原生应用和微服务架构中不可或缺的一部分，它为开发者和运维团队提供了强大的工具来监控、诊断和优化系统。

8.3 数据管理与测试用例管理

8.3.1 Web 数据集管理

LangSmith 提供了数据集一站式的托管服务，包括创建数据集、修改其中的数据以及对数据集一些关键指标和分布做了可视化管理。其中，支持的数据集格式有 key-value、chat 和 LLM 三种类型。LangSmith 前端控制台编辑数据集中数据的界面如图 8.3.1 所示。

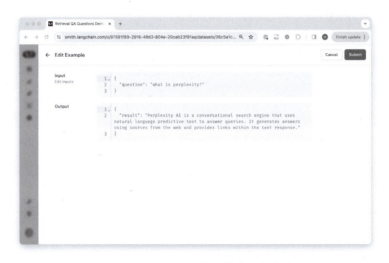

图 8.3.1　LangSmith 前端控制台编辑数据集中数据的界面

8.3.2　SDK 数据集管理

LangSmith 还提供了基于 SDK 的数据集创建、读取、筛选等操作。支持程序硬编码创建数据、从本地 CSV 中导入数据集。注意，SDK 也支持从 trace 中创建数据集，这点类似流量录制回放，如下代码所示：

```
from LangSmithimport Client

client = Client()
dataset_name = "Example Dataset"

# Filter runs to add to the dataset
runs = client.list_runs(
    project_name="my_project",
    is_root=True,
    error=False,
```

)

```
dataset = client.create_dataset(dataset_name, description="An example dataset")

# Prepare inputs and outputs for bulk creation
inputs = [run.inputs for run in runs]
outputs = [run.outputs for run in runs]

# Use the bulk create_examples method
client.create_examples(
    inputs=inputs,
    outputs=outputs,
    dataset_id=dataset.id,
)
```

8.3.3 数据集版本管理

LangSmith 数据集版本管理界面如图 8.3.2 所示。每当用户在数据集中添加、更新或删除示例时，都会创建数据集的新版本。这使用户能够跟踪数据集随时间的变化，并了解数据集是如何演变的。默认情况下，版本由变更的时间戳定义。当用户在"示例"标签页中单击特定版本的数据集（通过时间戳）时，可以看到该时间点的数据集状态。用户也可以将默认时间戳的版本号修改为自定义的版本标签，实现个性化版本记录。

图 8.3.2　LangSmith 数据集版本管理界面

8.3.4　few-shot 动态管理

大模型推理时 few-shot 可以大幅提高推理的准确性，相关研究显示，Prompt 中携带的 examples 和用户问题越相关，对准确性的提升越大。因此，在 Prompt 中动态设置与用户问题相关的 examples 比静态硬编码写死的方式更好。LangSmith 提供了这一优化点的端到端解决方案。首先，支持基于 BM25 算法从 KV 类型数据集中召回与用户问题相关的数据，在通过代码模板生成动态 few-shot examples，开发者可以将此代码融合到 Prompt 中，实现 Prompt 动态加载 few-shot，从而提升推理性能。注意，该项功能只在 LangSmith 的付费版本中提供。LangSmith 获取推理时与用户问题相近的 QA 对效果图如图 8.3.3 所示，LangSmith 一键搜索最佳 Prompt examples 要素并生成对应代码片段的效果图如图 8.3.4 所示。

图 8.3.3　LangSmith 获取推理时与用户问题相近的 QA 对效果图

图 8.3.4　LangSmith 一键搜索最佳 Prompt examples 要素并生成对应代码片段的效果图

8.4 一站式评测

8.4.1 评测

大模型应用开发的进度常受到质量评估的限制,因为存在选择的悖论。开发者经常想知道如何设计他们的 Prompt,或者选择哪个 LLM 来进行推理,同时还需要考虑准确性、时延和成本。评测有助于解决这类需要选型和决策的问题。LangSmith 提供一站式平台构建高质量的评测,整个解决方案涉及两个关键模块:数据集,用于进行评测的输入;评估器,是一个函数,负责根据提供的数据集为大模型应用打分。

LangSmith 评测系统框图如图 8.4.1 所示,评估器(Evaluator)是 LangSmith 中的函数,用于量化应用程序在特定示例上的表现。评估器接收以下输入:

示例:来自数据集的示例。

Root_run:通过应用程序运行输入得到的输出和中间步骤。

评估器返回一个 EvaluationResult(或类似结构的字典),它包括:

(1)键:正在评估的指标名称。

(2)分数:这个示例的指标值。

(3)评论:解释分数的理由。

在 LangSmith 评估中可以使用几种方法和类型的评测函数。

LLM-as-judge：LLM-as-judge 评估器使用 LLM 来评分系统输出。要使用它们，用户通常需要在 LLM 提示中编码评分规则/标准。它们可以无须参考（如检查系统输出是否包含冒犯性内容或是否符合特定标准），或者它们可以将任务输出与参考进行比较（检查输出与参考相比在事实上是否准确）。

Pairwise：成对评估器根据某些标准选择两个任务输出中更好的一个。这可以使用启发式方法（"哪个回应更长"）、大语言模型（使用特定的成对提示）或人工（请他们手动标注示例）。应该在什么时候使用成对评估？当直接给 LLM 输出打分很困难，但比较两个输出更容易时，成对评估是有帮助的。对于像摘要这样的任务，可能很难在 1～10 的评分尺度上给一个摘要完美的分数，但更容易判断它是否比基线更好。

数据集由示例组成，这些示例来源有所不同，如历史日志或用户标注。评估器是评分应用程序在数据集中每个示例上表现如何的函数。评估器可以使用不同的评分函数，如人工、启发式、LLM-as-judge 或 pairwise。如果数据集包含参考输出，那么评估器可以将应用程序输出与参考进行比较。LangSmith 评测系统交互如图 8.4.2 所示。

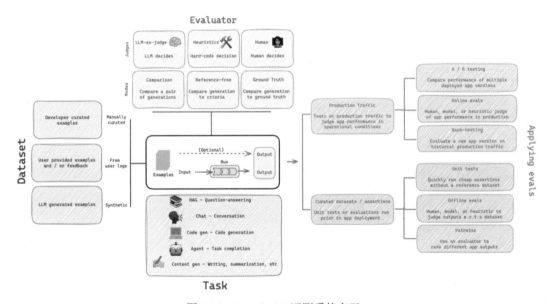

图 8.4.2　LangSmith 评测系统交互

每次进行评估都在进行一个实验。实验是数据集中所有示例输入通过任务的单次执行。通常会在给定的数据集上运行多个实验，测试任务的不同调整（如不同的 Prompt 或 LLM 基座）。在 LangSmith 中，用户可以轻松查看与数据集相关的所有实验，并记录跟踪应用程序的性能变化。此外，还可以在比较视图中比较多个实验结果，方便用户更好地进行技术选型和决策，如图 8.4.3 所示。

图 8.4.3　LangSmith 对比实验结果截面图

8.4.2　单元测试

单元测试通常用于软件开发中验证单个系统组件、模块、微服务的正确性。单元测试通常是对 LLM 输入或输出的轻量级断言（如类型或模式检查）。这些通常是在应用程序有任何更改时触发的，作为基本功能的快速验证。这意味着它们通常使用启发式方法进行评估。这类测试通常会放在持续集成流程中，每个 git commit 事件都会触发执行，这会频繁的调用 LLM 基座进行推理，LangSmith 设计了缓存来存储 LLM 的调用，对于相同的单元测试调用 LLM 时，直接去缓存获取响应，类似用缓存机制来 mock 了 LLM 的推理过程，加速了单元测试的执行效率，降低了 LLM 的负载。

8.4.3　回归测试

回归测试通常用于衡量应用程序随时间跨版本的性能，确保新应用版本不会在当前版本通过的测试用例上出现退步。在实践中，它们可以帮助用户评估新版本相对于基线的改进或恶化程度。通常在用户进行预计会影响用户体验的应用更新时触发这些测试。在评估新的或不同的模型时，也通常会进行这些测试。LangSmith 的比较视图原生支持回归测试，允许用户快速查看相对于基线发生变化的示例（特定测试用例的退步用红色显示，改进用绿色显示）。

8.4.4　流量录制回放测试

录制是一种结合了数据集创建（上文讨论）与评估的方法。如果用户有一系列生产日志（通过 traces 获取），可以将它们转换成一个数据集，然后可以使用更新后的应用程序版本重新运行这些生产示例，这使得用户能够评估对过去和现实用户输入的性能。这通常用于评估新模型版本，Anthropic 推出了新模型，获取应用程序中最近的 1000 次运行，并将它们传递给新模型，然后将这些结果与生产环境中实际发生的情况相比较，如图 8.4.4 所示。

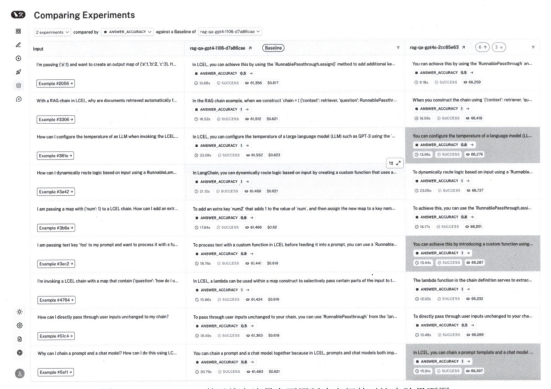

图 8.4.4　LangSmith 基于线上流量在不同版本之间的对比实验界面图

8.4.5　Agent/Tool 评测

大语言模型 Agent/Tool 范式的系统框架包含工具调用、记忆、规划三个核心组件。Agent 使用工具调用规划（如通常通过提示）和记忆（如通常是短期消息历史）来生成响应。工具调用允许模型通过生成要调用的工具以及所需的输入参数响应给定的提示。

以下是 LangGraph 中的一个工具调用代理。助手节点是一个 LLM，它根据输入决定是否调用工具。工具条件检查助手节点是否选择了工具，若选择了工具，则路由到工具节点。工具节点执行工具，并将输出作为工具消息返回给助手节点。这个循环会持续进行，只要助手节点选择一个工具。如果没有选择任何工具，那么代理直接返回 LLM 响应。LangSmith 在包含 Agent/Tool 的 RAG 应用场景中的评测框架示意图如图 8.4.5 所示。

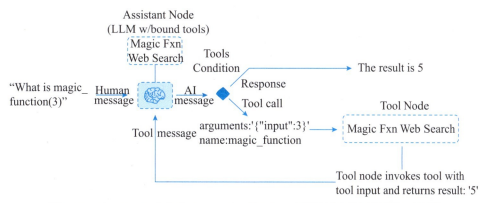

图 8.4.5　LangSmith 在包含 Agent/Tool 的 RAG 应用场景中的评测框架示意图

通常，Agent/Tool 范式的评测包含三部分：最终响应，Agent/Tool 评估代理的最终响应；单步，隔离评估代理的任何一步（如是否选择了适当的工具）；轨迹，评估代理是否采取了预期的路径（如工具调用的路径）来得出最终答案。

1. 最终响应评测

评估代理的一种方法是评估其在任务上的整体性能。这基本上涉及将代理视为一个黑盒，简单地评估它是否完成了工作。输入应该是用户输入和（可选的）工具列表。在某些情况下，工具是作为代理的一部分硬编码的，不需要传入。在其他情况下，代理更加通用，这意味着它没有固定的工具集，需要在运行时传入工具。输出应该是代理的最终响应。

评估器根据用户要求代理执行的任务而有所不同。许多代理执行一系列相对复杂的步骤，并输出最终的文本响应。类似于 RAG，LLM-as-judge 评估器在这些情况下通常对评估有效，因为它们可以直接从文本响应中评估代理是否完成了工作。

然而，这种类型的评估有三个缺点：一是通常需要一段时间来运行；二是用户没有评估代理内部发生的任何事情，所以当失败发生时很难调试；三是有时很难定义适当的评估指标。

2. Agent/Tool 单步评测

代理通常调用工具链执行多个动作，虽然对它们进行端到端评估很有用，但评估这些单独的动作也可能很有用。这通常涉及评估代理的单个步骤 LLM 调用，它决定要做什么。输入应该是单个步骤的输入。根据用户正在测试的内容，这可能只是原始用户输入（如一个提示和/或一组工具），或者它也可以包括之前完成的步骤。输出只是该步骤的输出，通常是 LLM 响应。LLM 响应通常包含工具调用，指示代理下一步应该采取什么行动。

对此的评估器通常是一些二元分数，用于评估是否选择了正确的工具调用，以及一些启发式方法，用于评估工具的输入是否正确。参考工具可以简单地指定为一个字符串。

这种类型的评估有几个好处。它允许用户评估单个动作，这让用户可以确定应用程序可能失败的地方。它们也相对较快地运行（因为它们只涉及单个 LLM 调用），评估通常使用相对于参考工具的选定工具的简单启发式评估。它有两个缺点：一是它们没有捕捉到完整的代理，只有特定的一个步骤；二是数据集创建可能具有挑战性，特别是如果用户想将过去的历史包含在代理输入中。为代理轨迹早期的步骤生成数据集相对容易（如这可能只包括输入提示），但为轨迹后期的步骤生成数据集可能很困难（如包括许多先前的代理动作和响应）。

3. 轨迹/路径评测

评估代理的轨迹涉及查看代理采取的所有步骤并评估那一系列步骤。

输入再次是整体代理的输入（用户输入以及可选的工具列表）。输出是工具调用的列表，可以被制定为"确切"的轨迹（如预期的工具调用序列）或者简单的是预期的工具调用列表（任何顺序）。

这里的评估器是对所采取步骤的某种函数。评估"确切"轨迹可以使用单一的二元分数，确认序列中每个工具名称的确切匹配。这很简单，但有一些缺陷。可能有多个正确的路径。这种评估也没有捕捉到轨迹只差一步与完全错误之间的区别。

为了解决这些缺陷，评估指标可以专注于采取的"不正确"步骤数量，这更好地考虑了接近正确轨迹与显著偏离的轨迹。评估指标也可以专注于是否按任何顺序调用了所有预期的工具。然而，这些方法都没有评估工具的输入，它们只关注所选择的工具。考虑这一点，另一种评估技术是将完整的代理轨迹（连同参考轨迹）作为一组消息（如所有 LLM 响应和工具调用）传递给 LLM-as-judge。这可以评估代理的完整行为，但这是最具有挑战性的参考来编译（幸运的是，使用 LangGraph 这样的框架可以帮助解决这个问题）。另一个缺点是评估指标可能难以想象。

8.4.6　RAG 评测

LLM-as-judge 是 RAG（Retrieval-Augmented Generation）常用的评测器，因为它是评估文本间事实准确性或一致性的有效方式。整个评测框架如图 8.4.6 所示。

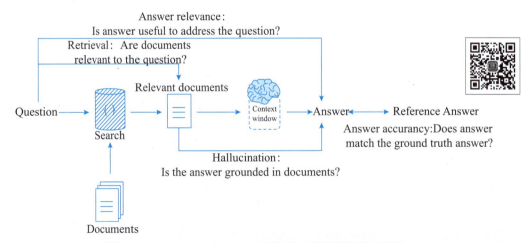

图 8.4.6　LangSmith 在 RAG 应用场景中的评测框架示意图

评测 RAG 应用程序时，用户有两个关键场景：一是参考答案，将 RAG 链生成的答案或检索结果与参考答案（或检索结果）进行比较，以评估其正确性；二是无须参考，使用不需要参考答案，使用模型原生能力生成答案的场景下进行自我一致性检查（如图 8.4.6 中的橙色、绿色和红色所示）。

常见的评测方法如下：

（1）离线评估：对于依赖参考答案的任何提示，使用离线评估。这通常用于 RAG 答案正确性的评估，其中参考是真实情况（正确）的答案。

（2）在线评估：对于任何无须参考的提示，采用在线评估。这使用户能够实时评估 RAG 应用程序的性能。

（3）pairwise 评估：利用成对评估来比较不同 RAG 链产生的答案。这种评估侧重于用户指定的标准（如答案格式或风格），而不是正确性，后者可以使用自我一致性或真实情况参考来评估。

RAG 的评测维度与评测方法映射表如表 8.4.1 所示。

表 8.4.1　RAG 的评测维度与评测方法映射表

Use Case	Detail	Reference-free	LLM-as-judge	Pairwise relevant
Document relevance	Are documents relevant to the question?	Yes	Yes	No
Answer faithfulness	Is the answer grounded in the documents?	Yes	Yes	No
Answer helpfulness	Does the answer help address the question?	Yes	Yes	No
Answer correctness	Is the answer consistent with a reference answer?	No	Yes	No
Chain comparison	How do multiple answer versions compare?	Yes	Yes	Yes

以评估 Document relevance 为例，采用 LLM-as-judge 评测器的 Prompt 如下所示：

```
system
You are a teacher grading a quiz.

You will be given a QUESTION and a set of FACTS provided by the student.

Here is the grade criteria to follow:
(1) You goal is to identify FACTS that are completely unrelated to the QUESTION
(2) If the facts contain ANY keywords or semantic meaning related
```

```
to the question, consider them relevant
    (3) It is OK if the facts have SOME information that is unrelated
to the question (2) is met


    Score:
    A score of 1 means that the FACT contain ANY keywords or semantic
meaning related to the QUESTION and are therefore relevant. This is
the highest (best) score.
    A score of 0 means that the FACTS are completely unrelated to the
QUESTION. This is the lowest possible score you can give.


    Explain your reasoning in a step-by-step manner to ensure your
reasoning and conclusion are correct.


    Avoid simply stating the correct answer at the outset.
    human
    FACTS: {{documents}}
    QUESTION: {{question}}
```

LangSmith 中集成了大量的评测方法、评测器、测试等质量和性能保障解决方案，能够非常直观便捷地进行性能迭代（模型升级、Prompt 优化、召回算法升级）和软件开发质量保障（单元测试、回归测试、流量录制回放）等，一站式平台彻底打通了数据集、线上流量和评测模块，量化了链路中每个环节的性能和质量，提供可视化的管理、监控方案，极大地提升了大模型应用落地的效率。

8.5 Prompt 管理

好的 Prompt 是发挥大模型应用最佳性能的关键。LangSmith 提供了创建、测试和管理提示的方法。

支持三种类型的提示模板：

StringPromptTemplate

ChatPromptTemplate

StructuredPromptTemplate

有关这些模板的详细信息可参考 LangChain 文档。在 LangSmith 中，用户可以使用

Playground 创建提示。从 Playground 中的提示视图,用户可以选择"聊天风格提示"或"指导风格提示"来开始。

1. 聊天风格提示

聊天风格提示用于接收消息列表作为输入并用助手消息回应的聊天风格模型。在 LangSmith 中,聊天风格提示以 ChatPromptTemplate 表示,可以包含多个消息,每个消息都有提示变量。用户还可以指定一个输出模式,在 LangSmith 中以 StructuredPromptTemplate 表示。

2. 指令风格提示

指令风格提示以 StringPromptTemplate 表示,会格式化为模型的单个字符串输入。

LangSmith 支持 F-string 和 Mustache 两种方式进行传参,其中 Mustache 方式支持一些复杂的逻辑,如条件判断、循环等,Prompt 编辑中支持标准化的 Tools/Agents 引用,输出格式强约束等,同时支持 Prompt 版本管理,默认版本是时间戳,用户也可以自定义版本标签。

F-String 示例:

```
Hello, {name}!
```

Mustache 示例:

```
Hello, {{name}}!
```

LangSmith 的 Prompt 编辑与管理界面如图 8.5.1 所示。

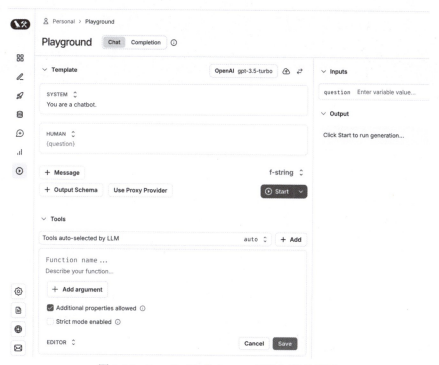

图 8.5.1　LangSmith 的 Prompt 编辑与管理界面

8.6 监控告警

8.6.1 过滤器

LangSmith 在 trace 中支持用户自定义标签并添加元数据，因此支持根据这些标签和元数据对链路进行过滤，从而筛选出想要的一些调用。例如，筛选 Latency 时间长的请求进行排查，筛选出用户打分为 0 的请求进行排查。过滤器可以辅助开发者和管理者快速从海量链路信息中排查出问题，是对系统的事后运维手段。LangSmith 的自定义过滤器与标签如图 8.6.1 所示。

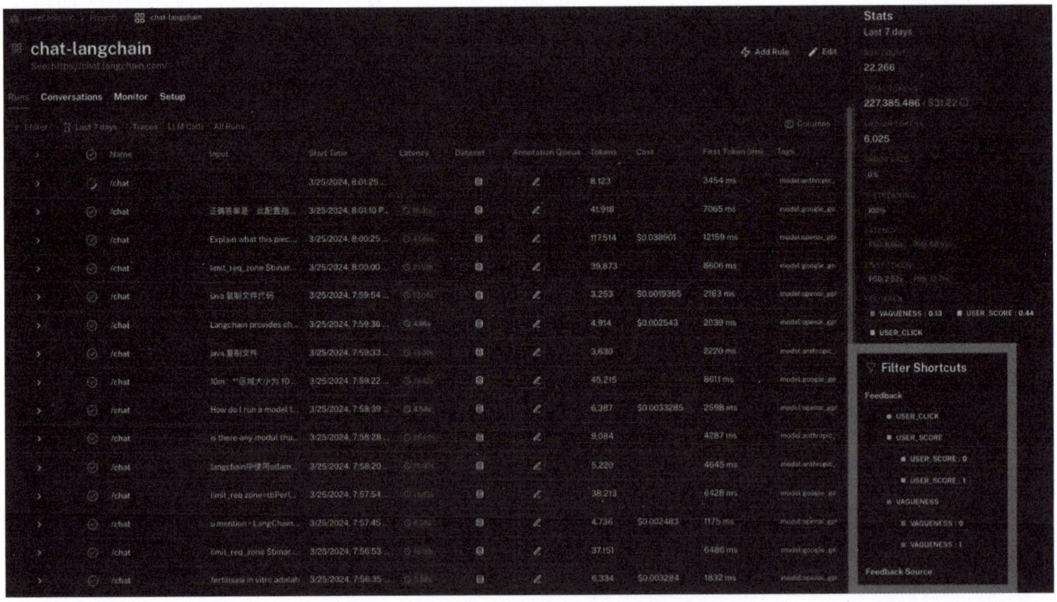

图 8.6.1　LangSmith 的自定义过滤器与标签

8.6.2 监控

默认情况下，监控标签显示所有运行的结果。然而，用户可以通过元数据或标签来筛选数据，以查看特定子集的运行情况，这在比较两个不同的提示或模型的表现时非常有用。为了做到这一点，首先用户需要确保在记录这些运行时附加了适当的标签或元数据；然后用户可以单击顶部的"标签"或"元数据"标签相应地对运行进行分组。

监控图表可以用来了解错误或延迟的峰值何时可能发生。当用户在监控仪表板上观察到这些峰值时，可以通过单击仪表板上的点轻松深入导致这些问题的运行中。从那里，用户将被带回"追踪"标签页，并且应用了过滤器，以便只查看单击的时间桶中发生的运行。LangSmith 的监控仪表板界面如图 8.6.2 所示。

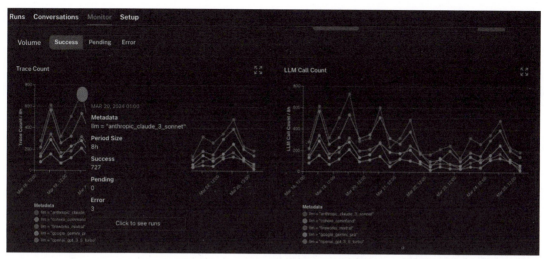

图 8.6.2　LangSmith 的监控仪表板界面

8.7　部署

8.7.1　框架

LangSmith 可以通过 Kubernetes（推荐）或 Docker 在云原生环境中部署运行。LangSmith 的微服务框架如图 8.7.1 所示，包括 5 个 LangSmith 模块和 3 个存储介质。

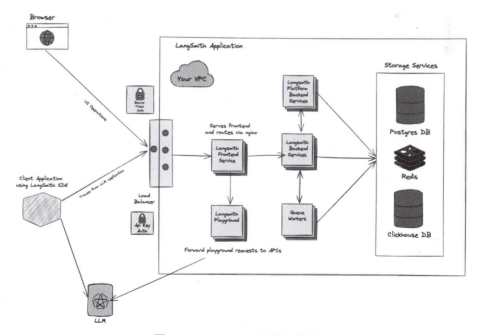

图 8.7.1　LangSmith 的微服务框架

LangSmith 前端，前端使用 Nginx 来提供 LangSmith 用户界面，并路由 API 请求到其他服务器。这作为应用程序的入口点，并且是唯一必须向用户公开的组件。

LangSmith 后端，后端是 API 请求的主要入口点，并处理应用程序的大部分业务逻辑。这包括处理来自前端和 SDK 的请求，准备追踪数据以供摄取，以及相关 API。

LangSmith 平台后端，平台后端是一个内部服务，主要处理身份验证和其他高容量任务。用户不需要直接与此服务交互。

LangSmith 模型模块，所有评测功能的逻辑实现，它处理转发请求到各种 LLM API，以微服务的方式存在。

LangSmith 消息队列，队列处理传入的追踪和反馈，确保它们异步地被摄取并持久化到追踪和反馈数据存储中，处理数据完整性检查，并确保成功插入数据存储中，处理数据库错误或暂时无法连接到数据库等情况的重试。

ClickHouse，持久化存储，主要用于存储链路和用户人工反馈数据，ClickHouse 是目前主流的性价比较高的链路存储设备。

Postgres，持久化存储，主要用于存储用户在界面的操作数据和用户数据。

Redis，高性能缓存存储，主要用于队列、缓存等场景，如单元测试 LLM 调用的 mock。

8.7.2 k8s 部署

1. 部署 LangSmith 之前需要做的前置检查

（1）可以通过 kubectl 访问工作 Kubernetes 集群，集群应满足以下最低要求：

① 至少有 16 vCPU，64GB 可用内存。可以根据实际使用情况调整不同服务的资源请求 / 限制，以使用集群自动伸缩器来根据资源使用情况自动增加或减少节点。

② 必须有一个至少有 4 vCPU 和 16GB 可分配内存的节点，因为 ClickHouse 默认会请求这些资源。

③ 有效的动态 PV 供应器或集群上可用的 PV。可以通过运行以下命令来验证这一点：使用 PostgreSQL 数据库、Redis 和 ClickHouse 来存储链路数据。这些服务需要持久化存储。

（2）安装 helm。

（3）绑定 LangSmithLicense Key。

（4）API key。可以使用如下命令生成：openssl rand -base64 32。

（5）配置。可以修改 langsmith_config.yaml 的配置项。

2. 配置 helm charts

```
config:
  langsmithLicenseKey: "<your license key>"
  apiKeySalt: "<your api key salt>"
```

3. 在 k8s 上部署 LangSmith 的全套服

（1）验证 k8s 集群的连接。

命令：kubectl get pods

正确输出：No resources found in default namespace.

（2）确保 langchain helm 已配置好。

命令：helm repo add langchain https://langchain-ai.github.io/helm/

正确输出："langchain" has been added to your repositories

（3）执行命令，部署 langsmith。

命令：helm install LangSmithlangchain/LangSmith--values langsmith_config.yaml --version <version> --debug

其中：Namespace 为自定义的名称；

Version 是想部署的 LangSmith 的版本号；

--debug 是调试模式。

正确输出：

NAME: langsmith

LAST DEPLOYED: Fri Sep 17 21:08:47 2021

NAMESPACE: langsmith

STATUS: deployed

REVISION: 1

TEST SUITE: None

（4）查看部署节点状态。

命令：kubectl get pods

正确输出：

langsmith-backend-6ff46c99c4-wz22d	1/1	Running	0	3h2m
langsmith-frontend-6bbb94c5df-8xrlr	1/1	Running	0	3h2m
langsmith-hub-backend-5cc68c888c-vppjj	1/1	Running	0	3h2m
langsmith-playground-6d95fd8dc6-x2d9b	1/1	Running	0	3h2m
langsmith-postgres-0	1/1	Running	0	9h
langsmith-queue-5898b9d566-tv6q8	1/1	Running	0	3h2m
langsmith-redis-0	1/1	Running	0	9h

（5）查看服务状态。

命令：kubectl get services

NAME   TYPE   CLUSTER-IP   EXTERNAL-IP   PORT(S)   AGE

```
langsmith-backend          ClusterIP       172.20.140.77     <none>
1984/TCP           35h
langsmith-frontend         LoadBalancer    172.20.253.251    <external ip>
80:31591/TCP       35h
langsmith-hub-backend      ClusterIP       172.20.112.234    <none>
1985/TCP           35h
langsmith-playground       ClusterIP       172.20.153.194    <none>
3001/TCP           9h
langsmith-postgres         ClusterIP       172.20.244.82     <none>
5432/TCP           35h
langsmith-redis            ClusterIP       172.20.81.217     <none>
6379/TCP           35h
```

本章以 LangSmith 框架为视角全面探讨了大语言模型的运维管理，涵盖了从基础的运维背景到具体的技术实践各方面。首先介绍了大语言模型运维的必要性和基本链路追踪技术，随后深入数据管理与测试用例的管理，包括 Web 和 SDK 数据集的管理以及数据集的版本控制。特别地，还讨论了 few-shot 学习的动态管理和一站式评测系统的构建，包括单元测试、回归测试和流量录制回放测试等。此外，还涉及了 RAG 模型的评测、Prompt 管理以及监控告警系统的设置，包括过滤器的使用和 k8s 的扩容缩容策略。整体上，LangSmith 为大语言模型的运维提供了一套详尽的理论基础和实践指南，本章介绍 LangSmith 的基本功能，对大模型的运维开展了分析和思考，适合大模型应用实践开发者、管理者做技术选型参考使用，也为一些大型企业自研自己的大模型应用运维平台作借鉴。

参考文献